書的傳人 III

二十一世紀初期
澳門圖書館事業論集

王國強 著

airiti press
華藝學術出版社

王國強

1961 年出生於香港，曾於台灣、澳洲、澳門等地求學，並於北京取得博士學位。

1987 年赴澳門大學圖書館任職助理館長迄今。2005 年起，兼任澳門大學出版中心主任。

自 1990 年後，除了積極參與澳門的社會活動，並開始蒐集有關澳門的研究及出版目錄，也因此為日後的澳門研究提供重要的依據，多年來已發表有關澳門出版及澳門文獻研究的文章近百篇。

於 2000 年協助澳門大學圖書館成立澳門資料室，目前已蒐集資料 12,000 多件。主要研究範圍包括：澳門出版史、澳門圖書目錄、澳門圖書館及檔案史、閱讀學，以及澳門與東南亞史。

學歷
北京大學信息管理系管理學博士
澳門大學教育碩士
澳洲 Charles Stuart University 應用科學碩士
台灣輔仁大學圖書館學學士

經歷
澳門圖書館暨資訊管理協會理事長
澳門社會科學學會副理事長
澳門出版協會副理事長
輔仁大學澳門校友會理事長
深圳市公共圖書館研究所研究員
國家圖書館館刊審稿委員會成員
澳門特別行政區中文資訊碼小組成員
澳門中華教育會出版部理事
澳門非高教育委員會委員
「出版人」顧問
澳門多元智能創思教育協會顧問
「數學與科技」顧問
第四屆澳門特別行政區特首選舉推委會委員

個人著作
《二十一世澳門圖書館事業規劃與研究》
《書的傳人》
《澳門圖書館事業發展史》
《閱讀推廣指導手冊》
《澳門參考工具書書目》
《書的傳人 2》
《書的傳人 4》

主編
《濠鏡：澳門社會科學學會學刊》
《澳門圖書館暨資訊管理協會學刊》
《澳門教育》

書的傳人 III：

二十一世紀初期
澳門圖書館事業論集

目 錄

澳門公共圖書館事業發展概況	1
澳門文化設施規劃方案之公共圖書館部分	21
2010 年澳門圖書館統計與分析	37
2012 年澳門圖書館事業回顧	51
2011 年澳門圖書館事業回顧	77
2010 年澳門圖書館事業回顧	103
2009 年澳門圖書館事業回顧	129
2008 年澳門圖書館事業回顧	149
2007 年澳門圖書館事業回顧	171
2006 年澳門圖書館事業回顧	191
澳門圖書館相關的法律分析	209
新澳門中央圖書館建館設計方案構思	223
對澳門公共圖書館發展的建議	245
澳門圖書資源知多少	249

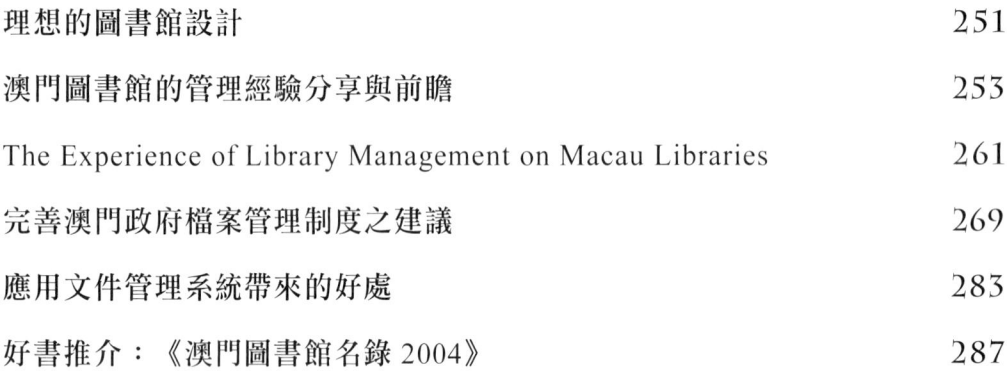

理想的圖書館設計	251
澳門圖書館的管理經驗分享與前瞻	253
The Experience of Library Management on Macau Libraries	261
完善澳門政府檔案管理制度之建議	269
應用文件管理系統帶來的好處	283
好書推介：《澳門圖書館名錄 2004》	287

澳門公共圖書館事業發展概況

壹、前言

根據國際圖聯對公共圖書館的定義：「公共圖書館是由社區，如地方、地區或國家政府，或者一些其他社區組織支持和資助的機構，它通過提供一系列資源和服務來滿足人們對知識、信息和形象思維作品的需求，社區所有成員都有享受其服務的權利，而不受種族、國籍、年齡、性別、宗教信仰、語言、能力、經濟和就業狀況或教育程度的限制。」[1] 簡單而言，即對社會公眾開放的圖書館，是為公共圖書館，而澳門的公共圖書館系統，分別由公立及私立的公共圖書館向市民提供服務。由於圖書館具有向個人提供獲得廣泛及多樣的知識、思想和見解的途徑，為社會的發展和維護起著重要的作用，為了使兩岸業界更瞭解澳門公共圖書館系統的發展，本文主要概述澳門公共圖書館的分布狀況、設施及各種服務的狀況，分享公共圖書館管理的經驗。

貳、澳門公共圖書館的歷史、分布狀況

一、歷史

澳門為遠東最早發展圖書館事業的地區，其第一所圖書館可追溯至 1594 年成立的聖保祿學院圖書館。於 1727 年，澳門成立第二所圖書館——聖若瑟修院圖書館，及至 1895 年，澳督高斯達（Horta e Costa）任命一個由中學教

---

[1] 國際圖聯公共圖書館專業委員會編，林祖藻譯，《公共圖書館服務發展指南》，上海，上海科技文獻出版社，2002。

師組成的委員會，編寫國立圖書館章程，成立澳門第一所公共圖書館，即澳門中央圖書館，其時服務對象主要為外藉人士，故以外文藏書為重點。1948年澳門中華總商會何賢先生，深感社會各界對中文書刊需求之迫切，倡建了中華總商會附設閱書報室，即八角亭圖書館，為澳門市民唯一閱讀中文書刊的公共圖書館。經歷一百多年的發展，澳門公共圖書館進入了穩定的成長期，並以社區圖書館為主，除澳門中央圖書館以外，教育暨青年局及民政總署亦大力推動澳門公共圖書館事業的發展，其中教育暨青年局自1994年開始相繼成立多間青年中心圖書館及自修室，為學生提供學習之場所。

而民政總署（前身為澳門市政廳）亦於1993年起在其公園裏建立5間圖書室及環保資源中心。特別是紀念孫中山公園黃營均圖書館（以下簡稱鴨涌河圖書館）及白鴿巢公園黃營均圖書館（以下簡稱白鴿巢圖書館），先後由秘魯華僑黃營均先生成立黃營均基金會向該署捐資500萬元興建的2。1995年，為了有效地發展鴨涌河圖書館及何賢公園圖書館，聘請了澳門圖書館暨資訊管理協會負責管理該兩所圖書館，該會針對當時圖書館服務不足的情況，為滿足及教育讀者的需求，重點推廣圖書館服務的功能，如親子閱讀、講故事時間、舉辦各種親職教育講座、興趣培訓班等，開創了澳門公共圖書館服務的新形勢，2000年以後政府及各界均非常關注澳門公共圖書館事業的發展。

二、澳門公共圖書館的分布狀況

2000年以後，百業興旺，新增或改建的公共圖書館計有50間，本節主要簡介十年來澳門的公共圖書館發展概況。

（一）2000年後新增或改建的公共圖書館

2000年新增的圖書館有觀音蓮花苑多媒體視聽圖書館、特殊教育暨心理輔導中心圖書館、語言推廣中心圖書館。

2002年新增營地街市活動中心閱覽室及白鴿巢圖書館兒童室開幕。改建

---

[2] 澳門黃營均基金會成立創辦人冀資助興建之圖書館造福，《華僑報》，1996年4月22日。

完成有澳門中央圖書館，而計劃興建：文化會館金庸圖書館、明愛圖書館、氹仔黃營均圖書館。

2003年有文化會館的金庸圖書館、下環社區中心圖書館、佛教青年中心自在空間。

2004年有明愛圖書館、澳門街坊總會青少年綜合服務中心圖書館、黑沙環公園黃營均圖書館。然而，因用途變更，澳門中央圖書館轄下的氹仔圖書館在12月23日結束服務，塔石青年中心圖書館因塔石球場遷拆而暫停開放。

2005年有氹仔黃營均圖書館、中華信徒佈道會圖書室，暫停開放有何賢公園圖書館。

2006年，改建或擴建的有何東圖書館新翼大樓，總面積由1,000多平方米增至3,000多平方米，座位由150個增至400個；民政總署大樓圖書館、路環圖書館及青洲圖書館的更新工程開展，著重改善館內的照明及電力系統；新的流動圖書車也在6月正式投入服務。

2007年11月文化局正式公佈籌建中的新澳門中央圖書館選址為南灣的舊法院大樓，再次引起各界的關注討論。新開設的圖書館有2間，包括：街總綜合大樓圖書室、勵青中心圖書室等。

2008年，德育中心圖書館、驛站、民建聯圖書室等。改建、擴建完成的有明愛圖書館。

2009年，新開設的圖書館有3間，包括民政總署下環街市圖書館、街總台山社區中心圖書室、飛鷹會綜合服務中心圖書館、有禮加油站——交通安全資訊中心；改建、擴建的有何賢公園圖書館。其中培正中學試行開放給社區使用的圖書館。

2010年新增了氹仔部落格2、聖公會氹仔青少年及家庭綜合服務中心、下環圖書館等3間公共圖書館。

參見表1，2010年，澳門共有開放給公眾使用的公共圖書館及自修室83間、學校圖書館99間、專門圖書館80間及大專圖書館20間，總計為282間。2000年以後新開設的圖書館主要是以公共圖書館為主，共增加了52間，增幅為185%，可見市民在前後十年間對公共圖書館的需求大增。

表 1　1980-2010 年各類型圖書館數量統計表

類型	2010	2009	2008	2007	2006	2005	2004	2003	1999	1990	1980
公共	83	74	69	65	62	61	60	58	28	18	5
大學及專科	20	21	21	20	19	19	18	16	15	12	3
專門	80	89	90	90	88	86	84	86	80	49	15
學校	99	101	100	99	100	93	92	89	88	35	9
總計	282	285	280	274	269	259	254	249	212	114	32

單位：間。

　　整體來說，若以 55 萬人口計算，平均每間公共圖書館需接待 6,626.5 名市民。而以 29 平方公里計算，平均每平方公里有 2.86 間公共圖書館。在 83 間公共圖書館中，官方營運的有 41 間，私人或社團營運的圖書館有 39 間，以街坊總會管理的 8 間為最多，由於私人開辦的圖書館祇有自修室或閱報室功能，其館舍規模、人力資源、藏書數量等標準偏低，缺乏穩定性與代表性。

參、澳門公共圖書館系統簡介

　　本節有關各圖書館簡介主要是參考各館的網頁介紹及筆者到訪各館的心得，以下分為政府圖書館系統及民辦圖書館系統作說明。

一、政府公共圖書館系統

　　澳門公共圖書館系統可以分為公立與私立兩種，其中公立的公共圖書館如同公立的博物館系統、展覽館系統一樣，由不同的政府部門所管理，包括文化局系統、民政總署系統、教育暨青年局系統及其他政府部門的公共圖書館系統。而私立則為民間社團開辦的，但是一般市民均不瞭解，誤以為圖書館均為澳門中央圖書館，可見各系統需要加強宣傳教育。

　　目前沒有一個統一機構來統籌各系統的業務，各系統間沒有互相通報的機制，如哪裡將開設新圖書館、推出何種新的服務等，各系統間基本上是沒有溝通，各館的合作與交流主要在每年一次的圖書館周活動，或在不同場合

交流時獲悉各館的動態。但考慮目前各系統圖書館各層屬的部門，各部門亦有其服務的特質，如教育暨青年局具有推動終身學習與社會教育的職能；民政總署主要為市民提供不同的市政設施及民康活動；文化局以傳承文化為依歸，保留地方文獻及古籍，對外代表地區圖書館角色。參考各地的公共圖書館系統，分別可歸入文化部門、市政部門及教育部門來管理，亦有像澳門一樣交錯的管理，如強制性合併所有公共圖書館由一個部門來管理，中間有很多技術問題需要解決，亦沒有必要，祇需在公共圖書館制度上確立不同系統的定位、服務對象與各級標準等，再增設一個跨部門的辦公室或委員會，如澳門政府設立的總檔案委員會來協調各部門的檔案管理與利用一樣，由該委員會統整澳門公共圖書館系統的合作與協調工作，應是更有效的統整方法。

二、文化局系統

主要分為澳門中央圖書館系統及該局其他對外開放使用的圖書館，包括觀音蓮花苑圖書館。

（一）澳門中央圖書館系統

文化局的澳門中央圖書館為本地主要的公共圖書館系統，在人力、館藏、經費均得到政府的大力支持，該系統圖書館主要提供圖書借閱、參考諮詢服務、地方文獻利用及保存古籍，同時亦代表澳門地區與各地圖書館交流，兼具提供旅遊文化的角色。澳門中央圖書館隸屬文化局，館長為廳級官員，直接向局長或副局長報告，下設組長各2名，另有事務主管多名，分掌館務採購、編目、讀者服務、分館館務等工作。該館創建於1895年，是澳門館藏量最多，服務網路最大的公共圖書館。由總館及7個分館組成：澳門中央圖書館（總館）、何東圖書館、民政總署大樓圖書館、望廈望善樓圖書館、青洲圖書館、流動圖書館及路環圖書館。主要及特色的服務，包括圖書借閱、參考諮詢服務及圖書館利用教育課程，總藏書量約為55萬冊，肩負了澳門主要書刊借閱單位的角色，可惜該系統各館藏書空間已經飽和，部分圖書舊書、複本、使用率甚低的書刊，被安排存放在黑沙環的中央書倉，如讀者有需要時，由書倉調送至讀者手上。

（二）文化局其他系統的圖書館

1. 觀音蓮花苑圖書館

　　觀音蓮花苑圖書館，是由澳門博物館所管轄，位於新口岸俗稱番鬼觀音像內的底層，面積不大，但藏有澳門政府首個以多元宗教、哲學的專題書刊，有一定的特色，設有上網電腦1部及視聽資料，主要服務對象為遊客及對宗教主題有興趣人士。

2. 歷史檔案館

　　成立於1952年，為澳門官方檔案及文史資料收藏、保管、分析及研究機構，位於澳門中央圖書館總館旁，分為檔案部、文獻修復部、縮微複製部及閱覽室，即圖書館部分，館藏以澳門政府檔案、葡萄牙檔案、澳門歷史圖片、澳門歷史書刊為主。

三、民政總署圖書館系統

　　民政總署系統以黃營均圖書館系統為主，服務對象為社區內的居民，為市民提供基本的文化康樂設施，如閱書報刊的服務，同時在推展民政總署各項市政教育的工作及文化康樂活動，圖書館往往肩負了署方向市民宣導教育的使命。民政總署圖書館系統由黃營均圖書館系統及其他圖書館系統。民政總署系統最大的特色是建於公園或街市等市政設施之內，深入社區。本節將分兩部分簡介。

（一）黃營均圖書館系統

　　是由秘魯華僑黃營均先生成立之黃營均基金會捐資興建或贊助部分改建經費，於2002年成立隸屬於文化康體部文化設施處，負責各館行政及活動規劃，該系統共有6間分館：紀念孫中山公園黃營均圖書館、白鴿巢公園黃營均圖書館、氹仔黃營均圖書館、黑沙環公園黃營均圖書館及兒童圖書館、何賢公園圖書館、下環圖書館。由於澳門的路邊廣告位置，如燈箱、燈柱等大部分康樂場地均由該署負責，加上主管部門有獨立的美工設計師協助，所以

在推廣圖書館活動得到天時地利的優勢,較澳門中央圖書館舉辦活動時靈活,參與及出席活動的人數理想。該系統圖書館服務對象有別於澳門中央圖書館系統,主要是以社區居民為主,而且非常重視閱讀推廣活動,藉活動讓讀者更能體會圖書館具有社會教育的功能,使讀者從活動領略閱讀的樂趣,主要服務對象為兒童、青少年、主婦及長者。

該館另一服務的特色是不斷嘗試開展各種推廣活動,與民間社團保持良好的合作關係,社會資源得以充分整合。近年亦與廣州、台北、香港、新加坡等地圖書館界有緊密交流及協助培訓,各間黃營均圖書館每年均舉辦各類型閱讀推廣活動,如「故事天地」、「專題講座」等。另有各種不定期之閱讀推廣活動,包括每年一度與其他單位合作舉辦之「圖書館周」活動、與香港及廣州合作舉辦之「穗港澳少年兒童閱讀推廣」活動及「閱讀飛翔號讀書會」等。除了閱讀推廣活動外,黃營均圖書館每年均舉行「圖書館義工」招募活動,鼓勵青少年及家庭主婦投身義工列,為社會服務。義工分為圖書館組、活動組及編輯組,定期到館為讀者提供服務。其中編輯組更負責編輯針對青少年讀者的圖書館季刊《萌芽》。在設備上,該系統圖書館引入港澳地區首部無線電頻圖書館管理系統,可作為典藏、流通、防盜功能,2005年安裝首部自助借書系統,成為圖書館界參考的單位。

(二)民政總署其他圖書館系統

該署還有多間環境中心及公民教育中心,但由於那些中心主要是推廣自然及公民教育為主,圖書資料祇為輔助,加上數量不多,而藝術博物館圖書館及營地閱覽室卻主要肩負閱讀教育的功能,所以得以列入本研究範圍。由於該兩館的專業人員缺乏,所以有關分編採的技術工作,集中在該署的文件中心負責,書刊加工完成後送交各館。

1. 藝術博物館圖書館

是澳門唯一專門的藝術圖書館,由藝術博物館直接管理,工作人員2名,均為非專業館員,館藏以視覺藝術類書籍為主,包括藝術史、書畫、文物考古、陶瓷、西方美術、建築、設計、電影、攝影、兒童插畫等,並有十餘種中外

藝術雜誌，多份中、葡、英文日報供讀者閱覽。館內設有十部電腦全部免費供市民使用，可瀏覽藝術類網頁。另有獨立小放映室，供讀者觀賞館內收藏之近 500 齣經典影片及動畫影碟。服務對象主要為藝術愛好者，從事或修讀藝術的市民、電影愛好者及新口岸社區的人士，還有部分到藝術博物館參觀展覽的市民及遊客。

2. 營地活動中心閱覽室及台山活動中心閱覽室

由該署轄下的市民事務辦公室（部級部門）社群互助促進處管理，分為營地閱覽室，位於營地街市市政綜合大樓 4 樓，及台山閱覽室，位於蘇沙醫生街台山街市市政綜合大樓 1 樓，主要以期刊及報章服務為主，服務對象為青少年及長者。

3. 公民教育資源中心

成立於 2005 年，為推動社會公民教育提供各種參考的資源，位於北區的祐漢街市 4 樓，現有藏書三千多冊，種類包括公民教育、民政總署出版圖書、社會工作、兒童品德教育、科學知識、澳門資料、歷史地理等。特藏資料為公民教育電腦遊戲及其他教育光碟。

4. 環境資源教育中心

民政總署轄下有兩所環境資訊中心，分別為二龍喉環境資訊中心及望廈山環境資訊中心，中心除了向市民開放外，每學年均準備多項推廣活動供學校及社團報名參加，活動主要圍繞城市清潔及愛護環境，包括有機耕種、公園導賞、廢紙循環再造示範、廢棄物手工製作、參觀中心設施、專題講座、趣味實驗室及實驗農場等，並且不斷構思新的活動項目加入新學年計畫中。

四、教育暨青年局系統

教育暨青年局系統中，青年中心以閱覽室服務為主，各主題中心的圖書館則以輔助原中心成立宗旨，協助到訪讀者查找相關的主題資料。其他政府部門圖書館則依母體機構的特性，設立輔助的圖書館。教育暨青年局系統的

圖書館主要分為兩小類，4間為主題中心的圖書館，5間為青年中心及自修室的閱覽室，前者館舍面積較大，藏書量豐富，服務項目多元化。後者主要為閱覽室及自修室的設計，藏書量及服務項目均較少，目前在該系統工作的館員主要是由助理員來管理前線服務工作，沒有專業館員，所以以兼職或外判方面來處理圖書分編及建檔事宜。2004年該局成立跨部門的閱讀小組來規劃各圖書館的閱讀政策，但各館在採編及管理等工作是各自獨立的，以下為其系統之簡介。

（一）主題中心圖書館

此系統共有主題中心圖書館4間，包括以成人教育推廣及研究為主的成人教育中心圖書館，以推動親子活動為題的氹仔教育活動中心，另有以學習語言為主的語言推廣中心圖書館，以心理輔導、特殊教育為主題的心理輔導及特殊教育中心圖書館，由於該兩館在2005年搬入美麗街新辦公室時將圖書館合併管理，所以本研究簡稱為特教中心。2008年，該局開辦一所名為德育中心圖書館。主題中心圖書館系統的特色是規模均在300平方米以上，設有專職人員管理，設施完備，服務項目較多，使用率頻繁。而各中心藏有特定主題的藏書，各有其特色，互相分工管理。

1. 成人教育中心

位於看台街，圖書館面積為400平方米，分為普通書庫、期刊區、上網區、餐飲區、視聽區、自修區等，服務對象為北區的成人及中學生。另設有一親子閣讓家長與小童一起閱讀。設有成人教育研究特藏。

2. 教育心理輔導暨特殊教育中心及語言推廣中心圖書館

兩中心設於美麗街，為方便管理共設一所圖書館，特教中心是為對心理輔導及特殊教育研究有需要人士而設立，館內設有輔具及玩具的借用服務，一方面鼓勵教育及輔導工作者善用圖書室設施和資源，提升工作素質及促進專業交流，另一方面也期望澳門市民能藉此多瞭解兒童及青少年和有特殊需要的人士。該館收藏資料雖以心理輔導及特殊教育為主，但也包括其他與親

職教育及青少年身心健康成長的書籍、影音資料及教材套，此外，該館亦收藏語言中心的藏書，重點收藏語言學習的讀本，包括葡語、英語、普通話等。而該館的佈局與閱讀環境相當優雅。

3. 氹仔教育活動中心休閒書房及親子故事廳

位於濠景花園社區內，圖書館為該中心的輔助設施，面積約190平方米，藏書超過17,000冊，是各主題中心館中藏書最豐富的，內容以兒童教育、家庭教育為主，由於氹仔區公共圖書館不多，所以該館的服務至為重要。

4. 德育中心知德書齋

位於三角花園附近的德育中心，成立於2008年，2009年圖書館開放給公眾使用，面積約300平方米，以傳統中國書房作為設計主調，非常典雅，藉以配合德育的主題，藏書約9,000冊，並設有教學教具，中心主要服務對象為教師及該區的市民，閱覽區設有兩組沙發，讓讀者有在家閱讀的溫馨感覺，亦設有自修區讓同學自習或討論作業。

5. 青年中心及自修室

包括駿菁青年活動中心、黑沙環青年中心、青年試館、綜藝館外港青年中心，各中心分設立小型圖書館，提供自修，上網及圖書閱讀的空間。其特色在於藏書、佈局、設計氣氛均以青少年為主。此外，該局亦於人口集中的北區設有台山自修室，內設有圖書角，推動全民閱讀風氣。

五、其他政府部門圖書館

包括社會工作局禁毒資源中心、統計暨普查局文件中心、貿易促進局圖書館、生產力暨科技轉移中心圖書館、科技發展基金會、教科文中心圖書館等多個政府部門，亦設有圖書館開放公眾使用，同樣由於性質以專門讀者為主，服務時間與辦公時間相同。其中教科文中心圖書館成立於1999年2月，隸屬於澳門基金會，初由澳門圖協協助成立及擔任顧問服務。位置在宋玉生公園該中心2樓，主要服務該區政府公務員、白領人士及到來參觀展覽或研

討會的人士，該館祇有非專業館員1人，負責各項館務工作，藏書主要為澳門基金會出版品、澳門研究、聯合國教科文組織出版品等。並開創澳門公共圖書館中首間網吧服務。

（一）禁毒教育資源中心

為社會工作局轄下設施，由防治藥物依賴廳預防藥物濫用處直接管理，為一所多媒體的預防藥物濫用教育中心，於2003年6月25日開始啟用。透過集中提供禁毒相關資料及教材，促進禁毒教育的普及。中心內大致劃分為閱覽、上網、休閒3個空間。免費提供以下服務：1. 供市民閱覽書刊；2. 供市民上網瀏覽有關禁毒資訊；3. 供市民諮詢有關資料；4. 協助製作禁毒活動教材；5. 配合禁毒講座及諮詢服務。

（二）貿易投資促進局資訊中心

該中心主要收藏經濟類的文獻及資料，包括有關經貿領域以及澳門和世界各地投資機會的資料。目前有各類藏書2,000多冊，還有大約100種期刊（報告、統計年鑑、錄像及電腦光碟）和20多份報紙。可供查閱的資料包括：統計年鑑、各國市場介紹、商貿聯繫、產品目錄、投資指南、法規及稅務可提供的服務包括：專人協助查閱資料、接受電話、傳真及電郵查詢、免費上網、匯編書刊摘要、影印服務等。

（三）海事博物館圖書館

該館為海事博物館的附屬圖書館，藏書約2,500冊，主題藏書為海事技術學、海事民俗學、葡萄牙及中國海事歷史、大發現的歷史、澳門歷史、船隻的建造、模型製造、水族學和軟體動物學等等。公眾亦可使用該館（需預先得到批准），但只可在館內閱讀及須遵守圖書館的規則。此外，該館亦藏有有相當數量的圖片，當中記載了有關船隻的資料，和澳門近代發生的事件。其中包括有由1920年至近期的底片。研究員和讀者在此可找到有關各方面主題的重要資料，尤其是海事方面。在圖則和計畫檔案庫可找到一些古老的葡萄牙大型船隻的圖則，如戰艦、商船、漁船等等。

（四）生產力暨科技轉移中心圖書館

該館成立於 1997 年，為澳門較早對外開放給市民使用的專題圖書館，位於新口岸上海街 175 號中華總商會大廈 6 樓，藏書以配合中心課程及培訓所需，而中心另設有一間小型圖書角，館藏有關時裝設計的書刊，為澳門時裝設計產業提供較完整的參考資料。

六、民辦的公共圖書館

前述私人或社團營運的圖書館有 37 間，包括社會服務機構開辦的 21 間，以街坊總會管理的 8 間為最多，由宗教團體開辦有 11 間，包括佛教、基督教及天主教的單位。雖然宗教團體開辦的圖書館（室）是開放給公眾使用，可是由於氣氛與館藏的關係，使用率一般不高。文化教育社團則有 4 間，由於私人開辦的圖書館祇有自修室或閱報室功能，其館舍規模、人力資源、藏書數量等標準偏低，缺乏穩定性與代表性。其較具規模有明愛圖書館、東方葡萄學會庇山耶圖書館、八角亭圖書館。

（一）明愛圖書館

該館自 2003 年開始運作，由澳門明愛總幹事潘志明親自規劃，澳門圖協協助成立，成為目前規模最大的民辦公共圖書館，該館設計初期是與庇道中學共用一所圖書館，其設置的理念是將學校圖書館開放給公眾，2008 年從高地烏街東方花園遷往地庫層，新館由蔡田田建築師設計，內設有兒童區、成人閱覽區及多間小組討論室，同時亦成為澳門公共圖書館唯一設有小組室的圖書館，目前藏書有 2 萬多冊，書種涵蓋各類工具書、參考書、文學、藝術、歷史、傳記以及澳門圖書館暨資訊管理協會有關圖書館學及閱讀學的特藏，館內亦設有澳門首部凸字電腦和聲控電腦給視障人士使用。

（二）東方葡萄牙學會庇山耶圖書館

該館由東方葡萄牙學會設置，成立於 1998 年 12 月 12 日，以推動葡萄牙文化為目的，位於伯多祿局長街 45 號 1 樓，藏書以葡語教育、歷史、文學、科技為主，藏書 2 萬多種，是目前館藏葡萄牙語圖書最豐富的圖書館之一。

（三）八角亭圖書館

　　正式名稱為澳門中華總商會附設閱書報室，是澳門最早開放的公共圖書館，亦是現存歷史最悠久的中文圖書館之一。位於南灣花園。該館樓高兩層，並以八角亭形狀設計而得名。館舍由陳焜培建築師於1926年設計，1927年建成，曾為餐廳、桌球室。1947年澳門中華總商會副理事長何賢先生購入，設為商會閱書報室。1948年11月1日由澳督柯維納（Albano Rodrigues de Oliveira）主持剪彩儀式。該館藏書20,000冊，尚有15,000冊另存於澳門中華總商會書庫內。報刊90多種，以中文為主。館藏計有早期的《華僑報》、《澳門日報》、《文匯報》、《大公報》、《光明日報》的報紙合訂本，對於查找50至70年代的資料非常有幫助。

（四）街坊會總會祐漢社區中心圖書館

　　1994年2月由當時的澳門市政廳及澳門街坊會聯合總會聯合開辦，該館地方寬敞，館藏約1萬多冊，2009年更參加澳門中央圖書館的伙伴圖書館合作計畫，除由管理人員外，其餘的設備與藏書主要由澳門中央圖書館負責提供，館內設有與澳門中央圖書館聯網的同步網上查詢系統，可具有央圖的分館功能。

（五）澳門土木工程實驗室

　　是一所民辦而對外開放之圖書館，2009年從澳門鬧市遷入氹仔的現址，該館藏有大量土木工程系的專業參考書，其中包括4,000冊以上之學術書籍，大約120份技術及科學範疇之期刊，大量土木工程之國際規範及標準，如：ISO、GB、NP、ASTM、BS、DIN、AAMA及AWWA等。

（六）驛站

　　成立於2008年11月12日，是澳門工會聯合總會在中區商業區設立的一所綜合活動中心，內設有圖書角、多功能室、媒體室、咖啡吧、休閒室，為年輕職工源源不絕地送上動力和資訊，其中圖書角亦於參加了澳門中央圖書館

的伙伴圖書館合作計畫，現存圖書 2 千多冊，主題以舒壓、小說、電腦、設計、投資、青年成長、志願工作、升學及就業等類型圖書。

（七）街總台山社區圖書館

成立於 2009 年 5 月 29 日，設於街坊總會社區大樓內，面積約 30 平方米，藏書 1 萬 3 千冊，該館亦參加了澳門中央圖書館的伙伴圖書館計畫。

肆、澳門公共圖書館的服務

一、館藏特色

澳門公共圖書館館藏，主要包括圖書、期刊及多媒體資料為主。目前總藏書量約為 75 萬冊，平均每市民可讀 1.36 冊，期刊種數約為 5,000 種，平均 110 人可讀一種期刊。在藏書特色方面，澳門公共圖書館仍然以圖書為主要的閱讀媒體，期刊為次，而多媒體資料因受物質條件限制，使用量不高，而其他類型的資料，如地圖、教具、圖畫、相片等數量不多，仍未形成特色。可是由於澳門圖書館事業發展的歷史久遠，得以保留下不少西方古籍及中國古籍，特別是澳門中央圖書館及歷史檔案館所藏西方古籍近 2 萬冊、中文古籍約 6,000 冊。部分古籍更是海內外孤本，非常珍貴。此外，公共圖書館中，共有 20 間圖書館是因應讀者需求，或母機構的要求，設有特藏或主題館藏，雖然各館專題藏書在 1,000 冊之內，亦不失為澳門藏書的特色，主要有教育暨青年局系統的兒童研究、青年研究、成人教育研究、心理輔導、德育研究等專藏；文化局系統的葡文館藏、澳門文獻、歐盟資料、宗教文化等；民政總署藝術博物館的電影特藏，教科文中心的博碩士論文及聯合國教科文組織出版品等；八角亭圖書館的 50 至 70 年代中文出版品及報紙；東方葡萄牙學會的葡文圖書；貿易投資促局、統計暨普查局、社會工作局禁毒資源中心、科技發展基金會等圖書館分別以經濟、統計、禁毒資源及科技為主題。此外，澳門中央圖書館系統及黃營均圖書館系統均有編制館藏發展政策，規範入藏範圍、複本數量、各館分布原則等。

二、圖書技術服務

（一）圖書分類法及主題法

公共圖書館中，分別有使用賴永祥的中國圖書分類法 34 間、三民主義分類法 1 間、國際十進分類法 3 間，剩下的均為自訂分類表法。其中以賴氏的中國圖書分類法最為普及。至於主題法，共有 31 間圖書館使用台灣的中文主題詞表，澳門中央圖書館處理外文資料時，則選用了美國國會主題表來標引。

（二）編目及機讀格式

編目方面，以英美編目規則第二版（AACR2），使用者為最多，次為中國編目規則，分別為澳門中央圖書館系統及黃營均圖書館系統。機讀格式方面，澳門圖書館主要受到圖書館自動化的軟體所限制，選用了 MARC 21 及 CMARC 兩大機讀格式陣形。分別有 22 間圖書館使用 CMARC，均為澳門中央圖書館系統及民政總署圖書館系統；而使用 MARC 21 的圖書館有 15 間，主要為教育暨青年局系統的圖書館及教科文圖書館。

（三）作者號碼

主要以四角號碼（澳門中央圖書館系統及八角亭圖書館）及五筆首尾碼（民政總署及教育暨青年局系統）為主，而外文書刊各大圖書館採用 CUTTER 號碼的方法。

澳門公共圖書館在技術服務的主要問題在於各館使用分編方法不一致。編目質量控制方面，除了少數曾獲圖書館學位的圖書館員外，大部分圖書館員祇是根據在職培訓課程所學到的有限知識來應用在書目編目及分類上，部分小型的圖書館根本沒有購買相應的分編工具書來作參考，館員憑經驗與直覺來著錄，編目大多以最簡單層次完成，而且經常發現格式、標點及標目前後沒有統一。在編目及分類制度不統一的前提下，圖書館資料之交換沒法進行，短期亦難以避免人力資源的重複現象。所以必須指引各圖書館選定一種統一的編目、分類及主題標引的規則，以便進一步作書目控制之工作。

三、資訊服務

（一）電腦化系統

在圖書館電腦化系統，全澳共有 33 間公共圖書館採用專為圖書館而設計的軟件來處理書目資料，計有澳門中央圖書館系統及民政總署圖書館系統均採用台灣傳技的 TOTALSII，共計 13 間，成為公共圖書館主流系統，兩系統均使用包括澳門中央圖書館使用編目、流通、線上目錄子系統，而前者更使用採購子系統來訂購書刊。另外採用香港 SLS 系統有 10 間，自訂系統有科技發展基金會圖書館，該館並研發一套 RFID 管理系統，可作無人管理圖書館服務。

教育暨青年局的主題中心系統原以 SLS 系統為主，2006 開始逐步更換為 VETC 的 VLIB 系統，採用流通、線上目錄及編目子統，可是該局的青年中心圖書館尚未有電腦化計畫，其書目建檔工作由澳門圖書館暨資訊管理協會承包，以 SLS 系統編目。

（二）圖書館網頁及上網服務

澳門圖書館擁有自己網頁者，計有澳門中央圖書館系統 7 間，黃營均圖書館系統 6 間，其餘 22 間祇有簡單的網頁介紹。至於網上圖書館目錄方面，各館採用的電腦化系統本應具有網上檢索的功能，可是由於各館政策限制，祇有澳門中央圖書館系統、民政總署黃營均圖書館系統、教育暨青年局系統、明愛圖書館、東方葡萄牙學會、生產力暨科技轉術中心、科技發展基金會、歷史檔案館、貿易發展局等單位可提供，共 26 間。約有 60 間館可提供上網服務，其中澳門中央圖書館系統、教育青年局系統的圖書館均可提供無線寬頻上網服務。

（三）電子館藏及服務

在電子館藏及服務方面，祇有澳門中央圖書館訂購了網上的資料庫，並於 2010 年 11 月推出全民網上閱讀平台，內容包括「萬方數據庫」、「龍源期刊網」、「華藝電子書」等。該館亦是公共圖書館中唯一自建網路資料庫的圖書館，包括：《澳門 ISBN 書目庫》、《中葡關係四百五十年》等。而澳門基金

會在教科文中心，自 1999 年起建立的「澳門虛擬圖書館」（www.macaudata.com），目前收錄 500 多種澳門出版品電子化。有關圖書館的電子服務，如通過各種電腦化系統、電子表格、電郵提供各項讀者服務，衹有澳門中央圖書館及民政總署黃營均圖書館系統提供的電子服務內容，另該兩系統亦設有線上推介圖書及電子意見箱；提供網上預約或續借服務則衹有澳門中央圖書館系統。而在網上學習方面，亦衹有澳門中央圖書館能提供 e-learning 服務。

整體來說，澳門公共圖書館的電子服務，由於受到所使用的電腦化系統功能之限制，讀者的需求不大、資訊人員不足等因素，遠遠落後於大專圖書館的服務。

四、讀者服務

（一）開放時間

全年無休有 10 間，主要有澳門中央圖書館系統部分分館、民政總署與社團營運的閱覽室，在 80 間公共圖書館中，其中星期日休館 20 間，在星期一休館有 15 間，星期二休館有 1 間，星期五休館有 1 間，星期六休館 6 間。早上 8 時開放有 7 間，晚上 8 時以後仍開放有 35 間，至晚上 10 小時有 16 間，晚上 10 時至凌晨 12 時有 3 間。暫時沒有設立 24 小時閱覽室。

（二）借書政策

借書政策包括了借閱規則、借書人士權利、外借服務、館際互借、借書冊數、借書期限、罰則等項目。沒有提供外借圖書服務的圖書館，有觀音蓮花苑圖書館、民政總署大樓圖書館、營地閱覽室、駿菁活動中心。而澳門中央圖書館系統及教育暨青年局的主題中心先後於 2005 及 2006 年推出館際代還服務。民政總署及教育暨青年局亦於 2010 年 4 月 27 日開始全面提供跨館還書服務。其中澳門中央圖書館可以智能身分證借還圖書或使用其他服務。

（三）資訊利用教育

澳門中央圖書館自 2002 年開始派館員到學校推介圖書及圖書館資訊利用

的方法，同時亦在該館開辦資訊教育或其他知識性課程，目前提供讀者利用教育的單位有澳門中央圖書館系統、民政總署黃營均圖書館系統提供教學課程，如：圖書館e學堂、圖書保護及修護、認識圖書館的參觀、書店之旅等。

（四）參考服務

圖書館的流通櫃檯時刻都遇到讀者各式各樣的查詢，參考諮詢服務自圖書館成立的一刻已開始向讀者提供服務，祇是沒有正式的編制而已。1995年，何東圖書館成立了澳門資料室，並派專人協助解答有關問題，是公共圖書館提供資訊諮詢服務之始。雖然各館並沒有設立專人提供參考服務，但主要由流通館員回答簡單的問題，目前澳門中央圖書館參加了穗港澳圖書館合作計畫，與粵港其他圖書館諮詢服務網頁的連結，同時該館亦與上海圖書館合作，提供網上聯合知識導航站。

五、館舍設計

在館舍設計方面，除部分公共圖書館面積細少，無法作系統的功能分區外，大部分圖書館均非常注重館舍的設計及配套設施，設備亦達到先進地區的水平。澳門公共圖書館中，大部分政府部門圖書館的裝修相當講究，富有葡萄牙色彩，令讀者有一種莊嚴肅穆的氣氛，又具有中西文化融和的感覺。

（一）獨立館舍

有澳門中央圖書館、何東圖書館、望廈圖書館、路環圖書館、流動圖書館、紀念孫中山公園黃營均圖書館、白鴿巢公園黃營均圖書館、何賢公園圖書館、黑沙環公園黃營均圖書館等共9間圖書館有獨立館舍。

（二）館舍面積

目前規模最大的圖書館依次為何東圖書館，共3,195平方米，第二為澳門中央圖書館總館，共1,371平方米，第三為下環圖書館，共1,245平方米，第四為氹仔黃營均圖書館，共1,008平方米，第五為白鴿巢圖書館，共675平方

米。澳門公共圖書館之平均面積約為 300 平方米。而超過此平均值的圖書館有 16 間，可見澳門大部分公共圖書館均為小型圖書館。

（三）飲食區

此外，共有 3 間公共圖書館是設有飲食區，讓讀者一邊看書，一邊飲食，享受自由閱讀的樂趣，其服務觀念較香港公共圖書館先進。而教科文中心圖書館在 2001 年成立時，推出首間網吧式管理的圖書館。目前有成人教育中心、驛站、聖公會氹仔青少年及家庭綜合服務中心設有小食部，部分由弱勢社團代理經營。

（四）閱覽座位

除了藏書以外，圖書館最重要的設施是閱覽座位的配置，目前約有閱覽座位 3,000 個，平均每館有 40 個座位。超過平均值的圖書館有 30 間，如以 55 萬人口計算，每 183 人才佔有 1 個座位，可見公共圖書館的空間非常不足。首三間閱覽座位排行的圖書館為何東圖書館（556 個）、澳門中央圖書館總館（256 個）、及氹仔黃營均圖書館（120 個）。

（五）保安設施

大部分政府的公共圖書館設有保安員看管，是澳門公共圖書館的普遍特色，至於裝設防盜系統，則有 22 間。而民政總署黃營均圖書館自 2002 年開始採用 RFID 管理系統，成為港澳地區首間使用 RFID 技術的圖書館，現已有 6 間分館使用。

總而言之，澳門公共圖書館在閱覽、典藏、流通與館舍設計等硬件設施上，大部分圖書館均達到先進地區圖書館的水平，與港台地區看齊，外地圖書館專家對澳門公共圖書館常讚不絕口，如在館舍的裝潢具中西文化特色，分布點能深入社區等。其不足之處在於館舍面積不大，功能分區不明確，特別是自修區與閱覽區混為一起的現象。

澳門文化設施規劃方案之公共圖書館部分

壹、背景說明

　　澳門公共圖書館的設施可說是較接近香港及台灣的水平，現說明如下。

　　從公共圖書館的數量上，澳門為鄰近地區密度最高的地區，開放給公眾使用的圖書館及閱覽室，共計有 82 間，可是祇有 50 間是重點向市民提供閱覽服務，其他祇是依母體機構服務職能為主，而附帶圖書館服務而已。至於各堂區的分布可參見表 1。

表 1　各堂區公共圖書館統計資源

堂區	數目	人數（全職）	人數（兼職）	義工	藏書	期刊	報紙	視聽	面積	閱覽座位	上網電腦
大堂區	21	52	11	3	170,502	1,415	248	5,064	3,323	558	90
聖安多尼堂區	4	8	2	31	20,150	193	33	14	755	120	2
風順堂區	6	90	2	20	124,843	793	95	5,478	4,585	737	92
望德堂區	12	74	28	7	133,438	1,156	158	4,829	2,125	476	77
聖方濟各堂區	1	1	0	0	6,548	52	17	0	170	21	0
聖嘉模聖母堂區	8	18	9	23	52,299	342	47	3,267	1,690	263	55
花地瑪堂區	30	59	24	57	169,497	1,383	285	5,565	4,144	924	92
總計	82	302	76	141	677,277	5,334	883	24,217	16,792	3,099	408

資料來源：引自澳門圖書館暨資訊管理協會 2010 年度全澳圖書館調查。

從表 1 可得知現在較為缺乏圖書館的堂區為聖安多尼堂區及風順堂區。

參見表 2，若按照國際圖聯的公共圖書館藏書標準，正規圖書館最少有 2,500 冊藏書，澳門在 82 間圖書館中，竟有 30 間不足 2,500 冊藏書；另外依照館藏應達到每人有 1.5 冊至 2.5 冊的水平，則澳門公共圖書館的總藏量祇達到 1.3 冊，沒有達標。

另外根據美國有關閱覽座位與人口的標準，正規圖書館閱覽座位應達到平均每千人擁有 3 個座位的水平，表 3 可發現千人均為 5.73 座位，表面上已

表 2　各堂區公共圖書館藏館統計

堂區	數目	藏書	期刊	報紙	視聽	總藏量	澳門人口	人均藏書量
大堂區	21	170,502	1,415	248	5,064	177,250	4,700	4.1
聖安多尼堂區	4	20,150	193	33	14	20,394	121,300	0.2
風順堂區	6	124,843	793	95	5,478	131,215	50,200	2.6
望德堂區	12	133,438	1,156	158	4,829	139,593	32,800	4.3
聖方濟各堂區	1	6,548	52	17	0	6,618	3,500	1.9
聖嘉模聖母堂區	8	52,299	342	47	3,267	55,963	74,200	0.8
花地瑪堂區	30	169,497	1,383	285	5,565	176,760	214,800	0.8
總計	82	677,277	5,334	883	24,217	707,793	540,500	1.3

資料來源：引自澳門圖書館暨資訊管理協會 2010 年度全澳圖書館調查。

表 3　各堂區公共圖書館座位及上網電腦統計

堂區	數目	澳門人口	閱覽座位	千人均座位	上網電腦	千人均電腦
大堂區	21	43,700	558	12.77	90	2.1
聖安多尼堂區	4	121,300	120	0.99	2	0.0
風順堂區	6	50,200	737	14.68	92	1.8
望德堂區	12	32,800	476	14.51	77	2.3
聖方濟各堂區	1	3,500	21	6.00	0	0.0
聖嘉模聖母堂區	8	74,200	263	3.54	55	0.7
花地瑪堂區	30	214,800	924	4.30	92	0.4
總計	82	540,500	3,099	5.73	408	0.8

資料來源：引自澳門圖書館暨資訊管理協會 2010 年度全澳圖書館調查。

達到標準，但是若以每堂區分析，聖安多尼堂區祗有 0.99 的千人均值，即該區圖書館的座位數量非常不足，需要再增加 240 多座位才能達標。

至於可供公眾上網的電腦數量應達到平均每千人擁有 1 台的水平，從表 3 發現澳門公共圖書館為每千人擁有 0.8 台的水平，還需要最少增加 100 部才能達標。

館舍面積超過 1,000 平方米的圖書館祗有 4 間，大於 200 平方米以上，有 19 間，200 平方米以下共有 59 間，可見澳門圖書館面積都較為細少，中大型圖書館非常缺乏。

根據國際圖書館聯合會對於工作人員的標準應為每 2,500 人口應有一位全職人員，其中 1/3 為專業圖書館學位的館員計算，全澳應有 216 位從事公共圖書館服務的人員，其中要有 72 位專業學位的館員。如為上下兩更輪班編制，則所需人力資源為 432 名公共圖書館工作人員，其中 144 位應具有專業學位。

貳、澳門公共圖書館在文化設施方面的困境

目前澳門公共圖書館在文化設施方面所面對的問題，可分析如下。

一、圖書館空間不足

澳門公共圖書館普遍出現空間不足，同時亦引申出不少問題，以澳門中央圖書館為例。

（一）館藏難以有效擴展與規劃

每年政府給予澳門中央圖書館的購書經費相當龐大，原則上足以應付市民對新書的要求，可是由於館舍的空間有限，沒有足夠的地方陳列圖書，導致新書無法上架，讀者贈書無法好好利用。為了解決，分別將罕用或較為陳舊的圖書轉到儲存倉；另外亦與民間社團合作，將部分書籍借給合作伙伴館使用。在處理贈書方面，將複本轉贈其他單位或作好書義賣等。

（二）閱讀的質量大大降低

目前澳門中央圖書館各分館的閱覽坐位與各堂區的人口比偏低，經常出現讀者爭位閱讀的現象，而且坐位之間非常狹窄，讀者的隱私與閱讀的質量降低，大大阻礙到讀者享受閱讀的樂趣，不少讀者匆匆的在圖書館內選書後便馬上離開，沒法感受到在圖書館閱讀的優雅、寧靜、啟迪思維的特質。

（三）無法有效在館內推行各種與閱讀相關的文化活動

目前澳門中央圖書館及其分館，大部分的空間已作為閱覽及存放圖書之用，因此沒有多餘的地方來舉辦大型的書展、讀者利用教育、文化講堂、各式課程與興趣班等充實市民文化生活的活動，市民感覺澳門中央圖書館是一個比其他圖書館藏書更豐富的書倉而已。反觀民政總署及教育暨青年局的圖書館，由於重點不在藏書，所以設有一定的空間用作舉辦文康活動之用。

二、資訊科技的設置與服務落後

（一）澳門公共圖書館的圖書檢索系統過時，無法提供一站式的館藏資訊

圖書館已進入的 Web 2.0 新世代，可是澳門公共圖書館的資訊科技水平相對落後，網上的圖書館目錄系統，祇能提供傳統的圖書檢索服務，沒有提供一站式的館藏訊息，如不能與電子資料庫、電子書刊或其他網頁相連結，進行跨庫檢索；又如無法向讀者主動提供網上新書訊息或喜好專題服務，如 RSS 等。

（二）圖書館的檢索系統沒有與其他圖書館系統相連，無法提供通借通還服務

目前澳門沒有一個真正的聯合書目系統，所以讀者無法以一站式的方式查詢各館的藏書訊息，雖然澳門圖書館暨資訊管理協會在數年前建立澳門的第一個聯合目錄，可是參與的圖書館祇有 27 間，成員館為教育暨青年局及學校圖書館，並不是主要的公共圖書館，加上人力資源及各成員館館員技術不

足，館藏訊息祇能每年更新一次，無法提供實時服務。然而，澳門中央圖書館及民政總署圖書館以 TOTALSII 為平台，教育暨青年局以 VLIB 為平台，其他小型圖書館以 SLS 為平台，如需要整合各館資源在統一平台，必需投入數以百萬元的設備及相當人力資源來修改館藏紀錄，由於沒有聯合書目系統作聯繫平台，因此無法有效實現通借通還的便民服務。

（三）圖書館內的電腦設施不足

讀者在圖書館上網成為閱讀圖書雜誌以外的主要服務，依據 2010 年澳門圖書館暨資訊管理協會的統計，可發現全澳公共圖書館可提供讀者上網的電腦共有 408 部，平均每館有 5 部，而澳門中央圖書館佔了 115 部，大部分時間電腦的使用率相當高，繁忙時間經常出現排隊等候的現象。至於其他服務如掃描器、打印機、電源插頭等周邊的設施亦有不足。

（四）圖書館服務點分布不平均問題

目前由政府經營的圖書館系統，在地區分布上尚有不足之處，如在黑沙環慕拉士馬路、筷子基、司打口、沙梨頭、高士德、新橋、望廈、氹仔新城區、路環新城區等均未設有圖書館。可喜的是，澳門中央圖書館在部分地區計劃設立分館，包括：

1. 望廈新館（第一處落成地點）

配合望廈新社區大樓及未來發展需要，將舊望廈圖書館遷至望善樓 3 樓，預計 9 月開放，面積有 350 平方米，面積稍增加 50 平方米，將維持舊望廈圖書館一貫服務。

2. 紅街市圖書館（第二處新落成地點）

紅街市圖書館位處舊郵政局，由於空間規模較小，預計以閱報及雜誌等側重社區圖書館服務為主，面積約 250 平方米，7,500 本藏書，6 部電腦。

3. 氹仔中央圖書館（第三處新落成地點）

氹仔中央圖書館總面積達 2,000 平方米，設置座位 214 個（包括一般圖書

室及兒童室），電腦數目為 57 台，設置一個可坐 50 人的演講廳，另藏書預計可達 10 萬冊。此圖書館將設置澳門第一處 24 小時還書設備，為全澳第一處試點。並預留部分地方作為氹仔圖書館書倉之用。

4. 沙梨頭圖書館（第四處新落成地點）

沙梨頭圖書館位於提督馬路近水上街市，為 7 棟舊建築物打通連成，暫定建築物內上下兩層，合共約 1,000 平方米，由於內港區一直缺乏圖書館，預計以閱報及雜誌等側重社區圖書館服務為主，藏書達 5 萬冊。另外亦構想利用舊建築天台的平台作為 café 或休閒場所之用。

5. 路環石排灣公屋圖書館（第五處新落成地點）

路環石排灣公屋計畫現有部分已經進行興建，澳門政府各行政部門將預留 2,000 平方米供文化局興建圖書館，預計有 8 萬冊藏書，提供周邊約 8,000 戶家庭使用，並可預留較大的空間作為書倉之用，將計劃於 2012 年落成。

另外現今的路環圖書館將作保留，維持現今服務，或可轉變為特別性圖書館，提供路環歷史及旅遊資訊。

6. 澳門中央圖書館（舊法院改建）（第六處新落成地點）

對未來澳門中央圖書館，應增加參考資訊服務，並設置較大型的澳門資料室、兒童圖書區、電腦上網區、展覽及活動區。

如上述分館開放後，尚有黑沙環新填海區、筷子基運順新村、司打口、新橋……等多個社區仍未設公共圖書館服務點，館舍分布不均現象仍未解決。

（五）書倉儲存空間嚴重不足的問題

前述由於澳門各系統的圖書館的面積均不太大，面對空間不足產生一個沒有地方放書的問題，部分圖書館還遇到下架圖書沒有倉庫儲存的困擾。雖然部分圖書館系統設有書倉，但亦已飽和，需要再租用其他貨倉，例如：澳門中央圖書館的書倉情況如下：

該館共有一大兩小的倉庫，分布於不同的工業大廈內：

1. 其中以海洋工業大廈的倉庫最大，內部除書庫外，亦設置辦公室進行新書採購、點算、及初步編碼等工作，總面積達 1,285 平方米。
2. 現今於通利工業大廈增設書倉，此書倉面積達 1,484 平方米，並亦設置採購及編目辦公室，此倉將有另一個功能是主要處理作為圖書處理中心，如消毒、電腦編碼等於新書上架前的最後工作。此處將命名為「新書庫暨圖書處理中心」。
3. 另有永昌工業大廈（430 平方米），及青洲（307 平方米）兩處細倉。

（六）公共圖書館缺乏學術性書籍

澳門各公共圖書館系統均以休閒性的閱讀的藏書為主，形成公共圖書館的館藏的內涵不足，更疏忽對追求學術與科研人士的支援，所以不少專業人士或升讀研究生課程的市民，大多不依靠澳門公共圖書館的服務，自行購書。作為一個完整的公共圖書館藏書建設的規劃，對學術研究的藏書是不可缺少的，可是由於現今各館的空間不足，各館祇藏有少量學術藏書，而且相當分散，又沒有聯合書目檢索，讀者使用藏書亦不方便。

參、對澳門整體文化設施（公共圖書館部分）規劃建議

由於大部分公共圖書館的規模均為圖書室或閱報室，未能充分發揮圖書館多元文化的功能，政府當局實在有必要強化圖書館的多元文化功能，在不足的地方加以改善，適當的增加新的服務點；簡化各種制度，擴大人員編制與職程，從而提升工作效率；充實文化活動的質量與數量，提供更多便民及增值的讀者服務。積極解決各館空間不足問題。同時應為未來 10 至 15 年間網絡世界對澳門公共圖書館服務的衝擊，重新整合現有資源，及早規劃各種設施與新的服務。本研究認為其發展方向如下：

一、在新城填海區設立三級制的公共圖書館設施

在未來的新城填海區，由於得到充分時間的規劃與諮詢，所以各種文化設施的分布應較舊城區合理，加上澳門圖書館經歷十多年的發展，已是成為市民生活的一部分，所以對公共圖書館發展而言，則較博物館、檔案館、表演廳等更易獲取參考的依據。在規劃時可參考預估新城區的人口密度，住宅單位數量，其他文化設施及交通配套與分布，各新區功能規劃的特色，人口職業與年齡結構，人口教育程度，再計算藏書與人口比，座位與人口比，館舍面積與人口比，圖書館的每平方公里的密度等多項目，從而規劃新區應有圖書館面積、座位、數量、藏書、藏書特色。隨著澳門社會的整體發展，人口的增長，屆時位於舊法院的澳門中央圖書館未必可配合所需，故此，各新區應預留新館的規劃。此外，在規劃的同時更應有小型館、中型館及分區總館的概念，使澳門的圖書館發展能更有系統地運作與發展，其構想如下。

（一）不同級別的圖書館

1. 小型館

作為社區最基礎的文化設施，其功能是以支援中型館的服務，分流部分社區讀者。參考目前公共圖書館的服務人口的比例，約每館服務 6,800 人，如能提升服務質量，本建議每館以服務 5,000 人為基礎，即 5,000 人設一小型館，以社區圖書館管理模式運作，服務功能以提供休閒閱讀為主，服務對象為社區的兒童、青少年及長者。藏書結構方面，應以期刊及報紙為主，圖書數量設定每人 1:3 冊，即 1 萬 5 千冊之間；閱覽坐位為每千人有 10 個座位，即 50 個座位；上網電腦為每千人 1 台，即 50 台。其規模如目前的下環圖書館。在設施上，需要設有上網區，多功能活動區（舉辦講座及講故事活動）。由於小型館為民眾閱覽室的角色，無需提供高層次的參考資訊服務，所以建議小型館在非繁忙時段以 RFID 的系統管理，聘請保安員來負責門禁與秩序工作，減少全職人員的人力資源的負擔，亦可作為 24 小時圖書館的服務。

2. 中型館

在服務人口達到 2 萬 5 千人的區域，設立一個中型圖書館，為補充小型館藏書不足，中型館應以藏書為主，以人均藏書量 3 冊為標準，即中型館藏量可達 7 萬 5 千冊，除部分較受歡迎的報刊外，可考慮收藏一些較為昂貴或專題的期刊、外文報刊等。其他設施包括上網電腦（千分之一的人口比例，即 25 台）、閱覽區（千分之十的人口比例，即 75 個座位）、活動區、藏書區、展覽區、休閒飲食區。由於有較足夠的空間，可效法目前教育暨青年局的專題藏書的方式，在各中型館設立特藏書架即可。

3. 分區總館

在人口達到 5 倍中型館人口的區域設立分區館，提供全面的公共圖書館服務，藉以補充中型圖書館的不足，以及分流新澳門中央圖書館的服務，如增加藏書種類，收藏較全面的圖書，提供參考及利用教育服務，定期舉辦大型的展覽活動、名人講座、各項培訓等。以每人 3 冊圖書的標準，即分區館藏書為 12 萬 5 千冊，與目前何東圖書館的規模相近，座位 375 個，可分為兒童區、報刊區、上網區、自修區、小組討論區、展覽活動區、演講廳、小型教室、餐飲區、小型商店等。

為了盡量將空間給市民使用，建議將所有支援讀者服務的工作，包括圖書編目、圖書採購、圖書館行政辦公室、圖書的修復、圖書掃描、圖書消毒及大型書倉等集中在另一所圖書供應中心負責。現在澳門中央圖書館的通利工業大廈書倉亦可遷入此中心，省卻分散管理各書倉的成本。

（二）新城填海區的公共圖書館分布建議

依據新城填海區的規劃，未來各小型館、中型館及分區館可建議如表 4。

A 區為重要人口密集，多功能服務，文創產業的地區，應設有小型館、中型館。至於分區總館，如以 A 區人口計算應不足以成立一分區總館，但如將鄰近的花地瑪堂區人口相加，日後該區人口密度非常高，而目前堂區亦沒有

表 4　新城填海區的公共圖書館分布建議表

新填海區	人口	小型館	中型館	分區總館	藏書	坐位	上網電腦
A	84,282	16.8	3.37	1	252,846	252.846	84.282
B	30,000	6	1.2	0	90,000	90	30
C	8,731	1.7	0	0	26,193	26.193	8.731
D	18,280	3.6	0	0	54,840	54.84	18.28
E	10,111	2	0	0	30,333	30.333	10.111
總計	151,404	30.1	4.57	0	454,212	454.212	151.404

發展空間，建議在該堂區與 A 區交界地區設置一分區總館。此外，對於服務文創產業的讀者群，由於讀者背景及需求均較專業，不屬於公共圖書館的範疇，應由專門部門設立專科圖書館來管理與規劃。

C、D 及 E 區應設有小型館即可。同時在 E 區設立上述的圖書供應中心以支援各區圖書館的服務，小型館則以服務在該區工作的社群為主，提供休閒文娛的書刊及影視資料為主。

B 區為路氹填海區，主要為酒店及旅遊業用地，租金昂貴，較難找到合適的商場作為圖書館，建議在街道或旅遊點設置先進的 24 小時圖書機（每部約 55 萬元，可藏 400 冊圖書或期刊），服務對象為遊客或在該區上班的員工，設立 24 小時圖書機，同時可讓外地旅客感受澳門的閱讀氛圍及先進科技的服務。

至於管理分工方面，由於目前 3 個不同公共部門在公共圖書館管理及服務上各有專長，在現有領域上經驗非常豐富，熟識並瞭解運作模式，所以為避免隔山打牛，承擔自己不熟識的業務，反而事倍功半。建議小型館應以民政總署及教育暨青年局系統來負責，主要為市民提供休閒設施，通過圖書館作為社區教育及終身學習為平台。中型館及分區總館是澳門中央圖書館的專長，在圖書採購、分編、物流及書倉管理等均有一定的機制，加上該館具有圖書館專業學位的館員較多，可提供較高層次的圖書館專業服務，如參考及利用教育的服務、圖書推介服務⋯⋯等。

在人力資源方面，應增加 75 人，但如為上下兩更制，則需要 150 人，其中 50 人為專業館員。

二、改善公共圖書館服務點不平均的問題，在沒有圖書館的社區增設服務點

澳門公共圖書館分布狀況，仍然有部分社區沒有設立圖書館及圖書館不足的現象，本建議在以下地區增加圖書館設施。

（一）黑沙環新填海區

由於近年該區新開的學校林立，如蔡高中學、澳門坊眾學校等。而且相繼有多幢高層樓宇及豪宅落成，加上活化工廠計畫，以及港珠澳大橋的澳門落地點，日後讀者群的知識水平較高，以中產家庭、投資移民、外地高級雇員為主。最近的望廈分館、黑沙環黃營均圖書館、駿菁活動中心及黑沙環青年中心均遠離該區，而且規模較少，所以有必要在該區成立一所以品味生活為題，安排更多上網電腦及資訊服務的圖書館。

（二）筷子基運順新村

主要是以運順新村附近一帶，由於青洲圖書館及日後成立的水上街市的分館服務點不同，青洲館主要面向青洲社區，水上街市則為沙梨頭舊區，而運順新村一帶則夾在中間，該區有多座高層住宅群，包括豪宅、中產家庭、經屋及社屋等，其組合相當複雜，而且該區的文康設施不足，加上有不少的從事博彩業及建築業的市民住在該區，青少年人口亦偏高，為建設一個完善的社區文康設施系統，圖書館在戶外空間不足的地方，可發揮舒緩的作用，建議在該區設立 24 小時的圖書館，藏館以期刊報紙及暢銷書為主，同樣地安排更多上網電腦亦是非常重要的設施。

（三）新橋

圖書館業界及市民百姓曾多次提出該區增設圖書館服務，原本民政總署

曾計劃在三盞燈設立圖書館，本可解決圖書館不足的問題，可惜該計畫至今仍未落實。分析該區正處於澳門中央圖書館、白鴿巢黃營均圖書館，以及日後設立的紅街市分館之間，而私人辦館亦不多，祇有培正中學圖書館對外開放時段及明愛圖書館，可是該區服務人口眾多，社群除一般普羅市民以外，還包括大量的南亞裔的勞工、緬甸華僑等。此外，該區商店林立，車位及文康及戶外設施不足，高層大廈不多，居住著大量低收入的家庭。所以建議從速啟動在三盞燈設立圖書館方案，除一般書報閱覽外，更可加入以東南亞為主題的館藏，同時設立上網區，開放時間可延長至凌晨12時，相信該館使用率將可成為各區之最。

（四）司打口

該區為一舊城區，最近的圖書館有下環圖書館、何東圖書館、民署大樓圖書館，及新開設的水上街市圖書館，司打口則在其中間。而該區亦沒有私人辦的圖書館設立，是另一個圖書館設施嚴重不足的地方，該區人口不少是老澳門、新移民與勞工。他們為了生活奔波，甚少有使用圖書館機會，加上高層大樓亦不多，生活空間狹窄，文康設施亦不足，為此有必要在該區改善文康服務設施，設立小型的圖書館服務點，提供市民使用圖書館的機會，提升人口的生活質素。據舊區重整諮詢委員會對澳門半島舊區的調查發現，司打口受採訪商戶有43.8%要求圖書館或閱覽室[1]，媽閣區受採訪者38.3%要求建設圖書館[2]，下環區受採訪者則有43.9%要求圖書館[3]，可見澳門部分舊區對圖書館的需求約有4成。

三、整合各館重複的館藏，強化各館的特色及學術館藏

圖書館不需要刻意地在各區設立主題館，因為一般圖書館的面積不大，

---

[1] 舊區重整委員會、澳門大學社會科學及人文學院，《司打口區居民現狀調查報告》，澳門，舊區重整委員會、澳門大學社會科學及人文學院，2011年5月。

[2] 舊區重整委員會、澳門科技大學可持續發展研究所，《媽閣街區居民現狀調查研究》，澳門，舊區重整委員會、澳門科技大學可持續發展研究所，2010年12月。

[3] 舊區重整委員會、澳門科技大學可持續發展研究所，《下環街區居民現狀調查研究》，澳門，舊區重整委員會、澳門科技大學可持續發展研究所，2009年12月。

市民閱讀書種以休閒及知識性書報為主，讀者多以選擇最近及最方便圖書館為對象，根據鄰近地區的經驗，主題藏書使用率較其他館藏為低，設置主題館反而佔據讀者的使用空間與分化讀者群，不利圖書館的使用。現在教育暨青年局轄下的主題館型式，基本是以設立專櫃或祇在某一類藏書比例較多的方式。如設立文創產業的專題館，必須考慮文創讀者群的需求，業界大部分需要工作間及文創的設施來進行創作，而不是圖書資料，單獨設立一個文創專題館，反而不及在各類文創中心下附設圖書館，由中心的管理者協助文創人士組織所需的藏書資料，成為專門研究的圖書館的效果為佳。

建議政府當局可考慮當澳門大學氹仔校園遷往橫琴後，將現有大學圖書館館舍改為澳門的學術及研究的公共圖書館，該館面積有1萬5千平方米，是目前澳門單體圖書館中面積最大的圖書館，加上該館的內部網路及各種設備均非常完善，如消防、防盜、停車場、展覽廳、報告廳、書庫設計等，投資已超過2千萬元。為了有效利用公帑，該大樓不宜改作其他用途，如其他部門的辦公室、課室等。日後該館可集中各館的學術性書刊、各大專圖書館的學術複本、學術性內容的贈書等，如醫學、法學、科學、國學等，為澳門學術發展提供重要的平台。

四、設立大型的圖書儲存庫，將各館使用率較低的藏書集中儲存與物流管理，解決藏書空間不足的問題

由於各館的書倉已飽和，如此不斷租用新的倉庫，書倉的分布過於分散，每年都需投放較多的運輸成本。沒有集中管理，各庫的保安防火的條件不同，又需要分別配置人手，大大浪費政府的資源。所以建議政府當局設立一個大型的圖書館書倉，集中各系統的圖書館的複本、使用率較低的圖書、舊期刊及報紙等。由中央統一管理，負責送遞給各館讀者需要的圖書資料。然而，設立大型的書倉在國外的圖書館已成為一個新興的熱門話題，如近年在台灣地區的國家圖書館、台北市立圖書館、台灣南部大學圖書館均在規劃建立大型的密集式圖書儲存倉，通過RFID及自動機械運送系統來管理圖書。而日本方面，仙台圖書館亦設立了一所全自動的圖書密集書倉，由於書倉設計具有

防震的功能，所以今次 9 級大地震，書倉絲毫無損，證明集中式管理的書倉具有保存人類歷史文化的功能。最後，香港 8 間大專院校圖書館獲大學撥款委員會資助，設立共用的書籍儲存倉。以上 3 個地區的案例可說明設立大型中央書倉是未來的趨勢。

五、更新各館自動化系統及引入 RFID 管理系統

參考國內外的經驗，如台北市、上海市、深圳市等地區的圖書館，在主要交通匯集點設置了街道圖書館，以 RFID 管理系統來管理自助借還書站，大大提升民眾對圖書的使用效率，讀者反應良好，建議政府當局可效法，如輕軌站、關閘等主要人流的地點，設立自助借書及還書站，每站可存放 400 種新書，市民可通過新書站借閱最新的圖書，打造濠江成為一個書香遍地的閱讀城市。

六、建立聯合書目系統，統一書目格式，提供一站式檢索服務，迎接 Web 2.0 的資訊社會

目前各圖書館系統的圖書館目錄並未統一，讀者無法以一站式在網上查到各館館藏的資料，如同一本書在不同圖書館的館藏情況，大大阻礙圖書的利用價值，浪費資源，其管理的技術較鄰近地區落後。加上台灣地區將計劃以英美編目規則及 MARC 21 格式來取代現有的中文編目及 CMARC 格式。為及早規劃澳門公共圖書館的書目管理系統，建議 3 個圖書館系統採用統一的英美編目規則及 MARC 21 格式。同時更換較為先進及功能強大的圖書館自動化系統，具有 Web 2.0 的功能，以集中統籌的方式，處理圖書的分類與編目的作業。

七、建立中央物流系統，實現圖書資源通借通還制度

由於澳門公共圖書館系統分屬不同的局級部門來管理，電腦系統未統一，又沒有聯合書目支援，市民訴求通借通還的呼聲不絕。分析現有的情況，祇要各館同意，第一階段可增加各圖書館自動化系統的使用准照，分別在各館

安裝三方的圖書館系統，再統一市民在各館註冊系統的個人資料，更新及統一其借書冊數及期限，前台服務人員加以適當的系統培訓，聘用物流公司人員來協助歸還各館。待資金充裕、人力資源充足、制度成熟後，可進行第二階段，即為統一購買新的圖書館自動化系統，統一分類編目作業，通借通還。

八、建立多語種書刊的館藏，滿足來自世界各地的讀者群之需要

由於澳門是一個多元國籍人口流動的城市，有約10萬的外僱人士，每年約2,000多萬外地遊客，不應忽視他們需使用圖書館服務和資源，在大館適當配置不同語種如菲律賓語、印尼語、韓語、日語等的報刊書籍，更全面地照顧不同國籍的讀者。

肆、新填海區文化設施分布建議

近年來，澳門大力推展文化創意產業，政府更設立專責部門及成立創意產業委員會，就文化創意產業進行各項研究工作，以期從各種不同渠道及方法輔助從事創意產業的人士。活動方面，每年均會組織相關人士參與外地的文創博覽會，加強與外地相關產業的聯繫。此外，亦投入資源舉辦「藝墟」活動，為業界提供一個展示產品平台，以及與外地業界交流的機會。

然而，政府在大力發展文創的同時，相關的配套設施卻未見有太多的增加；而隨著社會的發展，現有的文化設施相信並不能滿足居民的需求，故建議於新填海區預留相關的區域，以滿足各方面的需求。

依據新填海區的規劃，除了上述的圖書館設施外，建議因應各區的人口分布設立不同類型的文化設施，包括博物館、展覽館、表演中心、工作室及流動展覽設備等，以豐富居民的文化生活，同時提升其生活質素及人民素質。

A區為人口密集區，亦為港珠澳大橋落腳點，日後必定集中了澳門大部分的人口及遊客，建議設一大型的表演中心，將展覽館、專題圖書館及工作室集中其中，以配合該區發展的需求。

C、D 及 E 區可因應情況設小型展覽館及文藝中心，定期舉辦相關展覽及文藝活動，豐富市民的餘暇。

　　B 區為路氹填海區，主要為酒店及旅遊業用地，建議設置流動展覽設施，展示該區舊貌及特色資訊。此外，亦可考慮設立特色工作室及展示場所，為澳門創意人士提供創作及展示的平台。

王國強、黃瓊娥合著

本文原刊於《澳門圖書館規劃，澳門文化設施規劃方案》，

澳門，文化局（2011 年 2 月）。

2010年澳門圖書館統計與分析

壹、前言

　　澳門圖書館事業發展得比較早，最早的圖書館可以追溯到 16 世紀。圖書館事業的發展並不是一帆風順，其在發展的過程中有著各種的起起落落，但總體的發展趨勢還是好的，特別是在回歸以後，政府投入的資源不斷增加，圖書館無論是在數量、藏書、使用人數、閱覽坐位等，都有顯著的增加，圖書館事業正是穩足向前。本文的內容主要是根據澳門圖書館暨資訊管理協會於 2010 年的調查統計，分別從公共圖書館、學校圖書館、大學及專科圖書館及專門圖書館等四方面進行分析。

貳、各類型圖書館統計

　　根據澳門圖書館暨資訊管理協會於 2010 年的調查統計，參見表 1，澳門地區圖書館數量總計為 282 間，分別為公共圖書館及自修室 83 間，學校圖書館 99 間，大學及專科圖書館 20 間，專門圖書館 80 間，全職圖書館員 717 人，藏書約為 2,501,480 冊，期刊 32,079 種，報紙 3,423 種，圖書館總面積 37,298 平方米，閱覽坐位 9,191 個。以下將就各類型圖書館情況進行陳述。

表 1　2010 年澳門圖書館概況統計表

數量	類型	人數(全職)	人數(兼職)	義工	人力資源小計	藏書	期刊	報紙	視聽	藏量小計	面積	平均面積	閱覽座位	平均閱覽座位	上網電腦	平均上網電腦
99	學校	108	61	621	790	885,209	2,695	276	17,525	905,705	11,600	117	4,297	43	747	8
80	專門	126	11	4	141	243,247	2,620	269	15,298	261,434	3,807	48	526	7	54	1
83	公共	395	76	141	612	677,575	5,112	878	24,105	707,670	16,462	198	3,075	37	406	5
20	大學	88	81	11	180	695,449	21,652	2,000	23,298	742,399	5,429	271	1,293	65	214	11
282		717	229	777	1,723	2,501,480	32,079	3,423	80,226	2,617,208	37,298	132	9,191	33	1,421	5

參、澳門公共圖書館及自修室概況

一、澳門公共圖書館及自修室數量分布

　　截至 2010 年底，澳門共有公共圖書館澳門的公共圖書館 83 間，為鄰近地區密度最高的地區，主要由文化局、民政總署、教育暨青年局及其他（包括政府部門、教會、私人機構及社團）所開辦。依其主管部門可分類為政府開辦有 41 間[1]，社團開辦有 25 間，教會開辦有 15 間，私人機構有 3 間。在 83 間公開給公眾使用的圖書館（室），祇有 50 間是重點向市民提供閱覽服務，其餘祇是依母體機構服務職能為主，而附帶圖書館服務而已。參見表 2 可知目前較為缺乏圖書館的堂區為聖安多尼堂區及風順堂區，而文化局亦因應社會的要求，將在沙梨頭、司打口、氹仔、紅街市計劃開設圖書館。

　　為了更深入說明澳門公共圖書館及自修室的概況，本節分別從藏書、面積及人力資源等三方面進行分析。

二、公共圖書館及自修室藏書分析

　　根據統計資料顯示，澳門公共圖書館及自修室的藏書約有 677,575 冊，如

表 2　2010 年各堂區公共圖書館及自修室統計表

堂區	數目
大堂區	21
聖安多尼堂區	4
風順堂區	6
望德堂區	12
聖方濟各堂區	1
聖嘉模聖母堂區	9
花地瑪堂區	30
總計	83

---

[1] 42 間政府開辦的圖書館中，由 13 間民政總署開辦（6 間為黃營均圖書館系統），文化局開辦有 10 間（7 間為澳門中央圖書館所管理），9 間為教育暨青年局開辦。

果算上期刊、報紙和視聽資料等，藏量約為 707,670 種。從圖 1 可以看出，大部分為小型閱覽室：館藏量 1,000 冊或以下的圖書館及自修室有 27 間，佔 35%；館藏 1,000 以上至 5,000 冊的圖書館及自修室有 25 間，佔 32%；館藏 5,000 冊以上至 1 萬冊的圖書館及自修室有 7 間，佔 9%；1 萬冊至 10 萬冊有 18 間，佔 23%，而超過 10 萬冊藏書的只有 1 間。結果顯示出，澳門以細小的閱覽室較多，而具規模的圖書館則屈指可數。

雖然澳門的公共圖書館藏書量為 677,575 冊計算，但是如以 55 萬人口計算，人均藏書為 1.23 冊，距離國外普遍每人 2 至 3 冊圖書的標準還有一段距離。若按照國際圖聯的公共圖書館藏書標準，正規圖書館最少有 2,000 冊藏書，澳門在 83 間圖書館中，祇有 30 間不足 2,000 冊藏書；另外依照館藏應達到每人有 1.5 冊至 2.5 冊的水平，則澳門公共圖書館的總藏量祇達到 1.3 冊，沒有達標。

由於藏書標準可根據圖書館不同的等級來制定，還應該根據人口普查的結果來制定比例，避免各地區的藏書資源不平衡，還應該制定館藏的年增長率，以保證藏書體系能跟上人口的增長以及保障文獻的更新率。所以短期目標應該要達到最基本的人均 2 冊，即應有藏書為 110 萬冊，尚欠 422,425 冊。

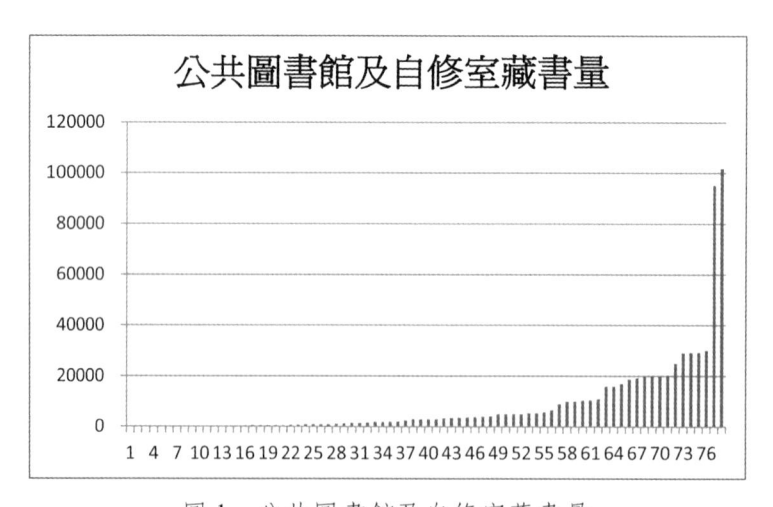

圖 1　公共圖書館及自修室藏書量

三、公共圖書館及自修室的館舍面積分析

在 83 個公共圖書館及自修室中,當中有 75 間圖書館提供了面積數據,75 間圖書館與自修室合共有 16,557 平方米,平均每館為 220 平方米。從表 3 中得知,只有 4 間圖書館在 1,000 平方米以上,其餘 95% 的圖書館及自修室都在 700 平方米以下,更有 60% 的圖書館與自修室是 100 平方米以下的袖珍型圖書館。

根據美國有關閱覽座位與人口的標準,正規圖書館閱覽座位應達到平均每千人擁有 3 個座位的水平,表 1 可發現千人均為 3.07 座位,表面上已達到標準,但是若以每堂區分析,聖安多尼堂區祇有 0.99 的千人均值,即該區圖書館的座位數量非常不足,需要再增加 240 多座位才能達標。

至於可供公眾上網的電腦數量應達到平均每千人擁有 1 台的水平,從表 1 發現澳門公共圖書館為每千人擁有 0.8 台的水平,還需要最少增加 100 部才能達標。

館舍面積超過 1,000 平方米的圖書館祇有 3 間,大於 200 平方米以上,有 11 間,200 平方米以下共有 72 間,可見澳門圖書館面積都較為細少,中大型圖書館非常缺乏。

再參照國際圖聯(IFLA)在公共圖書館的建築標準中規定:「在城市內主要居民區通常離圖書館 1.5 公里左右就要設立分館,3 至 4 公里左右就需設立一個較大的圖書館」。由於澳門地方細小,目前每平方公里已有 2.8 間圖書館,完全超越了國際圖聯的標準,但如要仿照設立較大的圖書館,澳門人對距離的感受與大城市有別,而設立多個大型的圖書館並不符合實際需要,市民需要更方便快捷的服務,建議澳門的公共圖書館應根據不同的服務範圍來

表 3　公共圖書館及自修室的館舍面積

面積(平方米)	0-100	101-200	201-300	301-400	401-500	601-700	1,000-2,000	3,000 以上
圖書館及自修室數量(個)	45	9	6	6	4	1	3	1
百分比	60	12	8	8	5.33	1.33	4	1.33

進行圖書館分級。以一個中心型圖書館為龍頭、按地區人口設二級館、以公園及街道圖書館為基層節點設三級館，以及以設閱報室為四級館。由於不同等級的圖書館服務的人口和所提供的服務有所不同，所以其館舍面積也有所不同，館舍空間的計算應從讀者空間、館藏空間、行政空間、公共空間為因素，讀者空間主要是以閱覽席為主，由每席 1 至 10 平方米之間，各等級的圖書館可大概劃分，四級館的面積為 100 平方米以下，三級館為 101-1,000 平方米，二級館為 1,001-2,000 平方米，一級館為 2,000 平方米或以上。

四、公共圖書館及自修室人力資源分析

參見圖 2，澳門公共圖書館及自修室多以小型為主，所以當中大部分只有 1 或 2 位人員負責圖書館的運作，1 位館員的佔 51%，而 5 位館員以下的圖書館與自修室佔了 81%，超過 20 位工作人員的圖書館只有 1%（圖 2）。

肆、澳門學校圖書館概況

在 2009-2010 學年裏，澳門中小學包括正規學校、特殊學校、職業技術

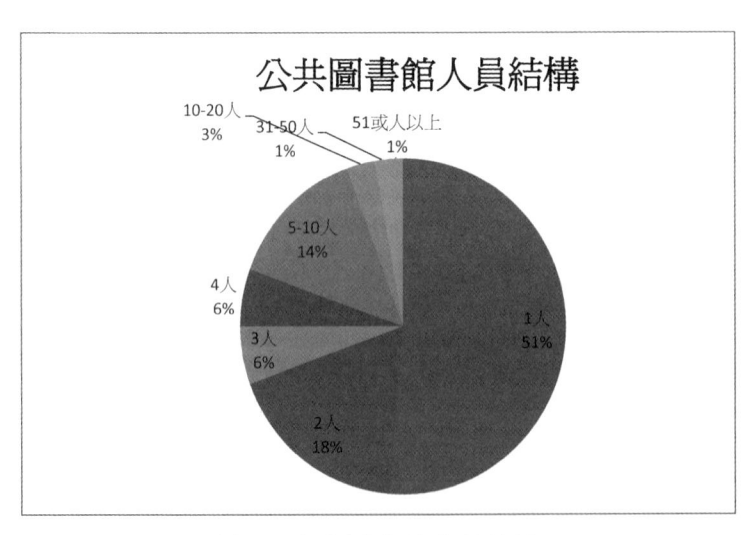

圖 2　公共圖書館人員結構

中學共有 161 校部，學校圖書館閱覽室 99 個，閱讀推廣人員 83 人，其中 46 人為全職、36 名兼職，有 7 個校部已申請但沒有應聘。服務學生 79,022 人。

一、學校圖書館館舍面積

在 99 個學校圖書館閱覽室中，有 94 個提供了面積數據。94 間學校圖書館閱覽室總面積為 11,600 平方米，平均面積為 117 平方米。從表 4 可以看出，有 63% 的學校圖書館閱覽室都是在 100 平方米以下的，有 93% 的學校圖書館閱覽室是 300 平方米以下的。在 500 平方米以上的兩家學校圖書館是聖羅撒女子中學中文部圖書館和澳門培正中學圖書館，後者亦繼庇道中學圖書館後，成為全澳第二間向社區開放的中學圖書館。

表 4　澳門學校圖書館館舍面積統計表

面積（平方米）	1-100	101-200	201-300	301-400	401-500	501 以上
圖書館及自修室數量（個）	59	17	11	2	3	2
百分比	63	18	12	2	3	2

二、學校圖書館藏書分析

在全澳 99 間中小學圖書館藏書共約為 885,209 冊，平均藏書 8,941 冊。從表 5 可得知學校圖書館閱覽室藏書量的分布情況，在提供藏書數據的 96 間學校圖書館中，有 41 間藏書在 5,000 冊以下，佔 43%，5 千至 1 萬冊的學校圖書館有 24 間，佔 25%，藏量在 3 萬冊以上的學校圖書館有 3 間，佔 3%。近年來，澳門的教育暨青年局亦大力推動學校的圖書館建設和加強學校的閱

表 5　澳門學校圖書館藏書量統計表

藏書（冊）	1-5,000	5,001-10,000	10,001-15,000	15,001-20,000	20,001-25,000	25,001-30,000	30,001 以上
圖書館數量（個）	41	24	15	10	2	1	3
百分比（%）	43	25	16	10	2	1	3

讀風氣，每年津貼學校 3 萬元作為購書經費，各校如需更多的經費，可向教育暨青年局另外申請專款，如閱讀推廣經費、開放場地資助、維修及擴建圖書館經費等。

三、學校圖書館館舍面積分析

對於澳門的學校圖書館，從之前的數據可以看到，有 63% 的圖書館是在 100 平方米以下的，面積較少，對於藏書標準，應以學生人數或班級數來制定。可參考表 6 至表 8 台灣學校圖書館的辦法來制定標準。

伍、澳門的大學及專科學校圖書館概況

直到 2010 年底，澳門共有大學及專科學校 10 間，分別是澳門大學、澳門理工學院、旅遊學院、澳門保安部隊高等學校、澳門城市大學（原名：亞

表 6　高級中學圖書館館藏標準表

	圖書	期刊
計算公式	基本館藏 12,000 冊 + （全校人數 – 1,000）× 10 冊	基本館藏 100 種 + （全校人數 – 1,000）／ 50 或 100 × 10 冊

表 7　國民中學圖書館館藏標準表

	圖書冊數（種數）	期刊	報紙	小冊子、剪輯、學校出版品	視聽資料
6 班以上	9,000 （8,000）	15-50	4-8	1. 凡與課程有關均應蒐集。 2. 數量視需要而定。	參閱視聽教育設備標準
7-12 班以上	9,000-11,400 （8,000-9,800）				
13-24 班以上	11,400-16,200 （9,800-13,400）				
25-36 班以上	16,200-21,000 （13,400-17,000）				
37-48 班以上	21,000-25,800 （17,000-20,600）				
49 班以上	參照上述標準及實際需要，依比例增加數量。					

表8　國民小學圖書館館藏標準表

班級數	人數	圖書（冊）	雜誌（種）	報紙
6班以下	300人以下	6,000	5	2
7-12班	301-600人	6,000-6,900	5	3
13-24班	601-1,200人	6,900-8,700	10	4
25-36班	1,201-1,800人	8,700-10,500	10	5
37-48班	1,801-2,400人	10,500-12,300	10	5

洲〔澳門〕國際公開大學）、聖若瑟大學（原名：澳門高等校際學院）、澳門鏡湖護理學院、澳門科技大學、澳門管理學院、中西創新學院。專科學校則有澳門航海學校等，各院校轄下共設圖書館20間，從事圖書館工作人員有88人，總藏書量為695,449冊，期刊總藏量為21,652種，以分類法而言，分別採用了中國圖書分類法、中國圖書館分類法、杜威分類法、美國國會圖書館分類法、國際十進分類法；以編目而言，有AACR2以及自訂編目法；以機讀格式言，分別採用USMARC、UNIMARC或未有採用等3種方法。

一、大學及專科圖書館藏書分析

　　在大學及專科圖書館中，以澳門大學圖書館的藏書量最多，為695,449件，包括傳統印刷品及網上資源，佔澳門圖書館總藏量的27.80%；本類型圖書館的藏書內容都是針對其所機構或服務對象的，如澳門航海學校圖書館的航海技術書刊、澳門旅遊學院圖書館的旅遊及酒店管理之書刊，更是港澳地區收集最完整同類資料的圖書館之一，可參見表9為澳門各大學及專科圖書館藏書結構統計表。

二、大學及專科圖書館人力資源分析

　　2010年，澳門共有圖書館從業員717名，其中有88人服務於20所大學及專科圖書館，佔整個行業的12.27%。當中，以澳門大學圖書館的人數最多，有31人；其次是澳門科技大學圖書館，共16人；第三是澳門理工學院圖書館，有12名圖書館從業員。

表9　大學及專科圖書館藏書結構統計表

名稱	藏書	百分比（%）	期刊	百分比（%）
司法警察學校圖書館	1,500	0.22	0	0.00
旅遊學院氹仔校園閱覽室	214	0.03	30	0.14
旅遊學院多媒體圖書館	16,800	2.42	47	0.22
航海學校圖書館	7,548	1.09	340	1.57
演藝學院音樂學校	300	0.04	0	0.00
演藝學院舞蹈學校	1,300	0.19	20	0.09
澳門大學圖書館	400,000	57.52	4,000	18.47
澳門中西創新學院圖書館	2,500	0.36	0	0.00
澳門庇護十世音樂學院圖書館	500	0.07	1	0.00
澳門保安部隊高等學校圖書館	2,000	0.29	0	0.00
澳門科技大學持續教育學院文獻中心	4,500	0.65	18	0.08
澳門科技大學圖書館	98,180	14.12	16,173	74.70
澳門理工學院博彩教學暨研究中心圖書館	35,841	5.15	47	0.22
澳門理工學院圖書館	87,866	12.63	671	3.10
澳門測量暨地籍學校圖書館	500	0.07	20	0.09
澳門聖若瑟大學圖書館	3,500	0.50	0	0.00
澳門聖經學院圖書館	19,000	2.73	180	0.83
澳門管理專業學院圖書館	3,000	0.43	12	0.06
澳門鏡湖護理學院圖書館	8,900	1.28	68	0.31
聯合國大學國際軟件技術研究所圖書館	1,500	0.22	25	0.12
小計	695,449	100.00	21,652	100.00
澳門各圖書館總計	2,501,480		32,079	
佔總體的百分比（%）	27.80%		67.49%	

陸、澳門的專門圖書館

　　專門圖書館是針對各機關團體的業務及研究參考需要而設置，聘有專人提供閱覽或參考諮詢服務，並配有專用的館舍以供利用。以2010年而言，澳門專門圖書館共有80間，分別隸屬於政府機關、宗教團體、醫院、民間團體

等，所收藏的資料因單位而異，如醫學資料、法律資料和財經資料等，極富參考價值。

截至 2010 年，專門圖書館建築總面積為 3,807 平方米，平均面積為 48 平方米，閱覽坐位總計為 526 個，全職圖書館員總計 126 人。而在館藏資料方面，圖書總冊數為 243,247 冊，期刊 2,620 種，報紙 269 種。

柒、總結

澳門圖書館的密度可說是全球之冠，平均每平方公里有 9.7 間圖書館，但如前所述，有很大一部分圖書館是袖珍型閱覽室，嚴格意義上並不能稱為「館」，而且在規模上還是藏館數量和種類上都很有限，加之至今還沒有一個大型的綜合性公共圖書館去實踐先進的管理理念，這些都是影響圖書館發展的因素。為了保證圖書館事業正確的發展方向，應對圖書館的服務人口、館舍面積、人員編制、館藏量、服務時間等訂立指標，以確保服務的質量，保障讀者和圖書館的權益。

此外，圖書館員是圖書館事業的靈魂，圖書館工作人員的素質優劣，直接影響到圖書館的服務和發展。澳門現時對圖書館員分級還沒有一個標準，館員的遴用亦沒有健全的制度。參考美英日三國的公共圖書館館員任用制度，再來制定澳門圖書館的人員編制制度。美國圖書館館員任用資格是必須具有美國圖書館學會（American Library Association，簡稱 ALA）所認可的圖書館學碩士（MLS）學位，並獲得該州政府所核頒之圖書館員證書者才能任職專業館員，其他工作者則為職員，彼此之工作內容、歸屬均有所不同。不同的工作人員可區分為專業館員（professional librarian）、圖書館技術助理員（library technical assistant）、事務員（library clerk）及其他非專職的支援人員，有兼職工作人員（part-time）及志願工作人員（volunteer），由於其專業館員資格的取得至少應有 5 年的正式教育，意指 4 年大學教育之後，外加 1 年由美國圖書館協會（ALA）認可的圖書館學研究所畢業（碩士），圖書館員的資格相對較高。

澳門應明制定專業資格認可以及任用制度，從而提升澳門圖書館從業員的專業素質。我們可參考國外對圖書館人員的編制，將圖書館員分為專業、半專業和非專業。專業資格的認可，可以由專業社團或由官方進行。專業資格評審的內容包括：

一、對認可人所讀圖書館學課程之研究任務及教育目標，課程內容之認可。
二、對認可人應具有其他學科的學歷證明之認可。
三、對其他地區已獲取專業資格的人士作同等專業資格之認可。
四、對於在澳門開辦的圖書館專業學位、文憑、短期課程之專業認可。

一般來說專業館員名額應在編制的三分之一至二分之一之間。在公共圖書館體系中，可根據圖書館不同等級來制定人員編制，在較大型的二、三級圖書館，至少應有一半的專業館員來進行管理，而總館應視業務所需來決定館員人數。而對於學校圖書館和專門圖書館，大都是一至兩人在管理圖書館，所以對於服務有較高要求的中學圖書館和專業圖書館，至少有一位專業館員負責，而小學和幼稚園則最少有一位半專業館員，學校還應按學生人數比例來增加編制。而大學及專門圖書館應以讀者人數來決定館員的名額。

在未來發展方面，筆者建議如下：

一、在新填海區，舊區重建區及服務點不足的地方，增加適當的服務點及24小時圖書館，落實建立分級制的大型公共圖書館，加入文娛活動及小組活動的場所，藉以發揮更多的文化教育功能。
二、整合各類型圖書館館重複的館藏，實現主題藏書分工，強化各館的特色館藏。
三、設立大型的圖書儲存庫，將各館罕用的藏書集中儲存與物流管理，解決藏書空間不足的問題。
四、加強圖書館內的電腦及其周邊的設施，各館應增關資訊學習區，方便市民對資訊利用。
五、更新各館自動化系統及引入RFID管理系統，增加資訊人材編制，迎接Web 2.0的資訊社會。

六、建立聯合書目系統，統一書目格式，提供一站式檢索服務。

七、建立中央物流系統，實現圖書資源通借通還制度。

　　圖書館界應推動政府盡快制定圖書館服務的相關標準，使圖書館在建立和運作時有法可依，以保障澳門圖書館事業的發展。

王國強、郭子健合著

本文原刊於《兩岸三地圖書館學術知識庫的發展》，

第 12 期（2012 年 12 月）。

2012年澳門圖書館事業回顧

壹、前言

　　2012年的澳門圖書館事業發展概況可從：一、圖書館數量及分布；二、使用概況；三、重要的發展與服務；四、推廣活動；五、學術活動；六、區域合作與交流等項目；七、意見及方向等，反映出澳門市民對圖書館服務的要求，以及圖書館界努力奮進的成果。

貳、圖書館數量及分布

　　2012年，共有開放給公眾使用的公共圖書館及自修室80間、學校圖書館103間、專門圖書館84間及大專圖書館23間，總計為290間。

　　從公共圖書館的數量上，澳門為鄰近地區密度最高的地區，開放給公眾使用的圖書館及閱覽室，共計有80間，主要由文化局、民政總署、教育暨青年局，及其他（包括政府部門、教會、私人機構及社團）所開辦。依其主管部門可分類為政府開辦有40間、社團開辦有22間、教會開辦有16間、私人機構有2間。在80間公開給公眾使用的圖書館（室），有50間是重點向市民提供閱覽服務，其他祇是依母體機構服務職能為主，附設圖書館服務而已。澳門公共圖書館的特色是以社區圖書館及閱覽室、公園圖書館為主，部分圖書館館舍設計相當有特色，講求空間及閱讀氣氛的營造，是各類型圖書館中發展得最快的。

　　澳門的高校及專科學校圖書館共23間，由政府及私人圖書館所組成，部分可以頒授學位的機構及課程並沒有成立圖書館。目前高校圖書館藏書約80

萬冊，從事圖書館人員約有 90 人，半數以上是具有圖書館專業學位，是各類型圖書館中專業比例最高的一類。

2012 年澳門學校圖書館有 103 間。總面積為 1 萬 2 千平方米，閱覽坐位約有共 4,400 個。目前澳門共有全職學校的圖書館員及閱讀推廣人員約 110 人，兼職人員為 60 人，服務的學生人數約為 7 萬 5 千人。在藏書方面，共約 90 萬冊、期刊約 2,800 種、報紙約 300 種、視聽資料約 2 萬種。其中海星學校圖書館、培正中學圖書館及庇道學校圖書館（即明愛圖書館）均為對社區開放的學校圖書館。

澳門的專門圖書館主要為政府機關圖書館、醫學圖書館、法律圖書館、經濟圖書館、博物館圖書館、工程圖書館、治安部門圖書館、宗教圖書館及專業社團圖書館等，共計 84 間。

本年度新成立或正式開放的圖書館有：澳門中央圖書館紅街市圖書館、培華中學附屬小學暨幼稚園圖書館、陳瑞祺永援中學初小圖書館、澳門城市大學圖書館及澳門故事館；改裝後重開的有黃營均兒童圖書館、外港青年活動中心圖書館、觀音蓮花苑圖書館；遷往新址有行政公職局圖書館；而結業的圖書館有：新葡京酒店閱覽室、教科文中心圖書館、有禮加油站、部落格 1 及浸信中學小學部圖書館與該校中學部合併。

計劃興建或改建中的圖書館有：澳門中央圖書館沙梨頭分館、紀念孫中山公園市政圖書館、民政總署鴨涌河綜合大廈圖書館、民政總署的東北街市圖書館、湖畔大廈綜合服務中心圖書館、聖若瑟大學圖書館、澳門大學圖書館橫琴新館及各住宿式書院的閱覽室、澳門大學珍禧書院圖書室、澳門城市大學圖書館、澳門立法會圖書館、鄭觀應紀念圖書館；另外，政府計劃在新填海地段及新落成公屋設立適當數量的圖書館。

參、使用概況

一、讀者使用概況

在圖書館利用情況，根據 2012 年《澳門統計年鑑》中的表 6.7.2. 及表

表 1　2012 年圖書館主要統計指標

指標	單位	2005	2006	2007	2008	2009	2010	2011	2012	增加／減少
圖書館及閱書報室數目	間	39	38	45	50	52	55	54	60	6
書籍	冊	1,028,387	1,105,008	1,115,051	11,157,059	1,343,360	1,821,262	2,003,949	1,946,457	-57,492
期刊雜誌	種類	9,953	9,282	10,272	10,361	10,668	10,615	10,531	10,748	217
多媒體資料	套	29,244	121,513	188,303	235,626	337,811	1,162,029	4,319,431	4,750,336	430,905
電子書	冊	--	29,691	--	--	132,946	878,641	4,022,912	4,426,444	403,532
電子期刊	冊	--	40,320	--	--	148,714	196,413	214,382	247,711	33,329
接待人次	人次	3,018,871	3,129,552	3,507,354	3,534,249	3,754,357	4,062,561	4,108,584	4,409,936	301,352
借書冊次	冊次	804,777	766,319	792,837	714,167	830,029	878,453	865,588	824,580	-41,008
總面積	平方呎	271,673	317,510	334,550	337,434	359,774	448,330	453,714	464,862	11,148
座位數目	個	2,479	2,873	3,273	3,339	3,569	4450	4,617	4,971	354
提供予公眾上網的電腦設備	台	298	383	417	441	554	718	728	767	39
電腦使用人次	人次	351,527	354,427	409,858	427,928	495,082	1,002,192	626,615	619,907	-6,708
購書總支出	千澳門元	196,88	22,170	30,639	33,238	41213	54,136	58,677	67,765	9,088
工作人員數目	人	213	210	262	232	243	268	301	313	12

資料來源：《澳門統計年鑑：2012》。

1：向公眾開放的圖書館及閱書報室的主要指標分析，2012 年主要圖書館為 60 間，館藏量為 1,946,457 冊，較 2011 年減少了 57,492 冊，在期刊上 2012 年有 10,748 種，較去年增加了 217 種；在多媒體資料方面，亦較去年增加 430,095 套；在電子書籍方面有 4,426,444 冊，較去年增加了 403,532 冊；電子期刊有 247,711 種，增加了 33,329 種；總計有圖書資源 11,381,696 冊／種，較去年增加了 810,491 冊／種；主要為圖書館訂購了大量的電子資源所致。

此外，接待人次方面為 4,409,936，較 2011 年增加了 301,352 人次。可是借書冊次祇有 824,580，較 2011 年減少 41,008 冊次，而 2011 年較 2010 年減少了 12,865 冊次，連續錄得兩年的跌幅；全澳對外開放的圖書館面積增至 464,862 平方呎，較 2011 年增加了 11,148 平方呎；所以在閱覽座位方面亦有顯著的增加，總計為 4,971 個，較上一年增加 357 個；而提供可上網的電腦有 767 台，較 2011 年增加 39 台，使用的人次為 619,907，較 2011 年減少了 6,708 人次。最後圖書館的購書經費為 67,765,000 澳門元，較 2011 年增加了 9,088,000 澳門元。工作人員則為 313 人，較去年增加了 12 人。

二、圖書館技術服務概況

至於圖書館技術服務概況，可參閱表 2 至表 4 的各項技術服務與設備的統計分析表。

肆、重要的發展與服務

一、澳門中央圖書館的發展

（一）新澳門中央圖書館

文化局局長吳衛鳴表示，經過與工務部門和專業團體商討後，該計畫現時進入設計階段，未來會考慮在保留建築物原來空間的前提下，於新澳門中央圖書館設立小型的司法警察局博物館，展示司法警察局的歷史和事蹟。而新館工程分為兩個階段，第一階段於建築物內部進行，第二階段會考慮將舊法院大樓與後面龍嵩街司法警察局總部相銜接。

表2　澳門各類型圖書館採用圖書館自動化系統比較表

系統名稱	大專	公共	專門	學校	數量
SLS	11	7	35	48	101
TOTASII	2	25	1	0	28
LIB MASTER	0	0	0	15	15
自行開發	0	1	3	4	8
VLIB	0	6	5	0	11
ELM	1	0	0	0	1
INNOPAC	4	0	0	0	4
CEO	0	0	1	0	1
OpenBiblio	1	0	0	0	1
正思	0	0	2	0	2
LIB MANAGER DESTINY	0	0	0	1	1
E-CLASS	0	0	0	1	1
宏達資訊系統	0	0	0	2	2
明報	0	0	0	3	3
總計	15	40	46	66	167

表3　澳門各類型圖書館採用圖書分類法比較表

圖書分類系統	公共	學校	大專	專門	總計
中國圖書分類法	41	42	2	17	102
中國圖書館分類法	0	4	1	1	6
杜威分類法	6	5	3	5	19
國會圖書館分類法	0	0	5	1	6
國際十進分類法	2	0	0	4	6
三民主義分類法	1	0	0	0	1
總計	50	51	11	28	140

（二）新開設的圖書館

　　澳門中央圖書館紅街市圖書館，位於雅廉訪大馬路147號，總面積約為2,800平方呎，預計最高藏書量可為1萬4千冊，閱覽座位約60個，提供8台可供免費上網的電腦。該館的設計特色是在空間設計上保留了原建築物的元素，並得到通訊博物館借出部分與郵政系統相關的藏品，於館內展示，包

表 4　澳門各類型圖書館在其他自動化及信息化服務比較表

其他系統	公共	學校	大專	專門	總計
防盜系統	24	6	9	4	39
自助借書系統	8	0	3	2	13
線上導覽系統	0	0	1	0	1
RFID	7	2	5	2	16
網頁及網上目錄	34	12	10	6	62

括舊郵筒、舊式電話機及郵政局員工舊宿舍模型等，期望能彰顯該地點的歷史和文化價值，並讓市民對現址有一個集體的回憶。開放時間為中午 12 時至晚上 7 時，公眾假期除外。

（三）即將開放的圖書館

　　氹仔中央公園圖書館設於地庫一層，建築面積約 2,200 平方米，將設有 200 個閱讀座位和 60 台上網電腦，圖書館可由停車場或公園直接進入，靠中庭的牆壁採用大型玻璃窗，可以吸納更多自然光線，有環保節能作用。

二、民政總署圖書館的發展

　　全澳第一間兒童圖書館，名為「黑沙環公園黃營均兒童圖書館」，面積約 210 平方米，於 2011 年 7 月 2 日開放，當中包括一圓形的兒童遊戲空間，用作舉行遊戲及各式活動；館內的閱覽座位有 50 個，分為兒童閱覽區及期刊區，藏書量可達 5,000 冊。為了展現圖書館的兒童元素，從而吸引小朋友到圖書館，該館今年獲取授權，成為大中華地區首間以《喜羊羊與灰太狼》作為主題的圖書館，全館的主題佈置，將故事元素融入圖書館的設計中，創造一個引發兒童想像力的空間，並寓意孩子所擁有的無限創意和潛能。

三、電子化服務及館藏的發展

　　本年度共有 62 個有網頁介紹，可連上網上目錄有 51 間，來自 26 個不同

的機構，41 間圖書館設有圖書防盜系統。另外，澳門圖書館暨資訊管理協會向澳門基金會虛擬圖書館提供了澳門圖書書目系統，共收錄了 2000-2011 年間澳門出版品檢索系統的書目 6,000 多條，網址為 http://www.macaudata.com/publication/publicationAction/publication?headType=11。

　　澳門大學圖書館利用新的 TRS 整合平台將現行分散的自建資料進行匯總工作，共整合了 17 個資料庫，包括：

- Company Financial Reports（公司營業帳目報告）
- Company Report
- Exhibitions & Activities
- List of Standalone Electronic Resources
- Macau Conference Portal
- Macau Electronic Resources
- Newsletters
- Occasional Papers
- Social Organizations
- UM E-Theses Collection
- UM Poster Collection Index（澳門大學圖書館海報索引）
- UM Publications
- 古籍室線裝書清單
- 善本書清單
- 澳門日報學海版標題索引
- 澳門中文期刊論文索引
- 澳門報章剪報索引

四、高校圖書館方面

　　澳門大學、澳門理工學院、澳門科技大學及澳門旅遊學院圖書館都積極增加電子館藏和資料庫，以澳門大學圖書館投入的資源最多，大約 2 千萬元澳門幣，共購置了 260 個資料庫，澳門理工學院圖書館有 70 個，澳門科技大

學圖書館有 86 個。至於使用量方面，以澳門大學圖書館為例，全年電子資源訪問人次為 1,808,262 次，下載次數為 705,900 次。而澳門科技大學圖書館則有 1,245 萬人次訪問，下載量為 376,025 MB。由於資料庫數量日益增加，圖書館務必要推出跨庫檢索平台，以方便讀者使用，目前澳門大學圖書館採用 Research Pro 及 Discover，澳門科技大學亦採用 Discover，而澳門理工學院圖書館則採用 MUSE 以提高讀者檢索效率。

五、新設備

民政總署圖書館引進新的 RFID 系統（3M 公司），經過公開招標及測試的過程之後投入服務。當中有自助借還書機 7 台、櫃台工作站 7 台、庫存盤點機 2 個、還書箱 5 座，新系統預計耗資 330 萬元。澳門大學圖書館購買了一套 Mimio Vote 系統，安排在讀者利用課堂上使用，該系統能即時反映學生上課後的評估與效果。

六、贈書方面

澳門大學圖書館獲香港中文大學圖書館送贈 3,654 冊、澳門培正中學圖書館轉贈范西朗先生所藏舊籍 208 冊、留美澳門學者陳華恩先生約 2,000 冊、何婉珊小姐轉贈婦聯學校舊籍 1,128 冊；澳門大學圖書館分別將複本送贈給澳門科技大學圖書館、澳門城市大學圖書館及政策研究室圖書館；澳門理工學院圖書館獲美國芝加哥「The Chicago Chapter of the Kosciuszko Foundation」捐贈美籍俄羅斯語言學家 Roman Jakobson（1896-1982）私人藏書和芝加哥大學英國文學退休教授 John Cullinan 捐贈其私人藏書共 57 箱，約 2,000 冊；澳門圖書館暨資訊管理協會亦向澳門歷史檔案館送贈《葡萄牙外交部藏葡國駐廣州總領事館檔案：清代部分》。

七、社會義務

民政總署圖書館第二年舉辦荒島圖書館招募圖書工作，而澳門摩卡為了

響應該計畫，向員工推出「我 LIKE 閱讀：書本贊助計畫」。明愛圖書館於 4 月至 7 月期間假俾利喇街 137 號寶豐工業大廈 4 樓設置二手書義賣場，同時於 5 月 19 日在銀河 TM 綜合渡假城放映《再說一次我願意》（The Vow）慈善電影專場，票價為 300 元。澳門圖書館暨資訊管理協會繼續向武漢大學、中山大學、北京大學三校的信息管理系提供每年 5,000 元人民幣的獎學金。

八、校圖書館經費

教育暨青年局在本年度增加每所學校的圖書購置資助金額，本學年度圖書資助按教育階段分，15 班或以下為 2 萬元，15 班以上為 4 萬元，每年預算約為 300 萬澳門元。此外，為了推動班級閱讀，每學生每月有 4 元補貼期刊購買經費，每月預計支出 30 萬元（約為 25 萬人民幣）。

九、閱讀推廣人員

教育暨青年局在 2007 年 9 月份推出學校閱讀推廣人員計畫，每校部超過 900 名學生，可獲聘請一名全職，局方會給校方 20 萬元的津貼，2008 年增至 22 萬元，2010 年增至 23 萬元，2011 年增至 24.4 萬元，2012 年增至 26 萬元，用作薪金及活動經費；900 人以下則為半職人員，津貼減半，此專職人員應與學校圖書館工作人員有別，其職能主要是推動學校的閱讀風氣，並不是管理學校圖書館。教育暨青年局在本年度增加每所學校的圖書購置資助金額，由原來的 1 萬 5 千元調升至 2 萬元。2012-2013 年度有全職閱讀推廣員 52 名、半職 31 名，合計 83 名，仍有 13 間學校沒有聘請相關的人員。

十、製作閱讀推廣短片

- 空中閱讀看世界第一集

  http://www.youtube.com/watch?v=zVZWOwV8_y0
- 空中閱讀看世界第二集

  http://www.youtube.com/watch?v=tFzn5OlnZXQ

伍、推廣活動

2012 年的閱讀活動，形式計有書展、閱讀比賽、演講、利用教育、遊戲、話劇、圖書交換、義工服務、參觀交流等，加上每年一度的圖書館周、六一兒童節、書香文化節、書市嘉年華，以及終身學習周的系列活動，非常多姿多彩，現說明如下。

一、圖書館周

澳門圖書館周在 4 月 21 日至 5 月 18 日之間，共有 17 個單位在這期間舉辦不同的閱讀推廣活動，藉以在澳門散播閱讀的種子，包括澳門中央圖書館、民政總署圖書館、教育暨青年局、澳門圖書館暨資訊管理協會、培正中學圖書館、澳門鏡湖護理學院圖書館、明愛圖書館圖書館、新華夜中學圖書館、化地瑪聖母女子學校圖書館、嘉諾撒聖心中學圖書館、澳門大學圖書館、同善堂中學、澳門旅遊學院、澳門生產力暨科技轉移中心圖書館、聖德蘭學校圖書館、瑪大肋納嘉諾撒學校、培道中學圖書館、聖羅撒中學中文部圖書館，共有 106 項，計有好書交換、圖書館之旅、專題書展、圖書館利用教育及閱讀講座、親子興趣班、現場有獎問答及由多個單位聯合參與的閱讀推廣攤位遊戲、專題展覽、讀書方法之講座、舊書回收、舊書義賣、期刊漂流、故事會、閱讀創意工作坊、全年借閱排行獎、兒童讀經班及荒島圖書館舊書回收活動等一系列豐富多元的活動。

二、閱讀活動

民政總署圖書館新增以葡語及英語為主的同類型活動，為以葡語及英語為主要教學語言的學校提供服務，增加圖書館服務的多元化。並於 2 月至 6 月舉辦名為「葡英語言版的校園書友仔」活動，透過生動有趣的布偶講故事。提升藝術及文學領域，從學習中找到樂趣，為學生引發閱讀的興趣，藉以打破圖書館傳統的靜態形象，期望透過有關校園開放計畫能促進學校與社區的密切結合。

澳門圖書館暨資訊管理協會曾首次引入真人圖書館概念，在圖書館周開幕日推出，引起社會大眾的關注。

　　勞工子弟學校中學部為持續培養及發展學生閱讀興趣，由圖書館及中英文科組合辦悅讀月，在每年 2 月份定期舉辦，本年度的悅讀月率先在周會上舉行啟動儀式，展出利用過期雜誌設計而成的閱讀樹，由各級代表掛上寫著閱讀感想的果實心示意卡，一方面旨在由各級代表向全校分享閱讀心得，另一方面亦達到資源循環再用之效。會上由閱讀科老師及閱讀推廣人員向全校介紹多元化閱讀，教導學生從身邊事物開始，例如電影配合原著小說、歌曲及繪本等進行輕鬆閱讀，鼓勵學生尋找閱讀的樂趣。另外，在活動舉辦期間，由中英文科教師指導學生，並向全校推介對中英文的閱讀技巧及心得，介紹英文報紙的結構，讓學生可以更有效率地進行閱報等，加強全校學生的語言能力及積極關心國內外時事要聞的態度。此外，為增加學生的課外閱讀機會，該校更與星光書店合作，於校內舉行了為期 3 天的書展，書展內容豐富，全校師生踴躍參與。圖書館亦舉行了澳門文學作品展覽，展出與澳門文學相關的作品，並由圖書館學生組織——子墨閣成員搜集澳門近代文學的團體、作品及雜誌，向全校師生介紹其文化底蘊，加深對澳門本地作品的瞭解及認識，讓大家共同分享澳門的文學成就。

　　同善堂中學獲得教育暨青年局資助於圖書館舉辦多項活動，包括：「閱讀許願樹計畫」、「好書讀後感分享計畫」、「每班 One 報紙計畫」、「閱讀獎勵達標計畫」、「澳門大學圖書館交流團」、「閱讀推廣座談會」等，藉此培養學生的閱讀興趣，提升學生的閱讀動機，善用餘暇，抗衡社會不良的風氣。在圖書館周期間更邀請理工學院副教授陳志峰分別為中、小學生舉辦「閱讀推廣座談會」。初中的座談會題為「同學仔，你有夢想嗎？」在高中的座談會，陳志峰則以「同學仔，你有足夠的國際視野嗎？」為題。

三、各項推廣活動

　　澳門圖書館界在各項推廣活動的成果可參閱表 5 至表 13。

（一）比賽活動（11次，見表5）

表5　2012年圖書館界公開比賽活動列表

日期	主協辦單位	名稱
2012.01.14	圖書館暨資訊管理協會、聰穎	全國聰穎故事創意寫作比賽——澳門站決賽
2012.04.10-25	公職局	世界書香日及版權日系列活動——賀卡設計比賽
2012.04.20	公職局	世界書香日及版權日系列活動——我理想中的澳門書展徵文比賽
2012.04.22	公職局	世界書香日及版權日系列活動——書籍編目比賽
2012.04.22	圖書館暨資訊管理協會	第3屆全澳圖書館義工及工讀生常識問答比賽
2012.05.05	公職局	世界書香日及版權日系列活動——兒童故事比賽——小小安徒生
2012.07-10.	圖書館暨資訊管理協會、澳門科技協進會	第8屆青少年科普書籍閱讀獎勵活動
2012.09.03-12.14	圖書館暨資訊管理協會、教育暨青年局青年試館	兒童講故事比賽2012
2012.09.-11.	民政總署圖書館、廣州市少年宮及香港閱讀學會	時光隧道：尋找昔日生活文化之謎——穗港澳少年兒童閱讀計畫
2012.11.01-12.15	圖書館暨資訊管理協會	第4屆「照出閱讀新角度」攝影比賽
2012.11.02-11	圖書館暨資訊管理協會	2012圖書館暨資訊管理協會閱讀大使兒童填色比賽

（二）普及課程（7次，見表6）

表6　2012年圖書館界舉辦普及課程列表

日期	主協辦單位名稱	名稱
2012.03.	明愛圖書館、澳門魔術協會	成人魔術班
2012.03.-08.	澳門中央圖書館	中圖e學堂：電腦基本知識入門、倉頡輸入法初階及進階、Excel試算表及Word文書處理
2012.04.14-21	澳門中央圖書館	圖書館e學堂：電腦基本知識入門

表6　2012年圖書館界舉辦普及課程列表（續）

日期	主協辦單位名稱	名稱
2012.09.	澳門中央圖書館	終身學習周課程：IPONE/IPAD工作應用
2012.09.	澳門中央圖書館	終身學習周課程：IPONE/PAD多媒體製作工作坊
2012.10.04-11.08	澳門中央圖書館	終身學習周課程：數碼攝影初階
2012.10.16-11.20	澳門中央圖書館	終身學習周課程：司儀培訓班

（三）普及講座（32次，見表7）

表7　2012年普及講座列表

日期	主協辦單位名稱	活動名稱
2012.01.-12.	民政總署圖書館	自由講壇系列講座
2012.02.24	澳門大學圖書館	用社交媒體提升學術聲譽（Casey K. Chan主講）
2012.02.26	民政總署圖書館	健康中醫調理講座
2012.03.04	民政總署圖書館	親子工藝坊——如何培養孩子多元智能
2012.03.25	民政總署圖書館	銀髮一族——物理治療講座
2012.04.	同善堂中學圖書館	同學仔，你有足夠的國際視野嗎？（陳子峰主講）
2012.04.	同善堂中學圖書館	同學仔，你有夢想嗎？（陳子峰主講）
2012.04.08、2012.09.09	民政總署圖書館	專題聚會——理財有妙法
2012.04.15、2012.07.29	民政總署圖書館	親子工藝坊——管教有辦法
2012.04.22	澳門中央圖書館	電影分享講座：從「Macao」看馬交——電影鏡像中的澳門
2012.04.23	培正中學圖書館	有趣Ipad工作坊
2012.04.25	培道中學圖書館	新詩分享會
2012.04.29	民政總署圖書館	專題聚會——食得有營
2012.05.10	澳門大學圖書館、大學出版中心、中文大學出版社	溥高義教授演講
2012.05.13	民政總署圖書館	專題聚會——求職面試技術工作坊
2012.05.13	教育暨青年局	求職面試技術工作坊
2012.05.19	民政總署圖書館	2012嘉模講壇文學系列之敵友難分——文學創作路上的動力與阻力

表7　2012年普及講座列表（續）

日期	主協辦單位名稱	活動名稱
2012.06.16	歷史檔案館	口述歷史工作坊（畢觀華館長主講）
2012.06.17、2012.10.07	民政總署圖書館	親子工作坊——親子遊戲學習坊
2012.06.30	民政總署圖書館	專題聚會——營運人生
2012.07.01	民政總署圖書館	專題聚會——種植 DIY
2012.07.11-13	民政總署圖書館	專題聚會——電影欣賞分析
2012.07.17、2012.08.14	民政總署圖書館	銀髮一族——中西區域文化遊
2012.08.05	民政總署圖書館	專題聚會——減肥運動知多 D
2012.08.12	民政總署圖書館	專題聚會——辦公室人際關係學
2012.08.18	民政總署圖書館	2012 嘉模講壇文學系列之台灣肚皮——描繪台灣文化
2012.09.16	民政總署圖書館下環圖書館	旅行攝影講座
2012.10.27	澳門中央圖書館、聖公會氹仔青少年及家庭綜合服務中心	「聽故事‧話澳門」、「三街篇」（李璟琳主講）
2012.11.	培正中學圖書館	文學與生命（李觀鼎主講）
2012.11.10	圖書館暨資訊管理協會、出版協會	《寬實清和‧鍾景輝》新書發佈、分享暨簽名會及關楚耀自傳體小說《關難》贈書儀式暨經驗分享會
2012.12.01	澳門中央圖書館	醒目少年講故事：郵票上的故事
2012.12.15	民政總署圖書館	2012 嘉模講壇文學系列——在李白的月色裡——詩、小說、書場、電影的一次統合

（四）讀書會及分享會（32次，見表8）

表8　2012年圖書館界讀書會及分享會列表

日期	主協辦單位名稱	活動名稱
2012.01.-12.	民政總署圖書館	故事天地
2012.01.-12.	民政總署黑沙灣黃營均圖書館	書友仔聚會
2012.02.04-03.10	教育暨青年局	書情相聚：兒童讀經班

表 8　2012 年圖書館界讀書會及分享會列表（續）

日期	主協辦單位名稱	活動名稱
2012.02.04-04.14	教育暨青年局	書情相聚：兒童及親子讀書會
2012.03.02-04.13	教育暨青年局	書情相聚：家長讀書會
2012.04.01	教育暨青年局外港青年中心	讀書會
2012.04.05	教育暨青年局	「夏展書情」家長讀書會
2012.04.14-06.09	教育暨青年局	兒童讀經班——三字經
2012.04.14-06.09	教育暨青年局	兒童讀經班——弟子規
2012.04.21	民政總署圖書館	中英故事天地：Stories with Jelly Miau Miau
2012.04.22	教育暨青年局	繪本故事——公主的月亮
2012.04.22	教育暨青年局	繪本故事——爸爸的圍巾
2012.04.22	教育暨青年局	繪本故事——花婆婆
2012.04.27	教育暨青年局	「書情相聚——電影欣賞」兒童及青少年讀書會
2012.04.29	教育暨青年局	「書情相聚」親子讀書會
2012.04.30-05.12	澳門科技大學圖書館	《文學與電影》欣賞活動
2012.04-05.27	教育暨青年局	「弟子規」啟蒙閱讀活動——A 班
2012.04-05.27	教育暨青年局	「弟子規」啟蒙閱讀活動——B 班
2012.05.05	教育暨青年局	「夏展書情」讀書會
2012.05.05	教育暨青年局	「夏展書情——電影欣賞」兒童及青少年讀書會
2012.05.15	教育暨青年局	「夏展書情」家長讀書會
2012.05.18	教育暨青年局	「夏展書情」家長讀書會
2012.05.20	教育暨青年局	「夏展書情」親子讀書會
2012.06.05	教育暨青年局	「夏展書情」親子讀書會
2012.06.05	教育暨青年局	「夏展書情」親子讀書會
2012.06.09	民政總署圖書館	中英故事天地：Stories with Jelly Miau Miau
2012.06.24	教育暨青年局外港青年活動中心	讀書會
2012.07.	教育暨青年局外港青年活動中心	讀書會
2012.07.14-09.15	明愛圖書館	兒童讀經班
2012.09.16	教育暨青年局外港青年活動中心	讀者會——討論日本作家乙一的小說《平面犬》
2012.10.09	教育暨青年局外港青年活動中心	讀書會
2012.11.17	教育暨青年局外港青年活動中心	讀書會——莫言

（五）圖書館利用教育（12 次，見表 9）

表 9　2012 年圖書館界利用教育活動列表

日期	主協辦單位	名稱
2012.02.12	民政總署圖書館	圖書館之旅
2012.04.14	圖書館暨資訊管理協會	圖書館常識工作坊
2012.04.16-27	澳門中央圖書館	全民網上閱讀平台：校園推廣活動
2012.04.20	澳門大學圖書館	電子資源的使用
2012.04.21, 28, 29	圖書館暨資訊管理協會	觀光巴士遊澳門圖書館之旅
2012.04.23	圖書館暨資訊管理協會	長者圖書館之旅
2012.04.23-05.05	培正中學圖書館	有禮 @ 館
2012.05.06	民政總署圖書館	閱讀 Easy go
2012.07.20-21	民政總署圖書館、香港小童群益會	民政總署圖書館義工參與省港澳文化深度遊
2012.08.	澳門大學圖書館	圖書館電子資源使用課程
2012.08.25	圖書館暨資訊管理協會、教育暨青年局黑沙環青年活動中心	社區圖書館參觀
2012.10.20	民政總署圖書館	閱讀 Easy go

（六）閱讀活動（65 次，見表 10）

表 10　2012 年圖書館界閱讀活動列表

日期	主協辦單位名稱	活動名稱
2011.10-2012.08.	新華夜中學	任你睇
2012	民政總署圖書館	校園書友仔（小學、中學、外語）
2012.02.01-29	勞校圖書館	悅讀月
2012.02.19	民政總署圖書館	親子工藝坊——兒童大合唱
2012.03.04	民政總署圖書館	手語快—樂—學工作坊
2012.03.11	民政總署圖書館	手語快—樂—學工作坊
2012.03.27	民政總署圖書館	銀髮一族——暢遊澳門文化遺產

表 10　2012 年圖書館界閱讀活動列表（續）

日期	主協辦單位名稱	活動名稱
2012.04.14	民政總署圖書館	親子工作坊——親子黏土工藝
2012.04.16-05.18	化地瑪女子學校圖書館	好書推廣
2012.04.17-05.15	民政總署圖書館	收藏夢想圖書館
2012.04.17-05.15	民政總署圖書館	金石良言
2012.04.17-05.15	民政總署圖書館	查書系統大比拼
2012.04.17-05.15	民政總署圖書館	猜書謎·樂圖周
2012.04.17-05.15	民政總署圖書館	創意圖書館
2012.04.17-05.15	民政總署圖書館	圖書館尋寶
2012.04.21	圖書館暨資訊管理協會	閱讀大使童話故事創作比賽 2011 頒獎禮
2012.04.21-22	民政總署圖書館	圖書館許願樹
2012.04.21-23	民政總署圖書館	圖書館大比拼
2012.04.22	澳門中央圖書館、民政總署及教育暨青年局	全年借閱排行獎
2012.04.22	民政總署圖書館	讀出生活趣味
2012.04.22	教育暨青年局	可愛動物公仔——相架
2012.04.22	教育暨青年局	可愛動物公仔——記事本
2012.04.22	教育暨青年局	可愛動物筆頭公仔
2012.04.22	教育暨青年局	舞台表演——弟子規
2012.04.22	圖書館暨資訊管理協會	真人圖書館
2012.04.22	圖書館暨資訊管理協會、文化局、民政總署、教育暨青年局	2012 圖書館周開幕式及閱讀嘉年華
2012.04.22-05.05	教育暨青年局	借書送禮樂繽紛
2012.04.22-05.06	澳門中央圖書館	紀念品大放送
2012.04.23	培正中學圖書館	《機械人 e 故事》圖書館專場親子工作坊
2012.04.23-05.19	嘉諾撒聖心中學圖書館	成語知多少
2012.04.23-26	培正中學圖書館	《故事小天地》廣播操
2012.05.	教育暨青年局	體驗·情感·遊戲
2012.05.	聖德蘭學校	澳門放大鏡
2012.06.	新華夜中學	借書龍虎榜

（七）閱讀講座（7次，見表11）

表11　2012年圖書館界舉辦閱讀講座列表

日期	主協辦單位名稱	名稱
2012.06.10	澳門中央圖書館、聖公會氹仔青少年及家庭綜合服務中心	親子悅讀演講（人仔叔叔主講）
2012.08.12	明愛圖書館	開元故事法：親子故事與溝通工作坊（彭執中主講）
2012.08.18	圖書館暨資訊管理協會、教育暨青年局黑沙環青年活動中心	閱讀伴我成長講座
2012.09.22	圖書館暨資訊管理協會、教育暨青年局青年試館	兒童故事比賽工作坊（潘明珠及林英傑主講）
2012.10.13	同善堂幼稚園	同善堂幼稚園親子閱讀講座（羅瑞文主講）
2012.10.27	同善堂幼稚園	同善堂幼稚園親子閱讀講座（羅瑞文主講）
2012.12.01	教育暨青年局	如何打開親子共讀的彩虹窗

（八）展覽

在這年間舉辦的大型及與圖書館學相關的展覽，共15次，分別由澳門大學、培正中學圖書館、聖羅撒女子中學中文部圖書館、澳門鏡湖護理學院圖書館、澳門中央圖書館、明愛圖書館圖書館、民政總署圖書館、歷史檔案館承辦，其活動可參見表12。

表12　2012年圖書館界展覽活動列表

日期	主協辦單位	名稱
2012.01.-12.	民政總署圖書館	圖書館2012年特色主題展
2012.04.20-05.02	澳門大學圖書館	澳門大學圖書館館藏地理資料暨黃就順老師贈書展
2012.04.23-05.05	培正中學圖書館	閱讀影中尋得獎作品展
2012.04.23-05.05	培正中學圖書館	繪本配樂配作品展
2012.04.23-27	聖羅撒女子中學中文部圖書館	《不可思議的世界文化遺產》展板

表 12　2012 年圖書館界展覽活動列表（續）

日期	主協辦單位	名稱
2012.04.23-27	澳門鏡湖護理學院圖書館	澳門文化書籍展覽周
2012.04.24	教育暨青年局	新書推介 100 本
2012.04.30-05.13	教育暨青年局	親子教育書展
2012.06.06-22	澳門大學圖書館、湯森路透公司	UM New Developments of Academic and Research Activities Exhibition
2012.06.09-08.12	歷史檔案館	陳大白半個世紀的回憶
2012.06.09-30	澳門中央圖書館	遺情：館藏海報展
2012.09.23-27	明愛圖書館	劉瓊畫展
2012.10.11	民政總署圖書館氹仔黃營均圖書館	街道情懷攝影比賽得獎作品展覽
2012.10.-11.	民政總署圖書館	城市經緯——新馬路及其周邊街道特展
2012.12.13-2013.01.13	澳門大學圖書館、澳門孫中山紀念館、台灣孫中山紀念館和美國駐香港及澳門總領事館	孫中山與美國特展

陸、學術活動

一、課程及研討會

（一）圖書館專業人材

從台灣地區畢業回來有輔仁大學 4 人、台灣大學 1 人、淡江大學 2 人、中山大學 1 人。正修讀碩士課程中山大學就讀 1 人、武漢大學 27 人、南京大學 1 人。北京大學圖書館學澳門本科班 22 人，其中 20 人獲畢業證書，13 人獲學士學位。取得中山大學碩士學位 1 人。

（二）課程（20 次）

本年度舉辦相關圖書館學與閱讀教育的培訓課程，其活動可參見表 13。

表 13　2012 年圖書館學及閱讀教育培訓課程列表

日期	主協辦單位	名稱
2012.01.04-02.13	圖書館暨資訊管理協會、澳門大學持續進修中心	英美編目規則與 MARC21
2012.02.04-25	圖書館暨資訊管理協會、教育暨青年局黑青及成人教育中心	圖書館管理工作坊
2012.02.21-05.08	圖書館暨資訊管理協會、澳門大學持續進修中心	圖書分類與主題
2012.02.-06.	澳門文物保存修復學會	古籍裝幀與修復初階班
2012.05.22-07.12	圖書館暨資訊管理協會、澳門大學持續進修中心	美國國會圖書館分類法
2012.06.09-10	歷史檔案館	保護修復工作坊
2012.06.28-29	圖書館暨資訊管理協會、澳門科技大學圖書館、CALIS	圖書館文獻服務體系專家講座
2012.07.24-27	教育暨青年局	閱讀策略工作坊（張永德、李孝聰主講）
2012.07.30	教育暨青年局	小學階段閱讀素養培訓課程（文英玲主講）
2012.07.31	澳門大學圖書館、EBSCO International, Inc.	EBSCO Publishing Workshop for Macau
2012.08.-12.	澳門文物保存修復學會	古籍裝幀與修復初階班
2012.09.04-10.16	圖書館暨資訊管理協會、澳門大學持續進修中心	圖書館自動化系統如何應用在閱讀推廣活動

（三）研討會（0 次）

（四）出版書刊

- 《兩岸三地機構知識庫發展》，澳門圖書館暨資訊管理協會。
- 《澳門中央圖書館通訊》，2012.01.。
- 《圖書館義務工作者的角色與功能》，民政總署。

柒、區域合作與交流

一、本地交流與合作

（一）館際互借及文獻傳遞方面，澳門大學、澳門科技大學、澳門理工學院、澳門旅遊學院、鏡湖護理學院的所有教職員工及在學學生可持該校的「團體借書證」到上述高校圖書館借閱圖書。

（二）澳門大學圖書館先後接待了澳門科大圖書館、澳門中央圖書館、工務局、新聞局等單位的業務訪問，分享工作心得與成果。

二、出外參訪單位

（一）國內：山西大學圖書館、山西省太原市三十七中圖書館、中國科學院蘭州分院圖書館、甘肅省圖書館文溯閣四庫全書藏書樓、深圳圖書館、廣州少年宮、華南師大附中圖書館、廣東省中山圖書館。

（二）香港：香港城市大學圖書館、香港理工大學圖書館、香港嶺南大學圖書館、香港大學圖書館、香港科技大學圖書館、香港浸會大學圖書館、香港設計學院圖書館、香港駱克道公共圖書館、香港電影資料館圖書館。

（三）國外：加拿大多倫多大學圖書館、多倫多公共圖書館參考圖書館。

三、接待外賓單位

（一）國內：中國教育部中國高等教育文獻保障系統的全國管理中心副主任陳凌、國家圖書館古籍、中國農業大學圖書館副館長韓明杰、上海對外貿易學院圖書館、西安工程大學圖書館、中國國家圖書館杜偉生研究館員。

（二）台灣：政治大學圖書資訊與檔案學研究所所長薛理桂。

（三）香港：能仁書院圖書館劉家耀館長。

（四）其他：多倫多大學香港特藏圖書館。

四、對外交流合作

（一）澳門中央圖書館到香港參加了粵港澳文化合作第 13 次會議

通過共建「粵港澳文化資訊網」和公共圖書館數字化網路；利用「國際博物館日」、「文化遺產日」、「世界讀書日」等重要文化節慶舉辦交流展覽、專業人員培訓等活動。

（二）澳門圖書館界共參加了 10 次區域的研討會

內容可參見表 14。

表 14　2012 年圖書館界出席外地研討會列表

日期	單位名稱	活動名稱
2012.02.13	澳門大學圖書館	Wiley-Blackwell Asia-Pacific Meeting（香港）
2012.04.25	澳門大學圖書館	第 10 屆 HKIUG 年會（香港）
2012.04.26-28	澳門大學圖書館	館長高峰論壇（上海同濟大學）
2012.05.03	澳門大學圖書館	Library Connect Seminar: Librarians in the Future（香港大學）
2012.06.08	澳門大學圖書館	Libraries and Multimedia Technology: Future Trends and Applications in Higher Education（香港浸會大學）
2012.07.24-26	圖書館暨資訊管理協會、山西省教育廳等	第 3 屆華文學校圖書館長論壇（太原）
2012.09.20	澳門理工學院圖書館	Open University of Hong Kong Aleph Experience Sharing（香港）
2012.09.23-27	圖書館暨資訊管理協會	第 9 次中文文獻資源共建共享合作工作會議（蘭州）
2012.11.08	澳門大學圖書館、澳門理工學院圖書館	University of Hong Kong Library: Centenary Anniversary Conference: Academic Libraries Today: Our Future is Now（香港大學）
2012.11.22-24	澳門大學圖書館	中國圖書館學會年會（東莞圖書館）

（三）合作協議

1. 澳門大學圖書館

該館與香港各高校圖書館一直以來都實施館際合作，目前使用 OCLC First Search、Rapid ILL 等系統為讀者提供文獻傳遞及館際互借服務。本年度與天津大學圖書館及西安交通大學圖書館簽訂合作協議。此外，該館自建的博碩士論文網站全文已被「博碩士論文電子網絡圖書館」（Networked Digital Library of Theses and Dissertations，簡稱 NDLTD）、「香港地區博碩士論文庫 Dissertation & Theses Collections」（DTC）、VTLS 及美國的 OCLC OAISTER 納入。

2. 澳門理工學院圖書館

該館與中國科學院文獻情報中心及台灣中央圖書館提供文獻傳遞服務。

3. 澳門科技大學圖書館

該館與北京大學圖書館、台灣大學圖書館、CALIS、CASHL、香港中文大學圖書館、台灣中央圖書館提供文獻傳遞服務及簽訂了合作協議。該館亦與中國國家圖書館達成「中國國家數字圖書館澳門科技大學圖書館合作館項目」。

4. 鏡湖護理學院圖書館

該館通過香港國際 MEDLARS 中心及台灣華藝 CEPS 提供文獻傳遞服務。

捌、意見及方向

本年度社會各界、特區政府、立法會議員、民生社團領袖對澳門圖書館的服務與發展的言論較去年多，現總結如下。

一、議員麥瑞權就推廣本土文化提出質詢，重點摘錄如下：

其二，未有對已積累的學術成果予以重視。專家指出，澳門於 90 年代中後期，由澳門基金會、澳門文化司署（文化局前身）、官印局（印

務局前身），均出版大批涉及澳門政經文史等方面著作，對當時社會、經濟起著積極的推動作用，在回歸前這一大批資料亦為全國各地的學者提供便利，掀起研究澳門的學術風潮；雖然部分書籍仍可在各個大專院校圖書館中找到一小部分，但這批書籍已很難在各大公共圖書館中找到它們的身影；學者指某公共圖書館查詢，有職員告知部分書目在搜尋系統中能查到，但由於其過於破舊，故已放入書庫收藏不供外借及翻閱。

其三，有正攻讀歷史學位的學者告訴他，其畢業論文原計劃寫抗戰時期澳門的相關情況，無奈被其導師多次以「研究清史較研究抗戰更為容易」為由被否決；這位學者查閱了澳門各大公共圖書館及各高校圖書館，才驚覺導師所言非虛，發出「研究六十、七十年前的歷史還不如研究百多年前歷史方便」的感慨。該名學者強調，由於澳門於80年代中後期才設立公共圖書館，故許多澳門的資料、史料還不齊全，許多文獻都散失了；例如抗戰時期澳門營業的報紙，除了少數已停刊的報章及市民日報有微縮膠片外，從早年仍經營至今的《大眾報》（澳門大學圖書館只有小部分抗戰時期的膠片）及《華僑報》只能提供80年代後期的報紙實物。該學者感慨地說道「日後澳門人要查抗戰至80年代的歷史，不知從那裡去查起！而地方文獻與地方文化有相互促進的作用，保存和搶現存的地方文獻，有著積極的作用。」為此，他向行政當局提出以下三個質詢：一、行政部門多次研究和推廣本土文化和歷史基礎教材未果，原因為何？相關的行政部門有否繼續推行本土文化和歷史基礎教育的計畫？政府的大學在外地權威學術機構發表的論文中，共有多少篇是關於研究澳門本土文化的論文，又共有多少篇是研究外地文化的論文？

專家學者認為，大部分早期研究澳門的政經文史的書籍版權屬政府所有，建議政府可對相關書籍進行修訂後再推出市場銷售；又或是將一些早期的書籍進行電子化，供市民在公共圖書館的網站進行查閱；當局會否研究相關措施的可行性？

對於學者批評指「行政當局對澳門現存的歷史文獻，特別是早期中文報刊的保護和利用嚴重不足」，行政部門如何評論？行政部門會否對

現有的文獻及現存的報刊資料進行審視，會否與各大報社進行合作，將一些早期的報刊製成微縮膠片，供市民和學者查閱，推動澳門各方面研究的發展？

二、工聯離島辦事處及氹仔綜合服務中心發佈《澳門離島社區設施需求調查報告》，60% 受訪者認為離島設施不足，49% 受訪者表示社區急需增加的設施是「圖書館」，其次是「單車徑」及「公園」。「社區醫療」是最多居民希望政府關注的社區問題，高達86%，其次是社區交通（80%），再次是街市（77%），社區環保及社區設施亦達59% 以上。中心主任梁銘恩分析指出：隨著社區的發展，離島未來人口將超過10 萬，隨之而來的社區設施不足應受到重視。她表示，氹仔較完善的圖書館是官也街黃營均圖書館，但又得幾張凳。調查結果顯示市民對增建圖書館訴求很高，她促請澳門中央公園圖書館投入服務，應設立時間期限，使市民不至望穿秋水。

三、沙梨頭坊會理事長陸南德指出：當局改建沙梨頭海邊街7 幢「吊腳樓」建築為圖書館，項目工程去年展開至今已有一段時間，當時政府還稱工程可在今年完成，惟事隔多時，現階段只見部分「吊腳樓」全被挖空，未見有進一步工程施工。他表示，活用舊區建築，增加區內休憩活動空間，本是一項深獲居民支持的工作；但當局既無兌現圖書館於今年啟用的承諾，且現時樓宇僅以鋼架支撐，內裏樓層結構全被拆清，居民擔心樓宇對行人存在一定危險。他要求當局盡快重開工程及加快工程進度，並完善區內一帶的交通規劃，以及配合圖書館於天台設置「空中咖啡廊」及藝術迴廊，增加文創空間，為居民提供多元的休憩及藝術展示場所，完善該區的社區設施。

玖、總結

回歸以來，澳門圖書館事業正朝向人員專業化、服務普及化、藏書電子化、活動多元化等方面的發展，重點總結如下：

一、圖書館學課程內容亦多元化，報讀人數大幅增加，有利圖書館事業的發展。
二、由於學校需要聘請閱讀推廣人員，加上澳門中央圖書館將有 5 間分館、新澳門中央圖書館及在新填海區將設置新圖書館的計畫，還有 2 間大專將成立圖書館，澳門大學有擴展圖書館的規劃，預計未來圖書館人力資源將非常緊張。
三、隨著社會大眾對圖書館資源的數量與質量的要求，本年圖書資源已超越了一千萬元，反映政府非常重要圖書資源的投入。

本文鳴謝澳門大學圖書館、澳門科技大學圖書館、澳門理工學院圖書館、澳門旅遊學院圖書館、澳門護理學院圖書館、澳門中央圖書館、民政總署圖書館、教育暨青年局成人教育中心、明愛圖書館、培正中學圖書館等單位提供資料。

王國強、黃偉松合著

2011年澳門圖書館事業回顧

壹、前言

2011年的澳門圖書館事業發展概況可從：一、圖書館數量及分布；二、使用概況；三、重要的發展與服務；四、推廣活動；五、學術活動；六、區域合作與交流等項目；七、意見及方向等，反映出澳門市民對圖書館服務的要求，以及圖書館界努力奮進的成果。

貳、圖書館數量及分布

2011年，共有開放給公眾使用的公共圖書館及自修室83間、學校圖書館98間、專門圖書館81間及大專圖書館23間，總計為282間。其詳細的統計資料可參見表1的澳門圖書館暨資訊管理協會所編製有關澳門各類型圖書館統計表。

從公共圖書館的數量上，澳門為鄰近地區密度最高的地區，開放給公眾使用的圖書館及閱覽室，共計有83間，主要由文化局、民政總署、教育暨青年局，及其他（包括政府部門、教會、私人機構及社團）所開辦。依其主管部門可分類為政府開辦有41間、社團開辦有24間、教會開辦有16間、私人機構有3間。在83間公開給公眾使用的圖書館（室），祇有50間是重點向市民提供閱覽服務，其他祇是依母體機構服務職能為主，而附設圖書館服務而已。澳門公共圖書館的特色是以社區圖書館及閱覽室、公園圖書館為主，部分圖書館館舍設計相當有特色，講求空間及閱讀氣氛的營造，是各類型圖書館中發展得最快的。

表 1 2011 年澳門各類型圖書館統計表

類型	數量	人數（全職）	人數（兼職）	義工	人力資源小計	藏書	期刊	報紙	視聽	藏量小計	面積	閱覽座位
學校	98	108	61	621	790	885,209	2,695	276	17,525	90,5705	11,600	4,297
專業	81	126	11	4	141	243,247	2,620	269	15,298	261,434	3,807	526
公共	78	395	76	141	612	677,575	5,112	878	24,105	707,670	16,462	3,075
高校	23	88	81	11	180	695,449	21,652	2,000	23,298	742,399	5,429	1,293
總計	282	717	229	777	1,723	2,501,480	32,079	3,423	80,226	2,617,208	37,298	9,191

澳門的高校及專科學校圖書館共 23 間，由政府及私人圖書館所組成，部分可以頒授學位的機構及課程並沒有成立圖書館。目前高校圖書館藏書約 70 萬冊，從事圖書館人員有 88 人，半數以上是具有圖書館專業學位，是各類型圖書館中專業比例最高的一類。

2011 年澳門學校圖書館有 98 間。總面積為 11,977 平方米，閱覽坐位共 4,380 個，可上網電腦有 1,029 台。目前澳門共有全職學校的圖書館員及閱讀推廣人員約 109 人，兼職人員為 60 人，可是學生義工卻有 616 人，總計參與圖書館工作的人員為 785 人，服務的學生人數約為 7 萬 5 千人。在藏書方面，共約 867,822 冊、期刊 2,731 種、報紙 285 種、視聽資料 18,546 種。

澳門的專業圖書館主要為政府機關圖書館、醫學圖書館、法律圖書館、經濟圖書館、博物館圖書館、工程圖書館、治安部門圖書館、宗教圖書館及專業社團圖書館等，共計 81 間。

現就本年度新設、改建等使用的概況說明如下：

一、新開設的圖書館：黑沙環兒童圖書館、新望廈圖書館、澳門城市大學圖書館、政策規劃辦公室圖書館、利瑪竇學校圖書館、聖公會聖馬可堂閱覽室。

二、改建、擴建、裝修完成的圖書館：土木工程實驗室圖書館、望廈山環境資源中心、聖若瑟大學圖書館、勞工子弟學校小學部圖書館。

三、計劃或正在興建及改建的圖書館：計有公共圖書館 8 間，包括文化局的新澳門中央圖書館、澳門中央圖書館紅街市分館及沙梨頭分館、氹仔中央公園圖書館、紀念孫中山公園市政圖書館、民政總署鴨涌河綜合大廈圖書館、民政總署的東北街市圖書館、教科文中心圖書館。大專圖書館有 3 間，包括聖若瑟大學圖書館、澳門大學圖書館橫琴新館；專門圖書館有 3 間，包括工務局圖書館、路環消防分站圖書館、功德林圖書館；另外，政府計劃在新填海地段及新落成公屋設立適當數量的圖書館。

四、合併的圖書館：有法律改革及國際法事務局圖書館。

五、結業的圖書館：有可持續發展策略研究中心圖書館、培貞學校圖書館、大潭山環境資訊中心。

六、暫停使用的圖書館：教科文中心圖書館。

參、使用概況

一、讀者使用概況

　　在圖書館利用情況，根據 2012 年《澳門統計年鑑》中的表 6.7.2. 及表 2：向公眾開放的圖書館及閱書報室的主要指標分析，2011 年主要圖書館為 54 間，館藏量為 2,003,949 冊，較 2010 年增加了 182,687 冊；在期刊上 2011 年有 10,531 種，較去年減少了 84 種；在多媒體資料方面，亦較去年增加 3,157,402 套；在電子書籍方面有 4,022,912 冊，較去年增加了 3,144,271 冊；電子期刊有 214,382 種，增加了 17,969 種；總計有圖書資源 10,571,205 冊／種，較去年增加了 6,502,245 冊／種；主要為圖書館訂購了大量的電子資源所致。

　　此外，接待人次方面為 4,108,584，較 2010 年增加了 46,023 人次。可是借書冊次衹有 865,588，較 2010 年減少了 12,865 冊次；全澳對外開放的圖書館面積增至 453,714 平方呎，較 2010 年增加了 5,384 平方呎；所以在閱覽座位方面亦有顯著的增加，總計為 4,617 個，較上一年增加 167 個；而提供可上網的電腦有 728 台，較 2010 年增加 10 台，使用的人次為 626,615，較 2010 年增加了 46,023 人次。最後圖書館的購書經費為 58,677,000 澳門元，較 2010 年增加了 4,541,000 澳門元。工作人員則為 301 人，較去年增加了 33 人。

二、圖書館技術服務概況

　　至於圖書館技術服務概況，可參見表 3 至表 5 的各項技術服務與設備的統計分析表。

肆、重要的發展與服務

一、澳門中央圖書館的發展：新澳門中央圖書館的功能規劃及空間規劃的草圖已經完成，下一步是將各種管線路重新設計佈置；沙梨頭海邊街僅存的七幢建築群，正改建成該館的沙梨頭圖書館，該址實用面積逾 2,000 呎。另一項文化局修繕活化項目的紅街市郵政分局舊址改建為該館的雅廉訪

表 2　2011 年圖書館主要統計指標

指標	單位	2005	2006	2007	2008	2009	2010	2011	增加／減少
圖書館及閱書報室數目	間	39	38	45	50	52	55	54	-1
書籍	冊	1,028,387	1,105,008	1,115,051	11,157,059	1,343,360	1,821,262	2,003,949	182,687
期刊雜誌	種類	9,953	9,282	10,272	10,361	10,668	10,615	10,531	-84
多媒體資料	套	29,244	121,513	188,303	235,626	337,811	1,162,029	4,319,431	3,157,402
電子書	冊	--	29,691	--	--	132,946	878,641	4,022,912	3,144,271
電子期刊	冊	--	40,320	--	--	148,714	196,413	214,382	17,969
接待人次	人次	3,018,871	3,129,552	3,507,354	3,534,249	3,754,357	4,062,561	4,108,584	46,023
借書冊次	冊次	804,777	766,319	792,837	714,167	830,029	878,453	865,588	-12,865
總面積	平方呎	271,673	317,510	334,550	337,434	359,774	448,330	453,714	5,384
座位數目	個	2,479	2,873	3,273	3,339	3,569	4450	4,617	167
提供予公眾上網的電腦設備	台	298	383	417	441	554	718	728	10
電腦使用人次	人次	351,527	354,427	409,858	427,928	495,082	1,002,192	626,615	-375,577
購書總支出	千澳門元	196,88	22,170	30,639	33,238	41213	54,136	58,677	4,541
工作人員數目	人	213	210	262	232	243	268	301	33

資料來源：《澳門統計年鑑：2012》。

表 3　澳門各類型圖書館採用圖書館自動化系統比較表

系統名稱	大專	公共	專門	學校	數量	百分比
SLS	8	8	36	50	102	36.17%
TOTASII	1	23	1	0	25	8.87%
LIB MASTER	0	0	0	13	13	4.26%
自行開發	0	1	2	3	6	2.13%
VLIB	0	8	4	0	12	4.26%
ELM	1	0	0	0	1	0.35%
INNOPAC	4	0	0	0	4	1.42%
CEO	0	0	1	0	1	0.35%
OpenBiblio	1	0	0	0	1	0.35%
正思	0	0	2	0	2	0.71%
LIB MANAGER	0	0	0	1	1	0.35%
DESTINY	0	0	0	1	1	0.35%
宏達資訊系統	0	0	0	2	2	0.71%
總計	15	40	46	68	169	59.93%
圖書館總數	23	78	83	98	282	100.00%
百分比	65.22%	51.28%	55.42%	70.41%	59.93%	

表 4　澳門各類型圖書館採用圖書分類法比較表

分類與編目系統	公共	學校	大專	專門	總計
中國圖書分類法	39	30	2	16	87
中國圖書館分類法	0	3	1	1	5
杜威分類法	1	3	2	4	10
國會圖書館分類法	0	0	4	0	4
國際十進分類法	2	0	0	3	5
三民主義分類法	1	0	0	0	1
總計	43	29	8	26	106

圖書館，預計在 2012 年完工。新望廈圖書館已於本年 11 月 16 日，以試行方式對外開放。

二、全澳第一間兒童圖書館，名為「黑沙環公園黃營均兒童圖書館」，面積約 210 平方米於 7 月 2 日開放，當中包括一圓形的兒童遊戲空間，用作

表 5　澳門各類型圖書館在其他自動化及信息化服務比較表

其他系統	公共	學校	大專	專門	總計
防盜系統	24	6	9	4	39
自助借書系統	8	0	3	1	12
線上導覽系統	0	0	1	0	1
網頁及網上目錄	39	11	10	6	66

舉行遊戲及各式活動；館內的閱覽座位有 50 個，分為兒童閱覽區及期刊區，藏書量可達 5,000 冊。為了展現圖書館的兒童元素，從而吸引小朋友到圖書館，該館以童話故事《愛麗絲夢遊仙境》作為全館的主題佈置，並由澳門美術協會推薦兩名澳門年輕畫家重新繪畫故事的角色與場景，將故事元素融入圖書館的設計中，創造一個引發兒童想像力的空間，並寓意孩子所擁有的無限創意和潛能。

三、電子館藏的發展：澳門中央圖書館由 2011.01.14 起提供「全民網上閱讀平台」，澳門市民只要登入該館網站，毋須註冊帳號，便可免費閱讀網上海內外超過 700 家出版社提供近萬種圖書、國際重量級新聞出版物的文章、健康資訊及學位論文、會議論文、學術期刊等具參考及研究價值的資料。本年度購買電子資源預算約 180 萬元，包括龍源電子期刊、華藝電子圖書、萬方數據庫、中華數字書苑——電子圖書資料庫、EBSCO 電子報刊及健康資訊等。而澳門約有近三成學校的網上以超連結的方法結接上該網站，期望師生能以更快的捷徑進行閱讀。

四、高校圖書館方面：澳門大學、澳門理工學院、澳門科技大學及澳門旅遊學院圖書館都積極增加電子館藏和資料庫，以澳門大學圖書館投入的資源最多，大約 1,861 萬元澳門幣，共購置了 230 個資料庫，澳門理工學院圖書館有 184 個，澳門科技大學圖書館有 60 個，澳門旅遊學院圖書館有 11 個。至於使用量方面，以澳門大學圖書館為例，全年電子資源訪問人次為 1,127,708 人次，下載次數為 543,247 次。而澳門科技大學圖書館則有 491 萬人次訪問，下載量為 121,676 MB。由於資料庫數量日益增加，圖書館務必要推出跨庫檢索平台，以方便讀者使用，目前澳門大學圖書

館採用 Research Pro，而澳門理工學院圖書館則採用 MUSE，澳門科技大學則採用 Discover 以提高讀者檢索效率。

五、新設備：澳門大學圖書館全面使用 RFID（UHF）技術，也是澳門首間高校圖書館使用超高頻技術。澳門旅遊學院圖書館引進全澳第三套 INNOPAC 的圖書館自動化系統。民政總署重新更換無線射頻系統，由 3M 公司投得。澳門科技發展基金委託澳門大學科技學院無線通信實驗室開發一個超高頻射頻識別（UHF RFID）自助借還書系統，是澳門首間自行開發及使用超高頻技術的 RFID 自助圖書館系統，為科技發展基金的科技訊息中心的圖書借還帶來自動化。此外，傳統低、高頻技術遇到金屬物質封面書籍未能有效工作的困難，該系統亦能處理。同時，用戶借閱書籍的詳細情況會記錄並列印在用戶使用證上的熱能可重寫區，替代了紙質借閱憑條的使用，讓用戶清楚瞭解到借閱情況且更好地實現了綠色的環保概念。澳門大學圖書館引入一個圖書消毒機，讓讀者自行消毒圖書。

六、贈書方面：澳門國際創價學會分別向澳門大學圖書館、澳門理工學院圖書館及澳門科技大學圖書館送贈日本創價學會書刊；其他較大宗的贈書，包括：澳門大學方面：澳門國際研究所歐若堅圖書館送贈巴路士簽名的《澳門乾坤物誌》；智利駐香港總領事館；其他超過一千冊以上贈書的紀錄，計有加藉華裔作家梁錫華；已故澳門大學教授 Patrick Coyne；澳門大學圖書館及澳門中央圖書館分別送贈大量圖書及期刊給澳門城市大學圖書館作為建館基本館藏；黃就順老師送贈二千多冊書刊給澳門大學圖書館。

七、社會義務：澳門基金會捐贈 3 千萬元人民幣資助興安盟圖書館建設項目，再捐贈 400 萬元給中國國家圖書館建立中華尋根網；該網集全球華人家譜數碼化服務、教育和研究於一身，以弘揚中華文化為目的，擁有尋根問祖、尋根百科、家譜編纂互動、家譜專題諮詢、在線查閱、家譜目錄和全文檢索等功能，是全球華人尋根中心、家譜資料中心、服務中心和研究中心，冀成為中華民族尋根問祖的總平台和第一門戶。目前，「中

華尋根網」擁有姓氏數據 500 條、家譜書目數據 3 萬條、全文影像五百餘種約 50 萬頁、家譜相關文獻六千餘種約 300 萬頁。另外 6 間四川地震後援建的學校圖書館亦相繼落成；民政總署舉辦荒島圖書館招募圖書工作，並由於 10 月由該署員工及義工等 10 多名親自送圖書 1,500 多冊到海南省雷州市龍門鎮第二小學圖書館。

八、學校圖書館經費：教育暨青年局在本年度增加每所學校的圖書購置資助金額，本學年度圖書資助按教育階段分，15 班或以下為 2 萬元，15 班以上為 4 萬元，每年預算約為 300 萬澳門元。此外，為了推動班級閱讀，每學生每月有 4 元補貼期刊購買經費，每月預計支出 30 萬元（約為 25 萬人民幣）。

九、閱讀推廣人員：教育暨青年局在 2007 年 9 月份推出學校閱讀推廣人員計畫，每校部超過 900 名學生，可獲聘請一名全職，局方會給校方 20 萬元的津貼，2008 年增至 22 萬元，2010 年增至 23 萬元，2011 年增至 24.4 萬元用作薪金及活動經費；900 人以下則為半職人員，津貼減半，此專職人員應與學校圖書館工作人員有別，其職能主要是推動學校的閱讀風氣，並不是管理學校圖書館。教育暨青年局在本年度增加每所學校的圖書購置資助金額，由原來的 1 萬 5 千元調升至 2 萬元。同時 2010-2012 年度在 167 個校部中共有閱讀專職人員數目為 85 人，其中 47 人為全職、34 名兼職，有 9 個校部已申請但沒有應聘。

十、電子化服務：澳門大學圖書館及澳門旅遊學院圖書館分別提供了 On the move 網上電子資源服務；前者採用了 Innovative 的 EDIFACAT 電子帳單服務及 ERM（電子資源管理系統）；澳門科技大學圖書館引入 Discovery 的跨庫檢索系統；此外，澳門大學圖書館與 INFOACESS 公司合作，將該 1950 年以前約 70 部外文古籍進行數位化工作，讀者可通過以下網頁尋找全文數據；該館亦於 9 月份推出自建的澳門大學博碩士論文全文庫。

伍、推廣活動

2011年的閱讀活動，形式計有書展、閱讀比賽、演講、利用教育、遊戲、話劇、圖書交換、義工服務、參觀交流等，加上每年一度的圖書館周、六一兒童節、書香文化節、書市嘉年華，以及終身學習週的系列活動，非常多姿多彩，現說明如下。

一、圖書館周

澳門圖書館周在4月23日至5月16日之間，共有20個單位在這期間舉辦不同的閱讀推廣活動，藉以在澳門散播閱讀的種子，包括培正中學圖書館、協同特殊教育學校圖書館、鮑思高粵華小學圖書館、澳門鏡湖護理學院圖書館、明愛圖書館圖書館、新華學校（小學部）圖書館、新華夜中學圖書館、慈幼中學圖書館、化地瑪聖母女子學校圖書館、澳門大學圖書館、澳門理工學院圖書館、廣大中學圖書館、聖心女子英文中學、同善堂中學、澳門旅遊學院、澳門生產力暨科技轉移中心圖書館、瑪大肋納嘉諾撒學校、高美士中葡中學圖書館、澳門教業中學圖書館、聖公會（澳門）蔡高中學圖書館等。活動項目的數量為歷屆之最，共有62項，計有好書交換、圖書館之旅、專題書展、圖書館利用教育及閱讀講座、親子興趣班、現場有獎問答及由多個單位聯合參與的閱讀推廣攤位遊戲、專題展覽、讀書方法之講座、舊書回收、舊書義賣、期刊漂流、故事會、閱讀創意工作坊、全年借閱排行獎、最美書籍設計展覽、閱讀創藝工作坊、兒童讀經班——弟子規及三字經及荒島圖書館舊書回收活動等一系列豐富多元的活動，其內容可見表6。

二、學校的閱讀活動

（一）培正中學圖書館在4月23日舉辦為期兩周的「圖書館周」。包括：iPod touch 益智遊戲比賽、鬥快尋找黃金屋追蹤遊戲、有禮@館、書香處處飄、送書大巡禮、健康生活主題書展及網上問答遊戲。同時推出圖書館教育 Youtube 短片。

表 6　2011 年澳門圖書館周活動列表

日期	單位名稱	活動名稱
2011.04.	澳門旅遊學院	圖書館網上資源利用活動
2011.04.	新華夜中學圖書館	澳門世界遺產知多少？有獎填字遊戲
2011.04.01-07.31	教育暨青年局	館藏交換
2011.04.02-05.31	瑪大肋納嘉諾撒學校	圖書室風紀和義工參觀書店和購書活動
2011.04.09	教育暨青年局黑沙環青年中心	閱讀越樂小組活動
2011.04.09	鮑思高粵華小學	一起走進圖書館
2011.04.09-05.21	教育暨青年局	閱讀創藝工作坊
2011.04.09-06.18	明愛圖書館	兒童讀經班：三字經（逢星期六）
2011.04.09-06.18	明愛圖書館	兒童讀經班：弟子規（逢星期六）
2011.04.09-30	教育暨青年局黑沙環青年中心	閱讀越有趣好書推薦
2011.04.12-05.21	培正中學	故事小天地
2011.04.16	鮑思高粵華小學	親子講座：7 種讀書心法
2011.04.16	教育暨青年局	講故事《小白兔送紅蘿蔔》
2011.04.18-19	培正中學	IpodTouch 益智遊戲比賽
2011.04.18-21	培正中學	相約在龜池
2011.04.18-30	培正中學	反轉書中的奧秘有獎問答遊戲
2011.04.18-30	培正中學	有禮 @ 館
2011.04.18-30	培正中學	書香處處飄
2011.04.20	培正中學	鬥快尋找黃金屋追蹤遊戲
2011.04.21-05.12	生產力暨科技轉移中心圖書館	在《澳門日報》上推廣 2011 圖書館周活動
2011.04.23	澳門中央圖書館	全年借閱排行獎
2011.04.23	澳門中央圖書館	好書交換
2011.04.23	教育暨青年局	兒童讀經班： 1. 入則孝 2. 信 3. 親仁及餘力學文
2011.04.23	教育暨青年局	講故事《在圖書館裏》及《愛護公物》
2011.04.23-05.21	民政總署	荒島圖書館舊書回收活動
2011.04.23-05.21	生產力暨科技轉移中心圖書館	舊書及期刊義賣活動
2011.04.23-24	澳門中央圖書館	期刊義賣
2011.04.23-24	民政總署	閱讀愈開心
2011.04.23-24	澳門中央圖書館等	圖書館周攤位遊戲

表 6　2011 年澳門圖書館周活動列表（續）

日期	單位名稱	活動名稱
2011.04.23-30	澳門中央圖書館	紀念品大放送
2011.04.24	明愛圖書館	休閒書房親子讀書會
2011.04.24	教育暨青年局	親子手工坊：立體動物書籤
2011.04.24	教育暨青年局	親子手工坊：筆插公仔
2011.04.24	教育暨青年局	親子手工坊：環保袋彩繪創作
2011.04.24	教育暨青年局	講故事《坐在隔壁的阿達》
2011.04.24	教育暨青年局	繪本故事會：大姊姊和小妹妹
2011.04.24	教育暨青年局	繪本故事會：我才不放手呢！
2011.04.24	教育暨青年局	繪本故事會：最快樂的人
2011.04.24, 30	澳門圖書館暨資訊管理協會	第 2 屆澳門圖書館義工及工讀生常識問答比賽
2011.04.25	澳門中央圖書館	學校或社團取刊
2011.04.25-26	新華夜中學圖書館	校園書展
2011.04.25-29	澳門中央圖書館	全民網上閱讀平台：校園推廣活動
2011.04.25-30	澳門鏡湖護理學院圖書館	仁愛書籍展覽周
2011.04.26	新華學校小幼部	閱讀專題講座
2011.04.26-05.31	民政總署	最美書籍設計展覽
2011.04.26-27	澳門中央圖書館	期刊飄流
2011.04.30	教育暨青年局	如何揀選課外讀物
2011.04.30-05.14	瑪大肋納嘉諾撒學校	校園書友仔
2011.04.-05.	民政總署	2011 圖書館周 @ 小博士信箱
2011.04.-05.	培正中學	晨讀十分鐘
2011.04.-06.	培正中學	午間故事坊
2011.05.03-05	協同特殊教育學校	親親圖書館
2011.05.07	教育暨青年局黑沙環青年中心	親親大熊貓參觀活動
2011.05.07	民政總署	巧記妙讀
2011.05.07	教育暨青年局	講故事《乞丐王子》
2011.05.07	教育暨青年局	講故事《吃不到的葡萄是酸的》
2011.05.07	教育暨青年局	離島圖書館遊
2011.05.08	教育暨青年局	講故事《大雨嘩啦啦》及 A história "Grande chuva".
2011.05.09	協同特殊教育學校	親親圖書館

表 6　2011 年澳門圖書館周活動列表（續）

日期	單位名稱	活動名稱
2011.05.13	澳門圖書館暨資訊管理協會	第 7 次學校圖書館工作會議及專題講座
2011.05.16	協同特殊教育學校	親親圖書館
2011.05.21	民政總署	2011 年嘉模講壇文學系列：食物與愛情的詠嘆調

（二）澳門大學附屬應用學校於在圖書館周內舉辦多項活動，包括好書交換、圖書館常識問答遊戲、「美化圖書館」繪畫比賽等，藉此培養學生的閱讀興趣。

（三）東南學校幼稚園獲教育發展基金資助於校內推廣閱讀教學活動，包括快速認字法教學培養及提升了幼兒自我閱讀的能力，認識社區、認識圖書館及如何使用圖書館等介紹，舉辦校內書展，鼓勵幼兒借閱圖書等一系列活動。5 月份舉辦「親子故事月」，讓家長與幼兒親子共讀，並邀請家長走進課堂與幼兒一起互動。

（四）中葡職業技術學校為了響應聯合國「世界書香日」，於 4 月 19 日至 29 日期間在校內舉辦了「新書書展」、「閱讀動起來」、「玫瑰贈書人」、「作家講座」及「我要推薦」等一系列活動。活動以「齊閱讀、齊分享、齊參與」為口號，希望藉此培養學生的閱讀興趣，提升學生充分運用圖書館資源的能力。

（五）勞工子弟學校幼稚園推出「閱出親子成長路」系列活動，包括：使用圖書館獎勵計畫、親子閱讀報告冊、親子故事場及故事劇場。同時得到宏達圖書公司協助，邀請香港暢銷書《怪獸家長》作者屈穎妍，主持「這樣管教對不對？」家長講座。

（六）勞工子弟學校小學部除繼續舉辦校園書展，舉行有獎閱讀活動，錄製「空中廣播」推介圖書外，更安排了圖書館閱讀教育課：「圖書館利用教育課程」，讓小學部所有學生到圖書館現場參與。一年級「溫馨

親子閱讀日」，邀請澳門中央圖書館工作人員來校為學生介紹該圖書館等活動。

三、各項推廣活動

澳門圖書館界在各項推廣活動的成果可參閱表 7 至表 12。

（一）比賽活動（12 次，見表 7）

表 7 2011 年圖書館界公開比賽活動列表

日期	主協辦單位	活動名稱
2011.01.09	聰穎教育慈善基金會、澳門圖書館暨資訊管理協會	第 3 屆劍橋故事創意寫作比賽
2011.04.24	澳門圖書館暨資訊管理協會	第 2 屆全澳圖書館義工及工讀生常識問答比賽
2011.04.30-06.26	民政總署	我愛大熊貓：開開心心生日卡設計比賽
2011.04.30-06.26	民政總署	保護我的動物朋友寫作比賽
2011.04.30-06.26	民政總署	開開心心・環保澳門攝影比賽
2011.04.30-06.26	民政總署	環境保育由我做起徵文比賽
2011.04.30-06.26	民政總署	環境保育海報及標語設計比賽
2011.06.10	澳門圖書館暨資訊管理協會、澳門攝影學會	第 3 屆照出閱讀新角度
2011.07.-09.	澳門科技協進會、澳門圖書館暨資訊管理協會	第 7 屆青少年科普書籍閱讀獎勵活動
2011.08.10	民政總署、中國銀行澳門分行	開開心心大熊貓全澳兒童繪畫比賽
2011.11.05-26	教育暨青年局青年試館、澳門圖書館暨資訊管理協會	兒童講故事比賽 2011
2011.11.28-12.15	澳門圖書館暨資訊管理協會	閱讀大使童話故事創作比賽 2011

（二）普及講座及活動（29次，見表8）

表8　2011年圖書館界普及講座、課程及活動列表

日期	主協辦單位	活動名稱
2011.01.21	培正中學	澳門現時的城市規劃（尉東君主講）
2011.01.23	民政總署氹仔黃營均圖書館	成年人健康膳食錦囊
2011.04.10	民政總署下環圖書館	種植DIY
2011.04.20	澳門大學、肇慶文化局、澳門圖書館暨資訊管理協會	肇澳圖書館交流暨中國硯都（肇慶）硯文化專題講座
2011.05.03	培正中學	生活：從傳承走向永續（盧冠廷主講）
2011.05.16	澳門大學、澳門大學校友會	在平凡生活中演繹不平凡的人生（陳美琪主講）
2011.05.19	民政總署、中醫藥學會	中醫綠色康復療法
2011.05.20	民政總署氹仔黃營均圖書館	兒童飲食習慣常見問題講座
2011.05.21	民政總署	食物與愛情的詠嘆調（葉輝主講）
2011.06.05	民政總署下環圖書館	家居環境DIY
2011.06.11	民政總署氹仔黃營均圖書館	青少年投資與儲蓄（蕭妙珍主講）
2011.08.-11.	澳門中央圖書館	圖書館e學堂
2011.09.09	澳門大學、澳門大學校友會	美麗人生（鄺美雲主講）
2011.09.11	民政總署下環圖書館	健康心理學：不讓煩惱入門，編出優質生活（陸嘉洋主講）
2011.10.15-11.12	澳門圖書館暨資訊管理協會	道德經導讀：和諧社會的實現
2011.10.23-11.13	澳門中央圖書館、聖公會社會服務機構	親子甜「心」蛋糕班
2011.11.05	培正中學	民意、民調與政府施政（李彭廣主講）
2011.11.07-12.07	澳門中央圖書館、街總台山頤駿中心	健身氣功之八段錦課程
2011.11.08-12.08	澳門中央圖書館、街總台山頤駿中心	中醫自我保健之手療法保健課程
2011.11.12	文化局	辛亥革命前後的澳門報業（林玉鳳主講）
2011.11.13	民政總署	與身心對話之貝曲花藥情緒治療分享會（杜綺華主講）
2011.11.16	澳門大學、商務印書館	近代中國家圖書館錄解讀（陸國燊、周佳榮主講）

表 8　2011 年圖書館界普及講座、課程及活動列表（續）

日期	主協辦單位	活動名稱
2011.11.17	澳門科技大學	社團對澳門現代社會的影響（梁慶庭主講）
2011.11.20	民政總署氹仔黃營均圖書館	語言沙龍（二）：方言調查中的語音分析與語音標註（劉新中主講）
2011.11.26	民政總署白鴿巢公園黃營均圖書館	澳門街道之門牌是如何編列的（黃育海主講）
2011.12.04	民政總署下環圖書館	健康心理學：為自己的心理做好準備（陸嘉洋主講）
2011.12.10	培道中學	物理學習的意義（李斌作主講）
2011.12.15	澳門科技大學	澳門教育概況與特色（劉羨冰主講）
2011.12.18	民政總署	認識古玉：戰國至西漢龍鳳玉雕賞析（林繼來主講）

（三）讀書會及分享會（23 次，見表 9）

表 9　2011 年圖書館界讀書會及分享會

日期	主協辦單位	活動名稱
2011.01.-12.	明愛圖書館	兒童讀書會
2011.01.11	教育暨青年局氹仔教育活動中心	兒童讀書會讀經班
2011.01.18（每周六日）	民政總署轄下圖書館	故事天地
2011.01.30	民政總署紀念孫中山公園黃營均圖書館	親子動畫坊
2011.02.20, 27	民政總署白鴿巢公園黃營均圖書館及下環圖書館	親子動畫坊
2011.02.-06.	民政總署轄下圖書館	校園書友仔
2011.03.13	民政總署黑沙環公園黃營均圖書館	書友仔聚會
2011.03.20	民政總署氹仔黃營均圖書館	親子動畫坊
2011.04.12	明愛圖書館	橋牌班
2011.04.13-06.18	教育暨青年局成教中心、明愛圖書館	弟子規及三字經
2011.05.29	民政總署紀念孫中山公園黃營均圖書館	親子動畫坊
2011.06.19	民政總署白鴿巢公園黃營均圖書館	親子動畫坊
2011.06.29	民政總署下環圖書館	親子動畫坊
2011.08.07	明愛圖書館	兒童讀書會
2011.08.21	民政總署黑沙環公園黃營均兒童圖書館	親子動畫坊

表9　2011年圖書館界讀書會及分享會（續）

日期	主協辦單位	活動名稱
2011.09.25	民政總署紀念孫中山公園黃營均圖書館	親子動畫坊
2011.10.08-11.26	澳門中央圖書館	弟子規閱讀系列
2011.11.05	民政總署黑沙環公園黃營均兒童圖書館	繽紛「玩」故事系列
2011.11.06	民政總署下環圖書館	電影欣賞會
2011.11.13	民政總署氹仔黃營均圖書館	親子動畫坊
2011.11.15	民政總署黑沙環公園黃營均兒童圖書館	繽紛「玩」故事系列
2011.11.26	民政總署黑沙環公園黃營均兒童圖書館	繽紛「玩」故事系列
2011.12.03	民政總署黑沙環公園黃營均兒童圖書館	繽紛「玩」故事系列

（四）圖書館利用教育（14次，見表10）

表10　2011年圖書館界利用教育活動列表

日期	主協辦單位	活動名稱
2011.04.	澳門旅遊學院	ebooks 利用課程
2011.04.	澳門旅遊學院	資料庫有獎問答遊戲
2011.04.16	澳門圖書館暨資訊管理協會	圖書館常識工作坊
2011.04.18-05.13	澳門中央圖書館	全民網上閱讀平台：校園推廣活動
2011.05.07	民政總署	離島圖書館遊
2011.06.21	澳門中央圖書館	圖書館文物建築之旅
2011.08.07	澳門圖書館暨資訊管理協會	暢遊圖書館
2011.08.20	行政公職局福利處、澳門圖書館暨資訊管理協會	澳門圖書館半天遊
2011.09.	澳門大學	Discovery @ UM Library
2011.09.03	行政公職局福利處、澳門圖書館暨資訊管理協會	澳門圖書館半天遊
2011.09.27	澳門旅遊學院	資料庫利用課程
2011.10.20	澳門旅遊學院	書目管理軟體利用課程
2011.10.-11.	澳門大學	Information literacy @ UM Library
2011.11.21-12.02	澳門中央圖書館	全民網上閱讀平台：校園推廣活動

（五）閱讀活動（24 次，見表 11）

表 11　2011 年圖書館界閱讀活動列表

日期	主協辦單位	活動名稱
2011.01.15	培正中學	閱讀與認字（陳志峰主講）
2011.02.20	民政總署下環圖書館	孩子起動：開啟寶寶的閱讀之門
2011.03.08	新華學校	親子閱讀講座（羅瑞文主講）
2011.03.18	新華夜中	閱讀這玩兒講座（王強國主講）
2011.04.01-05.31	澳門圖書館暨資訊管理協會	2011 圖書館周
2011.04.03	勞工子弟學校	閱讀這玩兒講座 2（王強國主講）
2011.04.09	教育暨青年局黑青、澳門圖書館暨資訊管理協會	閱讀越樂
2011.04.09-05.21	教育暨青年局青年試館、澳門圖書館暨資訊管理協會	閱讀創藝工作坊（楊暖英主講）
2011.04.13-14	澳門大學附屬應用學校	閱讀帶給我們的啟示（陳志峰主講）
2011.04.16	鮑思高粵華學校	閱讀這玩兒講座 3（王強國主講）
2011.04.-05.	教育暨青年局黑青、駿菁、澳門圖書館暨資訊管理協會	閱讀越有趣
2011.05.07	民政總署氹仔黃營均圖書館	巧記妙讀
2011.05.31	新華學校	親子閱讀講座 2（羅瑞文主講）
2011.06.18	生產力科技轉移中心	讀書的方法：成功的秘密（楊開荊主講）
2011.06.18-07.30	教育暨青年局青年試館、澳門圖書館暨資訊管理協會	多角度閱讀：三國歷史人物工作坊
2011.09.11	民政總署氹仔黃營均圖書館	圖書館樂繽紛
2011.09.13-11	教育暨青年局外港青年中心、澳門圖書館暨資訊管理協會	圖樂無窮：圖書館澳門理工學院作坊
2011.09.17	教育暨青年局青年試館、澳門圖書館暨資訊管理協會	兒童講故事技巧工作坊（潘明珠主講）
2011.11.12	澳門圖書館暨資訊管理協會	開元故事法（彭執中主講）
2011.11.12-26	澳門中央圖書館、聖公會澳門社會服務處	繪本、親子教室之 SMART 小孩
2011.11.12-13	民政總署	親子閱讀體驗營
2011.11.13	澳門圖書館暨資訊管理協會	親子故事齊齊講：如何與孩子互動說故事（彭執中主講）

表 11　2011 年圖書館界閱讀活動列表（續）

日期	主協辦單位	活動名稱
2011.11.27	民政總署紀念孫中山公園黃營均圖書館	圖書館樂繽紛
2011.12.11	教育暨青年局青年試館、澳門圖書館暨資訊管理協會	兒童講故事比賽 2012 匯演

（六）展覽

在這年間舉辦的大型及與圖書館學相關的展覽，共 28 次，分別由澳門大學、澳門科技大學、澳門中央圖書館、明愛圖書館圖書館、民政總署圖書館承辦，其活動內容可見表 12。

表 12　2011 年圖書館界展覽活動列表

日期	主協辦單位	活動名稱
2011.02.09-20	澳門大學	澳門大學三十載——出版品展覽
2011.03.05-09	澳門大學	張法亭書法展
2011.03.-06.	民政總署	熊貓家鄉四川圖展
2011.04.01	蓮峰普濟學校、一書齋	書展推廣閱讀
2011.04.19-05.15	澳門大學、肇慶文化局、澳門圖書館暨資訊管理協會	硯都藏珍・當代端硯精品展
2011.04.26-06.05	民政總署、澳門圖書館暨資訊管理協會、香港歌德學院	德國最美書籍設計展
2011.04.29-05.08	澳門出版協會、澳門理工學院、體育發展局、澳門圖書館暨資訊管理協會	春季書香文化節書展
2011.05.09-27	澳門大學	地球日海報展
2011.05.12-31	澳門科技大學	五湖四海：畫家進校園畫展
2011.05.21-06.16	明愛圖書館	庇道學生藝術作品成果展：蛻變
2011.06.15-30	澳門大學、香港歌德學院圖書館	最美書籍設計展覽
2011.07.23-08.31	明愛圖書館	澳門明愛圖書館 60 周年系列活動：慈善籌款攝影展——歸屬
2011.08.27-09.05	澳門大學、國家圖書館	東方的覺醒：紀念辛亥革命一百周年珍貴歷史圖片展

表 12　2011 年圖書館界展覽活動列表（續）

日期	主協辦單位	活動名稱
2011.09.19-10.17	明愛圖書館	對岸線慈善攝影展
2011.09.21-10.20	明愛圖書館	陸毅神父相片展
2011.09.23	澳門博物館	天下為公：孫中山與澳門文物展
2011.10.14-11.12	澳門大學	Solo Art Exhibition of Gloria Man Wai So: Dancing around the World
2011.10.18-20	澳門科技大學	Love read, MUST read 書展
2011.10.23-11.06	明愛圖書館	境由心造攝影展
2011.11.03-12	澳門大學、中華茶道會	創意茶具展
2011.11.03-12	澳門大學、肇慶文化局、澳門圖書館暨資訊管理協會	中國一代愛國名將：葉挺將軍圖片展
2011.11.03-18	澳門大學	美國爵士樂親善大使世界巡迴表演攝影珍藏展
2011.11.09-17	澳門出版協會、台灣出版聯誼會、澳門圖書館暨資訊管理協會	秋季書香文化節書展
2011.11.10-27	澳門大學、省中山圖	碧血丹心：辛亥革命在省港澳圖片展覽
2011.11.30-12.30	澳門大學	澳門大學三十年的出版品展覽
2011.12.01-30	澳門大學、牛房倉庫	消失中的鄰村：橫琴島再發現攝影展 2
2011.12.01-30	澳門大學、廣東省中山圖書館	廣州十三行圖片文獻藝術展
2011.12.11-31	明愛圖書館	自閉・藝・能（Autistic・Artistic・Abilitic）：自閉特色人士繪畫展覽

陸、學術活動

一、課程及研討會

（一）圖書館專業人材

　　從台灣地區畢業回來有輔仁大學 4 人、台灣大學、台灣師大及淡江大學各 1 人。正修讀碩士課程中山大學就讀 2 人，武漢大學 27 人。北京大學圖書館學澳門本科班 22 人。

（二）課程（10 次）

由武漢大學、澳門圖書館暨資訊管理協會及澳門業餘進修中心合辦的「圖書館學專業、信息資源管理專業碩士學位課程」（澳門班）2011 級於本年 11 月 8 日開課。成為第一個由國內重點大學在澳開辦的圖書館專業的碩士課程，包括圖書館專業 21 人、信息管理專業 6 人，其課程內容可見表 13。

表 13　2011 年圖書館學培訓課程列表

日期	主協辦單位	活動名稱
2011.03.14-05.23	澳門圖書館暨資訊管理協會、澳門大學持續進修中心	圖書分類與主題
2011.05.03-06.14	澳門圖書館暨資訊管理協會、澳門大學持續進修中心	圖書館自動化系統如何應用在閱讀推廣活動
2011.06.07-07.27	澳門圖書館暨資訊管理協會、澳門大學持續進修中心	美國國會圖書館分類法
2011.07.14-15	澳門圖書館暨資訊管理協會、澳門科技大學、圖書情報工作指導委員會	採訪業務培訓課程
2011.07.25-08.29	澳門監獄、澳門圖書館暨資訊管理協會	2011 監獄圖書館管理初階培訓課程證書課程
2011.09.05-10.19	澳門圖書館暨資訊管理協會、澳門大學持續進修中心	圖書館自動化系統如何應用在閱讀推廣活動
2011.10.17-21	澳門理工學院	The Impact of Internet Hi-Tech on Universities, Libraries and LIS Education
2011.11.05	澳門業餘進修中心、澳門圖書館暨資訊管理協會	武漢大學圖書館學碩士課程
2011.11.07-12.14	澳門圖書館暨資訊管理協會、澳門大學持續進修中心	圖書資源採購實務
2011.12.03-10	澳門圖書館暨資訊管理協會	香港圖書館學講堂第一講

(三)研討會（6次，見表 14）

表 14　2011 年圖書館界所舉辦學術研討會列表

日期	主協辦單位	活動名稱
2011.07.13	澳門科技大學	EBSCO 新知分享說明會
2011.08.20	民政總署	圖書館義務工作者的角色與功能
2011.11.18	澳門圖書館暨資訊管理協會、澳門科技大學、3M	圖書館無線射頻技術應用及解決方案研討會
2011.12.01-02	澳門大學、澳門圖書館暨資訊管理協會	圖書館建築及其空間之有效使用研討會
2011.12.03	澳門圖書館暨資訊管理協會	澳門圖書館暨資訊管理協會第 16 屆年會暨研討會
2011.12.08	全球中文文獻資源共建共享促進會、澳門社會發展研究會、澳門圖書館暨資訊管理協會	宏揚中華文化與優化中文文獻資源共享機制研討會

(四)出版書刊

- 《圖書館的誕生》，周家裕、區芷晴，民政總署圖書館。
- 《圖書館超人‧圖書館讓你過上闊太生活》，陳燕珊、侯家寶，民政總署圖書館。
- 《光腳丫走圖書館》，冼敏儀，民政總署圖書館。
- 《義工的故事》，簡安怡，民政總署圖書館。
- 《「圖」氣守護星》，黃嘉莉，民政總署圖書館。
- 《兩岸三地閱讀推廣》，澳門圖書館暨資訊管理協會。

柒、區域合作與交流

一、本地交流與合作

（一）澳門中央圖書館及聖公會澳門社會服務處簽署社區圖書館伙伴計畫協議，兩單位合作共享資源。

（二）澳門圖書館暨資訊管理協會訪澳門城市大學圖書館，並擔任該館籌辦的顧問工作。

（三）澳門大學圖書館參訪及澳門科技大學圖書館，互相親身及體驗RFID自助服務，交流感受。

（四）館際互借及文獻傳遞方面，澳門大學、澳門科技大學、澳門理工學院、澳門旅遊學院、鏡湖護理學院的所有教職員工及在學學生可持該校的「團體借書證」到上述高校圖書館借閱圖書。

二、出外參訪單位

（一）國內

四川省圖書館、四川省檔案局、中國海洋大學圖書館、四川大學圖書館、南京審計學院圖書館、珠海浸會大學國際學院圖書館、省中山圖書館、廣州市圖書館、北京大學圖書館、清華大學法學院圖書館、人大政協圖書館。

（二）香港

香港城市大學圖書館、香港中央圖書館、歌德學院圖書館、香港中文大學圖書館、香港科技大學圖書館、浸會大學圖書館、香港美術學院圖書館。

（三）台灣

台中圖書館、暨南國際大學圖書館、暨大附中圖書館、埔里圖書館、普台高中圖書館、大鵬國小圖書館、逢甲大學圖書館、台灣圖書館、檔案管理局、中央研究院近史所檔案館、政治大學圖書資訊與檔案學研究所、清華大學圖書館、台灣大學醫學院圖書館。

三、接待外賓單位

（一）國內

肇慶市圖書館范雪梅館長、中國教育部中國高等教育文獻保障系統的全國管理中心副主任陳凌、中國教育部大學數位圖書館國際合作計畫全國管理中

心副主任黃晨。武漢大學圖書館館長燕今偉及副館長張洪元、復旦大學圖書館採訪部主任龍向洋、廈門大學圖書館館長蕭德洪、清華大學圖書館資源建設部主任吳冬曼、上海市民辦西南高級中學校長助理武春霞、國家圖書館金石拓片組副組長盧芳玉及採編部副組長韓玲、上海外國語大學圖書館吳春生副館長、省中山圖書館蔣志華主任及張淑瓊研究員、海南大學圖書館副館長。

（二）台灣

台灣圖書館資訊中心嚴鼎忠、台北市立圖書館秘書林淑娟、台灣師範大學圖書館館長陳昭珍。

（三）香港

香港城市大學圖書館館長景祥祜、香港小童群益會督導主任曾廣源、香港中文大學圖書館館長 Colin Storey、香港大學圖書館館長 Peter E. Sidorko、香港科技大學圖書館 Edward F. Spodick 項目經理、浸會大學圖書館館長 Li Hai Pang、嶺南大學圖書館館長 Rachel Cheng。

（四）其他

俄羅斯科學院東方文獻研究所所長伊莉娜·費多羅夫娜，澳洲新南威爾士州州立圖書館館長、前澳洲悉尼科技大學圖書館館長 Alex Byrne，英國謝菲爾德大學圖書館館長 Martin Lewis，美國加州大學柏克萊分校圖書館館長 Thomas C. Leonard，國立澳洲大學 Robert Menzies Asia Pacifice Library 的 Rebecca Wong。

四、對外交流合作

（一）粵港澳文化部門達成三項合作意向，三地代表圍繞演藝人才交流和節目合作、文化資訊交流、文博合作、圖書館交流合作、非物質文化遺產合作、文化（創意）產業合作等多個文化領域深入探討交流，對加快粵港澳文化產業項目的合作具有重大意義。

（二）第 2 屆世界華語學校圖書館長論壇在台灣日月潭教師會館舉行，代表團特別得到大鵬小學校長游宗穎的熱情款待，雙方深入交流了推動閱讀的經驗。從中瞭解到，台灣學校推動閱讀及圖書館資訊技術的運用和規劃，均得到政府主導。

反觀澳門各學校推動閱讀各自為政，缺乏資訊技術支援，澳門急需一套完整的學校圖書館規劃及發展方案，才能善用資源，有效地培養學生的閱讀能力與興趣。

（三）澳門圖書館界共參加了 6 次區域的研討會及講座：

2011 三亞論壇——推動技術創新：引領行業發展、第 3 屆華語論壇籌備會議（山西）、中文文獻資源共建共享合作會議理事會第 5 次會議（台北）、兩岸四地法律文獻研討會（北京）、第 3 屆高教圖書館 UHF RFID 應用研討會（深圳）、2011 年數字出版與數字圖書館國際研討會（杭州）。

（四）澳門大學圖書館與香港各高校圖書館一直以來都實施館際合作，目前使用 OCLC First Search、Rapid ILL 等系統為讀者提供文獻傳遞及館際互借服務。中國科學院文獻情報中心及台灣中央圖書館則向澳門理工學院圖書館提供文獻傳遞服務。CALIS、CASHL、香港中文大學圖書館及台灣中央圖書館分別向澳門科技大學圖書館提供文獻傳遞服務。香港國際 MEDLARS 中心及台灣華藝 CEPS 向鏡湖護理學院圖書館提供文獻傳遞服務。澳門科技大學圖書館與北京大學圖書館、台灣大學圖書館、香港中文大學圖書館、中國教育部高校社科人文文獻中心（CASHL）、中國高等教育文獻保障系統簽訂了合作協議。該館亦與中國國家圖書館達成「中國國家數字圖書館澳門科技大學圖書館合作館項目」。

捌、意見及方向

本年度社會各界、特區政府、立法會議員、民生社團領袖對澳門圖書館的服務與發展的言論較去年少，可能是圖書館功能與服務的發展都已有大大的改進，現總結如下：

（一）教育暨青年局閱讀推廣員培訓課程導師陳志峰認為，全民網上閱讀平台的建立，對推動閱讀風氣起輔助性作用，但培養全民良好閱讀習慣是細水長流的過程，不期望任何一項促進閱讀風氣形成的措施能立竿見影，建議新平台借鑑他國採取的軟性宣傳閱讀方法，以政界官員、社會賢達或明星代言推介書本，借助知名度及認受性，上行下效，帶動全澳愛書、讀書的閱讀氣氛，收效將更高。

（二）婦聯青協理事長袁小菱促請政府在2012年施政報告中重提舊案，盡快落實新澳門中央圖書館興建工作及明確未來公共圖書館的服務，推動澳門知識文化的發展，為市民提供全面、多層次、便捷、適切的公共圖書館服務。

玖、總結

回歸以來，澳門圖書館事業正朝向人員專業化、服務普及化、藏書電子化、活動多元化等方面的發展，重點總結如下：

（一）圖書館學課程內容亦多元化，報讀人數大幅增加，有利圖書館事業的發展。

（二）由於學校需要聘請閱讀推廣人員，加上澳門中央圖書館將有5間分館、新澳門中央圖書館及在新填海區將設置新圖書館的計畫，還有兩間大專將成立圖書館，澳門大學有擴展圖書館的規劃，預計未來圖書館人力資源將非常緊張。

（三）隨著社會大眾對圖書館資源的數量與質量的要求，本年圖書資源已超越了一千萬件，反映政府非常重要圖書資源的投入。

本文鳴謝澳門大學圖書館、澳門科技大學圖書館、澳門理工學院圖書館、澳門旅遊學院圖書館、澳門護理學院圖書館、澳門中央圖書館、澳民政總署圖書館、教育暨青年局成人教育中心、明愛圖書館、培正中學圖書館等單位提供資料。

王國強、許雯敏、許偉達合著

2010年澳門圖書館事業回顧

壹、前言

2010年的澳門圖書館事業發展概況可從：一、圖書館數量及分布；二、使用概況；三、重要的發展與服務；四、推廣活動；五、學術活動；六、區域合作與交流等項目；七、意見及方向等，反映出澳門市民對圖書館服務的要求，以及圖書館界努力奮進的成果。

貳、圖書館數量及分布

2010年，澳門共有開放給公眾使用的公共圖書館及自修室83間、學校圖書館99間、專門圖書館80間及大專圖書館20間，總計為282間。現就新設、改建、擴建、計劃興建、興建中及暫停使用的概況說明如下：
一、本年度新開設的圖書館：科技訊息中心。
二、改建、擴建完成的有土木工程實驗室圖書館、望廈山環境資源中心。
三、計劃或正在興建及改建者：有19間，計有公共圖書館8間，包括文化局的新澳門中央圖書館、澳門中央圖書館紅街市分館及沙梨頭分館、望廈社會房屋大樓圖書館、氹仔中央公園圖書館、民政總署鴨涌河綜合大廈圖書館、民政總署的東北街市圖書館、教科文中心圖書館。大專圖書館有4間，包括澳門城市大學圖書館及聖若瑟大學圖書館；澳門大學圖書館將遷往橫琴新校園；專門圖書館有7間，包括政策規劃辦公室圖書館、工務局圖書館、路環消防分站圖書館、高教辦圖書館、功德林圖書館；法律改革及國際法事務局。
四、暫停使用有教科文中心圖書館。

五、取消設立圖書館計畫：因應澳門中央圖書館增設新的服務點，原計劃在水上街市新大樓及三角花園舊勞工大樓開設的圖書室之影響，為避免重複資源而暫時擱置。

六、政府計劃在新填海地段及新落成公屋設立適當數量的圖書館。

參、使用概況

一、讀者使用概況

在圖書館利用情況，根據 2011 年《澳門統計年鑑》中的表 6.7.2. 及表 1：向公眾開放的圖書館及閱書報室的主要指標分析，2010 年主要圖書館為 55 間，館藏量為 1,821,262 冊，較 2009 年增加了 477,902 冊。期刊數量為 10,615 種，較去年增加了 109 種。此外，接待人次方面為 4,062,561，較 2009 年增加了 11,0681 人次。借書冊次有 878,453，較 2009 年增加了 48,424 冊次；全澳對外開放的圖書館面積增至 449,594 平方呎，較 2009 年增加了 88,556 平方呎；所以在閱覽座位方面亦有顯著的增加，總計為 4,450 個，較上一年增加 881 個；而提供可上網的電腦有 718 台，較 2009 年增加 164 台，使用的人次為 1,002,192，較 2009 年大幅增加了 507,110 人次。最後圖書館的購書經費為 54,136,000 澳門元，較 2009 年增加了 12,923,000 澳門元。工作人員則為 268 人，較去年增加了 25 人。

二、圖書館技術服務概況

有關本年度澳門圖書館在各項技術服務與設備的概況可參閱表 2 至表 4 的統計分析表。

肆、重要的發展與服務

一、文化局於 2007 年 11 月份公佈新澳門中央圖書館選址方案，並於 2008 年

表 1　2010 年圖書館主要統計指標

指標	單位	2005	2006	2007	2008	2009	2010	增加
圖書館及閱書報室數目	間	39	38	45	51	52	55	3
工作人員數目	人	213	210	262	234	243	268	25
總面積	平方呎	271,673	317,510	334,550	337,434	361,038	449,594	88,556
座位數目	個	2,479	2,873	3,273	3,384	3,569	4,450	881
提供予公眾上網的電腦設備	台	298	383	417	449	554	718	164
購書總支出	千澳門元	19,688	22,170	30,639	33,300	41,213	54,136	12,923
書籍	冊	1,028,387	1,106,699	1,115,051	1,173,071	13,343,360	1,821,262	477,902
期刊雜誌	種類	9,953	9,282	10,272	10,241	10,506	10,615	109
多媒體資料	套	29,244	121,513	188,303	236,291	338,737	405,593	66,856
接待人次	人次	3,018,871	3,129,552	3,507,354	3,550,872	3,754,357	4,062,561	308,204
借書冊次	冊次	804,777	766,319	792,837	785,759	830,029	878,453	48,424
電腦使用人次	人次	351,527	354,427	409,858	433,758	495,082	1,002,192	507,110

資料來源：《澳門統計年鑑：2010》。

表 2　澳門各類型圖書館採用圖書館自動化系統比較表

系統名稱	大專	公共	專門	學校	數量	百分比
SLS	7	5	39	58	109	38.65%
TOTASII	1	19	2	0	22	7.80%
LIB MASTER	0	0	0	7	7	2.48%
自行開發	1	0	6	4	11	3.90%
VLIB	0	3	5	2	10	3.54%
PROBASE	0	1	1	0	2	0.70%
Millennium	3	0	0	0	3	0.35%
LIB MANAGER	0	0	0	1	1	0.35%
宏達資訊系統	0	0	0	2	2	0.70%
總計	12	28	53	74	166	59.21%
圖書館總數	20	83	80	99	282	
百分比	75.00%	33.70%	65.00%	74.70%	59.21%	

表 3　澳門各類型圖書館採用圖書分類法比較表

分類與編目系統	公共	學校	大專	專門	總計
中文圖書分類法	33	25	3	18	79
中國圖書館分類法	0	3	1	1	5
杜威分類法	1	1	1	4	7
國會圖書館分類法	0	0	3	0	3
國際十進分類法	2	0	0	3	5
三民主義分類法	1	0	0	0	1
總計	37	29	8	26	100

表 4　澳門各類型圖書館在其他自動化及信息化服務比較表

其他系統	公共	學校	大專	專門	總計
防盜系統	16	6	9	5	30
自助借書系統	7	0	3	1	11
線上導覽系統	0	0	1	0	1
網頁	2	3	7	0	12
網上目錄	16	3	5	5	33

4 月舉辦新館設計比賽，2010 新任文化局局長吳衛鳴表示為盡快啟動方案，決定不再進行新的設計比賽，期望於明年初進行公開招標，年中公佈中標公司（設計連建設），並於第四季度正式動工。按最初公佈，新中圖被視為澳門一座新的城市地標，被打造成為具有現代理念和澳門特色的「城市課堂」、「市民廣場」及「文化中心」。南灣舊法院大樓及龍嵩街司法警察局總部所在地整體可建的建築面積約 2 萬 2 千平方米，新館分兩期興建，第一期集中於原法院大樓內，第二期則於司法警察局總部大樓內。

二、電子館藏的發展：2010 年澳門大學、澳門理工學院圖書館學院、澳門科技大學及澳門旅遊學院圖書館都積極增加電子館藏和資料庫，以澳門大學圖書館投入的資源最多，大約 1,700 萬元澳門幣，共購置了 165 個資料庫，澳門理工學院圖書館有 59 個，澳門科技大學圖書館有 53 個，澳門旅遊學院圖書館有 11 個。2010 年 10 月澳門科技大學圖書館購買了超星 70 萬冊電子書及獨秀平台，供該校師生使用。至於使用量方面，以澳門大學圖書館為例，全年電子資源訪問人次為 1,127,708 次，下載次數為 543,247 次。而澳門科技大學圖書館則有 491 萬人次訪問，下載量為 121,676 MB。由於資料庫數量日益增加，圖書館務必要推出跨庫檢索平台，以方便讀者使用，目前澳門大學圖書館採用 Research Pro，而澳門理工學院圖書館則採用 MUSE，以提高讀者檢索效率。另外，目前上述四所高校圖書館都提供校外遠端訪問電子資源，澳門大學及澳門理工學院圖書館使用 SSL VPN 技術，澳門科技大學及旅遊學院使用 EZPROXY 技術，通過身分認證就能使學生在家中或任何地方都能享受圖書館的電子資源服務。

三、電子化服務：澳門大學圖書館分別推出多項人性化服務，包括在館藏目錄上展示圖書封面、短訊通知還書服務、Bookmark、EDIFACT 訂購系統、Youtube 教學視頻。澳門大學及澳門科技大學圖書館亦先後推出 Facebook 及 RSS Feed 提示服務，自動化系統方面，澳門科技大學及澳門

旅遊學院先後更換了舊有系統至 Millennium 系統。澳門科技大學及澳門理工學院圖書館全面提供以澳門通支付自助影印及列印費用服務。

四、免費無線寬頻服務，名為「WiFi任我行」，首階段 34 個服務地點中有 12 間為圖書館，包括：澳門中央圖書館館舍內範圍、何東圖書館館舍內範圍及前後花園、青州圖書館館舍內範圍、望廈圖書館館舍內範圍、民政總署大樓圖書館館舍內範圍、路環圖書館館舍內範圍、澳門藝術博物館附屬圖書館、何賢公園圖書館、民政總署紀念孫中山公園黃營均圖書館、民政總署白鴿巢公園黃營均圖書館、黑沙環公園黃營均圖書館、民政總署氹仔黃營均圖書館。服務首三個月為試行階段，以收集用戶及覆蓋範圍等資料，爭取在一年內將發射點增至 83 個。

五、RFID 管理系統：本年度共有三間圖書館推出不同層面的 RFID 管理服務，包括：澳門科技大學圖書館於 2010 年 10 月啟用了 3M 公司的 RFID 圖書館自助借還管理系統，使成為澳門首間 RFID 技術覆蓋全部館藏的圖書館（包括多媒體資料）。澳門大學圖書館也將在 2011 年開始使用 RFID（UHF）技術，也是澳門首間高校圖書館使用超高頻技術。澳門科技發展基金委託澳門大學科技學院無線通信實驗室開發一個超高頻射頻識別（UHF RFID）自助借還書系統，是澳門首個自行研製及開通使用超高頻技術的 RFID 自助圖書館系統，該系統可以為科技發展基金的科技訊息中心的圖書借還帶來自動化。此外，傳統低、高頻技術遇到金屬物質封面書籍未能有效工作的困難，該系統亦能處理。同時，用戶借閱書籍的詳細情況會記錄並列印在用戶使用證上的熱能可重寫區，替代了紙質借閱憑條的使用，讓用戶清楚瞭解到借閱情況且更好地實現了綠色的環保概念。

六、當局修訂噪音法，建議於法規公佈半年後禁止在醫院、學校、療養院、圖書館、法院、住宅和生態保護區等噪音敏感地區 200 公尺範圍內使用傳統撞擊式的打樁機；於法規公佈一年後，使用傳統撞擊式機械以外的打樁工程，則透過制訂噪音敏感受體的可接受的噪音聲級，對有關工程進行規範。

七、澳門中央圖書館的《翁方綱纂四庫提要稿》入選第三批《國家珍貴古籍名錄》。

八、天主教澳門教區檔案文獻（16至19世紀）成功列入聯合國教科文組織亞太區世界記憶名錄。

九、贈書方面：澳門大學圖書館收到社會各界大批量的贈書為最多，超過一千冊以上的贈送者，包括中國新聞出版總署港澳司為慶祝澳門回歸送贈澳門大學圖書館約12萬碼洋的圖書，約6,000冊、台灣的出版聯誼會、香港中文大學圖書館、著名香港作家梁錫華、澳門大學的單文經教授。另澳門中央圖書館亦收到中聯辦14噸贈書，並分送全澳七十多間圖書館，可說是歷年規模最大的贈書活動。此外，該館亦送贈好書交換的圖書給澳門聾人協會。澳門國際創價學會受漢學大師饒宗頤委託，向科技大學贈送《饒宗頤二十世紀學術文集》14卷20冊及《文化藝術之旅──鼎談集》12冊；台灣的漢學中心向澳門國父紀念館贈書；金沙中國有限公司向明愛圖書館捐贈700冊遺留在澳門威尼斯人渡假村—酒店及澳門金沙酒店的書籍。

十、社會義務：澳門圖書館暨資訊管理協會繼續向武漢大學、中山大學、北京大學三校的信息管理系提供每年5,000元人民幣的獎學金。特區政府亦向四川地震災區綿陽南山中學援助金額達人民幣5,476萬元，工程包括教學樓、實驗綜合樓、圖書館、食堂以及籃球場等項目。

十一、教育暨青年局於2009-2010年度在167個校部中共有閱讀專職人員數目為82人，其中46人為全職、36名兼職，有7個校部已申請但沒有應聘。

十二、館際互借及文獻傳遞服務：澳門大學、澳門科技大學、澳門理工學院圖書館、澳門旅遊學院、澳門鏡湖護理學院的所有教職員工及在學學生可持該校的「團體借書證」到上述高校圖書館借閱圖書。另外，澳門大學圖書館與香港各高校圖書館一直以來都實施館際合作，目前使用OCLC First Search、Rapid ILL等系統為讀者提供文獻傳遞及館際互借服務。中國科學院文獻情報中心及台灣中央圖書館則向澳門理工

學院圖書館提供文獻傳遞服務。CALIS、CASHL、香港中文大學圖書館及台灣中央圖書館分別向科大圖書館提供文獻傳遞服務。香港國際MEDLARS中心及台灣華藝CEPS向澳門鏡湖護理學院圖書館提供文獻傳遞服務。

十三、學校圖書館的發展：參見表5，2010年澳門學校圖書館有99間，總面積為11,977平方米，閱覽坐位共4,380個，可上網電腦有1,029台。目前澳門共有全職學校的圖書館員及閱讀推廣人員約109人，兼職人員為60人，可是學生義工卻有616人，總計參與圖書館工作的人員為785人，服務的學生人數約為8萬人。在藏書方面，藏書量共約867,822萬冊、期刊2,731種、報紙285種、視聽資料18,546種。教育暨青年局為大力發展學校圖書館的服務，亦每年為學校津貼澳門幣30,000元作購書經費，各校如需要更多的經費，可另申請專款專用，如閱讀推廣經費、開放給社區使用經費、購買及擴建圖書館經費與給額外的圖書經費等，估計澳門學校圖書館每年總購書經費約有400萬澳門元。

表5　澳門學校圖書館基本統計資料：2010

	人數（全職）	人數（兼職）	義工	藏書	期刊	報紙	視聽	面積	閱覽座位	上網電腦
總計	109	60	616	867,822	2,731	285	18,546	11,977	4,380	1,029
平均值	1.1	0.6	6.2	8,765.879	27.58	2.8	187.3	120.97	44.24	10.39

伍、推廣活動

2010年的閱讀活動，形式計有書展、閱讀比賽、演講、利用教育、遊戲、話劇、圖書交換、義工服務、參觀交流等，非常多姿多彩，加上每年一度的圖書館周、六一兒童節、書香文化節、書市嘉年華，以及終身學習周的系列活動，現說明如下。

一、圖書館周

（一）澳門圖書館周在 4 月 20 日至 4 月 30 日之間，共有 28 個單位在這期間舉辦不同的閱讀推廣活動，藉以在澳門散播閱讀的種子，活動項目的數量為歷屆之最，共有 63 項，內容可參見表 6。

表 6　2010 年澳門圖書館周活動列表

日期	舉辦單位	活動名稱
2010.03.22-4.21	澳門中央圖書館	好書交換
2010.03.-04.	聖瑪沙利羅學校	認識協創會祖
2010.03.-04.	巴波沙中葡學校	藏書票設計
2010.04.	聖瑪沙利羅學校	德育主題研讀
2010.04.	巴波沙中葡學校	圖書館之旅
2010.04.	教業中學	新校圖書館簡介會
2010.04.01-30	聖若瑟教區中學	閱讀雙倍 FUN
2010.04.01-30	氹仔中葡學校	圖書館之旅
2010.04.06-30	聖玫瑰學校	圖書館書籤設計比賽
2010.04.07-23	聖若瑟教區中學（第一校）	獻給作者的禮物
2010.04.07-28	聖羅撒女子中學部	閱讀造就精英
2010.04.07-30	澳門大學附屬應用學校	閱讀攝影比賽
2010.04.08	澳門科技大學圖書館	與您暢游「藝」「海」「星」「空」：2010 年科大圖書館服務月之華文資料庫的推介座談會
2010.04.08-09	新華夜中學	書展活動
2010.04.08-29	粵華中學	閱讀推廣活動：認識本校新圖書館
2010.04.10-30	濠江小學	閱讀感恩
2010.04.11	民政總署圖書館	親子動畫坊
2010.04.12	澳門理工學院圖書館	圖書館電子資料庫工作坊：綜合學術全文資料庫
2010.04.12	澳門理工學院圖書館	圖書館電子資料庫工作坊：綜合學術全文資料庫
2010.04.13	澳門理工學院圖書館	圖書館電子資料庫工作坊：運動資訊及綜合學術全文資料庫
2010.04.14	高美士中葡中學	午間讀書會《情感，是什麼？》

表6　2010年澳門圖書館周活動列表（續）

日期	舉辦單位	活動名稱
2010.04.14	澳門理工學院圖書館	圖書館電子資料庫工作坊：商管財經類及綜合學術全文資料庫
2010.04.14	澳門理工學院圖書館	圖書館電子資料庫工作坊：醫護類全文資料庫
2010.04.14	澳門理工學院圖書館	圖書館電子資料庫工作坊：商管財經類及綜合學術全文資料庫
2010.04.17-20	澳門中央圖書館	逾期期刊義賣
2010.04.18	民政總署圖書館	校園書友會
2010.04.19-23	培正中學	探索 PC LIBRARY
2010.04.19-23	澳門中央圖書館	校園閱讀推廣
2010.04.19-30	培正中學	有禮 @ 館
2010.04.19-30	培正中學	好書分享
2010.04.19-30	澳門大學附屬應用學校	好書交換活動
2010.04.19-30	瑪大肋納嘉諾撒學校	英文詞咭接一接
2010.04.19-30	瑪大肋納嘉諾撒學校	英文謎語猜一猜
2010.04.19-30	瑪大肋納嘉諾撒學校	英文單詞咭對對
2010.04.19-30	瑪大肋納嘉諾撒學校	中文詞咭對一對
2010.04.19-30	生產力暨科技轉移中心	圖書館向全澳市民開放
2010.04.19-30	生產力暨科技轉移中心	義賣舊電腦書和過期期刊賑災捐款活動
2010.04.19-30	利瑪竇幼稚園及初小部	閱讀後書籤設計比賽
2010.04.19-30	利瑪竇幼稚園及初小部	好書閱讀齊分享
2010.04.20	聖瑪沙利羅學校	圖書館利用教育講座
2010.04.20, 23	天主教海星中學	423 換書市集
2010.04.21	高美士中葡中學	午間讀書會《我，是什麼？》
2010.04.23	氹仔教育活動中心	讀書會：失落的一角
2010.04.23	聖瑪沙利羅學校	晨讀及介紹世界閱讀日
2010.04.23	培正中學	反轉書中的奧秘
2010.04.23	高美士中葡中學	感恩電影欣賞—— 1 公升眼淚
2010.04.23	聖若瑟教區中學（第一校）	師生共讀日
2010.04.24	澳門大學附屬應用學校	圖書館助理外出參訪
2010.04.24	氹仔教育活動中心	讀書會：聽不見的音樂會
2010.04.24	培正中學	親子共讀講座：「書‧不輸」悅讀加油站

表6 2010年澳門圖書館周活動列表（續）

日期	舉辦單位	活動名稱
2010.04.24-25	澳門圖書館暨資訊管理協會	「圖樂無窮」全澳圖書館義工及工讀生常識問答比賽2010
2010.04.25	氹仔教育活動中心	讀書會：貪吃的牛小花
2010.04.26-28	澳門大學附屬應用學校	圖書館周電影欣賞
2010.04.26-29	蔡高中學	大圖小謎
2010.04.26-30	澳門大學附屬應用學校	生命教育學生自創繪本欣賞
2010.04.27-29	旅遊學院多媒體圖書館	好書交換
2010.04.28	澳門大學圖書館	圖書館電子資源管理及使用講座
2010.04.28	澳門大學附屬應用學校	閱讀推廣專題講座
2010.04.28	聖瑪沙利羅學校	認識協創會祖
2010.04.30	氹仔教育活動中心	讀書會「兒童讀經：入則孝」
2010.04.30	澳門圖書館暨資訊管理協會	學校圖書館之旅暨第6次學校圖書館工作人員會議
2010.04.30	培正中學、慈幼中學圖書館	學校圖書館之旅
2010.05.12	聖瑪沙利羅學校	認識協創會祖

（二）澳門中央圖書館為慶祝六一國際兒童節，凡首次申請讀者證的12歲以下小朋友，於兒童節當天親臨澳門中央圖書館總館及轄下的何東圖書館、青洲圖書館、望廈圖書館、路環圖書館及流動圖書車辦理首次讀者證申請，將可獲贈精美紀念品一份，藉此鼓勵小朋友更多利用圖書館資源，推廣閱讀。

（三）教育暨青年局駿菁活動中心將於3月至6月期間分別與青年試館、綜藝館青年中心、黑沙環青年中心、氹仔教育活動中心合作進行館藏圖書交換。

二、學校的閱讀活動

（一）聖若瑟教區中學文史地科組於11月份舉辦「青年的人文素養」文史地周系列活動，內容包括：閱讀推廣、書展、講座及作家訪校交流。具體安排有：11月15日至24日將進行閱讀推廣活動，由圖書館學會向

同學介紹新書；11月23日及24日，將於二三校操場與香港教育圖書公司合辦書展，供同學選購，書種以文史地藝術為主。

（二）培正中學圖書館在4月19至30日舉辦為期兩周的「圖書館周」。包括「好書分享」字條、i-pod Touch 試玩日、「探索 PC Library」、「有禮之館」比賽、「『書‧不輸』悅讀加油站」親子講座、「反轉書中的奧秘」遊戲、圖書館創刊號。

（三）澳門勞工子弟學校中學部於4月定名為「悅讀月」，包括「書閱影瀏」活動，該校組織初一至初三級近800名師生於永樂戲院，觀賞本土回歸主題電影《奧戈》，並邀請《奧戈》擔任編劇兼執行監製的本地女作家廖子馨親臨為參與的師生介紹該電影的背景內容、全校師生齊聲朗讀《弟子規》。楊開荊主講《天主教澳門教區檔案文獻》成功列入聯合國教科文組織亞太區《世界記憶名錄》的經過、「『你』想中的圖書館」的美術設計展、「閱讀之星」的比賽。

（四）濠江中學圖書館於11月20日舉行之「說話的藝術」及「網絡年代的文學寫作與閱讀」，分別由中國作家協會李觀鼎博士及澳門筆會、澳門日報專欄作者黃文輝主講，分享說話的重要性、說話的知識、提高說話能力的方法，及網絡閱讀與文字閱讀能力的關係、文化創意產業與文學寫作。11月24日將分別於上、下午在二三校禮堂舉行最後兩場「作家訪校」講座，邀請香港資深傳媒工作者張圭陽主講，題為「掌握說話及演說技巧」及「善用聲與情」

三、各項推廣活動

澳門圖書館界在各項推廣活動的成果可參閱表7至表11。

（一）公開比賽活動（5次，見表7）

表7　2010年圖書館界公開比賽活動列表

日期	主協辦單位	名稱
2010.04.24-25	澳門圖書館暨資訊管理協會	圖樂無窮：全澳圖書館義工及工讀生常識問答比賽2010
2010.07.-11.	澳門科技協進會、澳門圖書館暨資訊管理協會	第6屆青少年科普書籍閱讀獎勵活動
2010.08.-10.	澳門圖書館暨資訊管理協會、澳門攝影學會	第2屆照出閱讀新角度閱讀攝影比賽
2010.09.-12.	教育暨青年局青年試館、澳門圖書館暨資訊管理協會	講「德」好聽：兒童講故事比賽2010
2010.11.	民政總署、廣州少年宮、香港中華文化促進中心	穗港澳少年兒童閱讀計畫——亞運和我系列活動

（二）講座（18次，見表8）

表8　2010年圖書館界公開講座列表

日期	主協辦單位	名稱
2010.01.20-02.03	澳門圖書館暨資訊管理協會	廣大中學閱讀講座（梁德海主講）
2010.04.	濠江小學圖書館	閱讀・悅讀：「親子共讀」講座（張郁雯主講）
2010.04.24	澳門圖書館暨資訊管理協會、龍源	第6次學校圖書館工作人員座談會
2010.05.	澳門出版協會	吸血鬼的前世今生：解構文學與動漫作品中的吸血鬼形象差異（何故主講）
2010.06.06	民政總署	世博講座
2010.07.01	教育暨青年局氹仔活動中心	閱讀提升孩子的思考力及理解力講座（文英玲主講）
2010.07.07	民政總署	文學是月光

表8　2010年圖書館界公開講座列表（續）

日期	主協辦單位	名稱
2010.07.16	教育暨青年局氹仔活動中心、睿智全人發展中心	從遊戲中學習——超右腦波動速讀法講座（黎志華主講）
2010.07.24	民政總署下環圖書館	博客與寫作（寂然主講）
2010.08.01	澳門圖書館暨資訊管理協會	親子心得分享——「故事教育」講座（彭執中主講）
2010.08.29	民政總署下環圖書館	輕言細語：迷你小說創作工作坊（黃文輝主講）
2010.11.07	澳門大學圖書館、澳門茶藝協會	關於茶經四之器中風爐與漉水囊之考辨（羅慶江主講）
2010.11.14	澳門圖書館暨資訊管理協會	線裝版文淵閣本欽定《四庫全書》情況（劉鶴然主講）
2010.11.14	澳門圖書館暨資訊管理協會	開元故事法：親子故事與溝通（彭執中主講）
2010.11.14	澳門圖書館暨資訊管理協會	美國圖書館事業考察見聞（梁德海主講）
2010.11.14	民政總署	開啟寶寶的閱讀之門
2010.11.18	澳門大學圖書館	美國升學講座
2010.12.04	教育暨青年局成教中心	武俠閱讀新世代：武俠小說創作與欣賞（傲飛揚主講）

（三）讀書會及分享會（506次）

　　2010年由圖書館及相關機構舉辦的讀書會或分享會共計506次，為歷年之最，主要是民政總署圖書館經過多年經驗累積及署方的支持之故，而民政總署活動有500次，包括：故事天地438次、親子動畫坊30次、氣球創意故事坊16次、書友仔聚會13次、閱讀Easy Go 2次及從心組聚會1次。此外，教育暨青年局亦舉辦了5次讀書會活動，此外，弟子規兒童讀經班亦成為本地的品牌，其活動參見表9。

表9　2010年讀書會及分享會列表

日期	主協辦單位	名稱
2010.02.07-04.25	教育暨青年局氹仔教育活動中心	與書相伴讀書會
2010.03.14-18	教育暨青年局黑青中心、駿菁中心	好書分享讀書會

表 9　2010 年讀書會及分享會列表（續）

日期	主協辦單位	名稱
2010.04.26	教育暨青年局成人教育中心、明愛圖書館	親親圖畫書讀書會
2010.05.30	民政總署	閱讀 Easy Go
2010.08.-10.	教育暨青年局氹仔教育活動中心	書伴我行讀書會
2010.10.10	民政總署	閱讀 Easy Go
2010.10.10-12.12	教育暨青年局成人教育中心、明愛圖書館	兒童讀經班：弟子規
2010.11.-2011.01.	教育暨青年局氹仔教育活動中心	喜悅書房：兒童讀經讀書會
2010.12.	民政總署	從心組聚會

（四）公共圖書館利用教育（9 次，見表 10）

表 10　2010 年圖書館界利用教育活動列表

日期	主協辦單位	名稱
2010.03.28	民政總署、澳門圖書館暨資訊管理協會	暢遊圖書館
2010.04.21-23	澳門中央圖書館	圖書館利用教育
2010.04.24	民政總署、澳門圖書館暨資訊管理協會	圖書館資源利用之旅
2010.07.11	民政總署、澳門圖書館暨資訊管理協會	專題聚會：暢遊圖書館 1
2010.07.18	民政總署、澳門圖書館暨資訊管理協會	暢遊澳門書店之一
2010.08.13	民政總署、澳門圖書館暨資訊管理協會	暢遊澳門書店之二
2010.08.21	民政總署、澳門圖書館暨資訊管理協會	暢遊圖書館
2010.09.26	民政總署、澳門圖書館暨資訊管理協會	專題聚會：暢遊圖書館 2
2010.12.11-12	民政總署	義工兩天交流之旅

（五）閱讀活動

2010 年的閱讀活動相當豐富，計有 29 項，其中最有創意是由足跡小劇場舉辦的演書節，該劇社從 5 月至 9 月借用了在窮空間，開辦了一個「劇場圖書室」，導演以多部文學作品為藍本，通過四個不同世代、不同劇場、創作四部在「圖書室」內演出的小劇場，其活動見表 11。

表 11 2010 年圖書館界閱讀活動列表

日期	主協辦單位	名稱
2010.02.24	澳門大學附校圖書館	經典文章有獎問答遊戲
2010.02.28	教育暨青年局成人教育中心、澳門圖書館暨資訊管理協會	持續教育資助計畫聯招暨閱讀推廣周活動日
2010.03.14-28	教育暨青年局黑青中心、駿菁中心	與好書為鄰閱讀推廣系列活動
2010.04.11-05.16	教育暨青年局黑青中心、駿菁中心	探索新澳門閱讀推廣系列活動
2010.04.20-30	澳門圖書館暨資訊管理協會	2010 圖書館周
2010.05.08-09	公職局福利處、澳門圖書館暨資訊管理協會	廣州圖書館之旅
2010.05.11-20	澳門出版協會、澳門圖書館暨資訊管理協會	2010 年春季書香文化節
2010.05.-09.	足跡、窮空間	劇場圖書室
2010.06.05	澳門中央圖書館	2010 年六·一國際兒童節園遊會攤位遊戲
2010.06.05	澳門中央圖書館	中國文化遺產日活動：圖書館導賞活動
2010.07.10-11	民政總署	義工迎新營
2010.07.20-29	一書齋	第 13 屆澳門書市嘉年華書展
2010.07.25	民政總署下環圖書館	種植 DIY
2010.08.01-13	民政總署紀念孫中山公園黃營均圖書館、民政總署白鴿巢公園黃營均圖書館、民政總署氹仔黃營均圖書館、民政總署下環圖書館	齊來做館員
2010.08.06-08	民政總署	閱讀體驗營：學生
2010.08.08	民政總署下環圖書館	我愛大熊貓講座
2010.08.13	民政總署	大熊貓在澳門
2010.08.28	民政總署	民政總署圖書館義工嘉許禮
2010.09.05	民政總署	亞運閱讀嘉年華會
2010.09.25	民政總署氹仔黃營均圖書館	我愛大熊貓講座
2010.10.23-11.01	澳門出版協會、澳門圖書館暨資訊管理協會	秋季書香文化節 2010 年
2010.10.24	民政總署下環圖書館	我愛大熊貓講座
2010.10.31	民政總署	閱讀體驗營：長者
2010.11.06-07	民政總署	閱讀體驗營：親子
2010.11.13-20	澳門中央圖書館	2010 終身學習周

表 11　2010 年圖書館界閱讀活動列表（續）

日期	主協辦單位	名稱
2010.11.21	民政總署氹仔黃營均圖書館	我愛大熊貓講座
2010.11.-12.	教育暨青年局綜藝館青年中心	閱讀樂無窮：改錯字遊戲及閱讀生活營
2010.12.05	民政總署下環圖書館	我愛大熊貓講座
2010.12.14	教育暨青年局青年試館、澳門圖書館暨資訊管理協會	兩岸四地兒童講故事匯演

（六）展覽

在這年間舉辦的大型及與圖書館學相關的展覽，共 10 次，分別由澳門大學、澳門中央圖書館、明愛圖書館、教育暨青年局黑沙環青年中心、澳門文獻信息管理學會承辦，其活動可參見表 12。

表 12　2010 年圖書館界展覽活動列表

日期	主協辦單位	名稱
2010.01.20-27	澳門大學圖書館、澳門文獻信息管理學會	明清澳門歷史文獻檔案展
2010.03.03-21	澳門大學圖書館	張法亭書作展
2010.04.26-05.07	東方葡萄牙學會、馬里奧‧蘇阿雷斯基金圖書館	葡萄牙革命文獻展
2010.06.11-08.08	民政總署、人民教育出版社圖書館	厚德啟智——中國百年中小學教科書澳門特展
2010.06.12-07.10	歷史檔案館	回望新馬路展覽
2010.06.12-07.25	澳門中央圖書館	《翁方綱纂四庫提要稿》入選第三批《國家珍貴古籍名錄》推薦名單專題展覽
2010.07.27	民政總署	海嶠儒宗——利瑪竇逝世 400 周年文物特展
2010.09.12-17	澳門科技大學圖書館	「愛閱讀，必閱讀」2010 年科技大學書展
2010.10.14-30	澳門大學圖書館	古代茶具展
2010.10.18-30	澳門大學圖書館	王永麗教授的美術作品展

陸、學術活動

一、課程及研討會

（一）圖書館專業人材

從台灣地區畢業回來有輔仁大學 4 人，台灣大學、台灣師大及淡江大學各 1 人。正修讀碩士課程有北京師範大學 1 人、中山大學就讀 3 人。

（二）課程

澳門圖書館暨資訊管理協會與澳門業餘進修中心、武漢大學資訊管理學院合辦「圖書館學」、「資訊資源管理」兩個專業的碩士研究生課程招生說明會，共 51 人報名入讀。在本地舉辦的短期課程有 31 門，主要辦學單位為澳門圖書館暨資訊管理協會、澳門大學校外課程中心、教育暨青年局，計有 300 多人次參加培訓。另外澳門大學及澳門中央圖書館分別派參加由中山大學圖書館、香港歌德學院圖書館合辦的「西方文獻修復班」，其課程內容可參見表 13。

表 13　2010 年圖書館學培訓課程列表

日期	主協辦單位	名稱
2010.01.25-29	教育暨青年局氹仔教育活動中心	讀書會領導人種籽師資培訓課程
2010.02.01-05	教育暨青年局	閱讀與視覺藝術創作
2010.02.11	澳門監獄、澳門圖書館暨資訊管理協會	圖書館管理實習證書培訓課程
2010.03.09-05.20	澳門圖書館暨資訊管理香協會、澳門大學	圖書分類與主題
2010.04.10-05.22	教育暨青年局青年試館、澳門圖書館暨資訊管理協會	閱讀創藝工作坊
2010.04.10-06.05	澳門圖書館暨資訊管理協會、香港小童群益會	故事與想像：提升學生閱讀興趣的關鍵技巧
2010.04.11-12	教育暨青年局、澳門圖書館暨資訊管理協會	2010 年粵澳中小學閱讀推廣研習班
2010.05.-06.	教育暨青年局氹仔教育活動中心	讀書會領導人種籽師資培訓課程
2010.06.01-07.22	澳門圖書館暨資訊管理協會、澳門大學	美國國會圖書館分類法

表 13 2010 年圖書館學培訓課程列表（續）

日期	主協辦單位	名稱
2010.06.20	教育暨青年局青年試館、澳門圖書館暨資訊管理協會	多角度閱讀——經典人物工作坊
2010.06.23-08.27	澳門圖書館暨資訊管理協會、澳門大學	美國國會圖書館分類法
2010.07.01-09.02	教育暨青年局、澳門大學	閱讀推廣人員培訓課程單元一：閱讀的原理與教學策略
2010.07.11-23	教育暨青年局、澳門大學	閱讀推廣人員培訓課程單元二：不同類別讀物的性質與運用
2010.07.17	教育暨青年局成人教育中心、澳門圖書館暨資訊管理協會	圖書館義工培訓班
2010.07.19-08.27	澳門監獄、澳門圖書館暨資訊管理協會	2010 監獄圖書館管理初階培訓課程證書課程
2010.07.31	澳門圖書館暨資訊管理協會	圖書館學講堂 I
2010.08.28	澳門圖書館暨資訊管理協會	圖書館學講堂 II
2010.09.14-10.19	澳門圖書館暨資訊管理協會、澳門大學	圖書館自動化系統如何應用在閱讀推廣活動
2010.09.18	教育暨青年局青年試館、澳門圖書館暨資訊管理協會	講「德」好聽兒童故事工作坊
2010.09.25	澳門圖書館暨資訊管理協會	圖書館學講堂 III
2010.10.05-20	教育暨青年局、澳門大學	閱讀推廣人員培訓課程單元四：閱讀推廣活動策劃與管理專題研習設計及報告
2010.10.09-12.04	教育暨青年局青年試館、澳門圖書館暨資訊管理協會、OurRadio.hk 讀書生活	閱讀推廣大使培訓班
2010.10.24-12.26	教育暨青年局青年試館、澳門圖書館暨資訊管理協會	閱讀創藝工作坊
2010.10.30	澳門圖書館暨資訊管理協會	圖書館學講堂 IV
2010.10.31-12.27	教育暨青年局青年試館、澳門圖書館暨資訊管理協會	多角度時事閱讀工作坊
2010.11.09-12.16	澳門圖書館暨資訊管理協會、澳門大學	中文編目規則與中國機讀格式
2010.11.26-27	澳門圖書館暨資訊管理協會	圖書館利用教育暨閱讀推廣策略研習坊
2010.11.27	澳門圖書館暨資訊管理協會	圖書館學講堂 V
2010.11.27	澳門圖書館暨資訊管理協會	青少年閱讀行銷與推廣 & 案例展示與研討：青少年讀書會 DIY（林運卓、林翠賢主講）

表 13　2010 年圖書館學培訓課程列表（續）

日期	主協辦單位	名稱
2010.12.10-12	澳門圖書館暨資訊管理協會、澳門大學	校史室規劃與管理課程（林光美主講）
2010.12.13-17	澳門理工學院圖書館	信息資源編目和電子資源的管理（趙淑珍主講）

（三）研討會（18 次）（表 15，見表 14）

表 14　2010 年圖書館界所舉辦學術研討會列表

日期	主協辦單位	名稱
2010.01.19-20	澳門科技大學圖書館	圖書館資源共享論壇
2010.01.20	澳門大學圖書館、澳門文獻信息管理學會	澳門文獻檔案保存與利用座談會
2010.03.08	澳門大學圖書館	我們的改革視野（Dr. Vicki Williamson 主講）
2010.04.	濠江中學	「線上閱讀新素養」的講座（張郁雯主講）
2010.04.28	澳門大學圖書館	圖書館電子資源與管理講座
2010.05.28	澳門圖書館暨資訊管理協會、澳門大學法學院	兩岸四地法律信息高層論壇
2010.05.29	國父紀念館、澳門圖書館暨資訊管理協會、台灣圖書館	數位時代的新圖書館：悅讀、享聽、創新資訊坊（顧敏主講）；國家圖書館的政府資訊服務（陳麗玲主講）
2010.06.05	澳門科技大學圖書館	海峽兩岸文獻計量研討會
2010.06.12	澳門中央圖書館	珍貴圖錄講座（鄧駿捷主講）
2010.06.12	民政總署、人民教育出版社	中小學教科書的收藏價值；小學語文課本的百年變遷（鄭宇主講）
2010.06.17	澳門文獻信息管理學會	從梵蒂岡到澳門：天主教文獻探討研討會
2010.06.24-25	文化局	11 次粵港澳文化合作會議
2010.08.25	澳門旅遊學院圖書館	圖書館自動化暨電子書發展趨勢研討會：如何促進讀者有效利用電子資源（林耀章主講）
2010.09.16	澳門大學圖書館	EBSCO 2010 Summer Roadshow
2010.11.26	澳門文獻信息管理學會	世界文獻遺產與記憶工程國際研討會
2010.11.26-27	澳門圖書館暨資訊管理協會	澳門圖書館暨資訊管理協會成立 15 周年年會

表 14　2010 年圖書館界所舉辦學術研討會列表（續）

日期	主協辦單位	名稱
2010.11.29	澳門大學圖書館、iGroup	Info Access 2010 年港澳用戶年會
2010.12.10	澳門大學圖書館、OCLC	雲端技術與 OCLC（王行仁主講）

（四）出版書刊

- 《兩岸三地圖書館法研究》，澳門圖書館暨資訊管理協會編，澳門圖書館暨資訊管理協會。
- 《天主教澳門教區檔案文獻（16-19 世紀）聖若瑟修院藏文獻遺產〔明信片〕》，澳門文獻信息管理學會編。
- 《典中瑰寶：記澳門文獻列入聯合國教科文組織亞太區世界記憶名錄》，澳門文獻信息管理學會編。

（五）紀念郵票

　　為紀念「澳門歷史城區」被列入聯合國教科文組織的《世界遺產名錄》5 周年，澳門郵政局發行「世界遺產：崗頂前地」新郵品，包括「崗頂劇院」、「何東圖書館大樓」、「聖奧斯定教堂」和「聖若瑟修院及聖堂」等四枚郵票。

柒、區域合作與交流

　　在區域合作上，共簽訂了 10 項地區合作協議，包括 9 項與國內合作，1 項與美國合作的協議，內容如下。

一、本地交流與合作

（一）澳門圖書館暨資訊管理協會召開了第 6 次學校圖書館工作人員會議。

（二）澳門科技大學圖書館到訪澳門理工學院圖書館學院圖書館、澳門大學圖書館參觀交流。

二、出外參訪單位

（一）國內：上海圖書館、深圳圖書館、後海小學圖書館、中央教育科學研究所南山附屬學校圖書館、深圳市南山實驗學校圖書館、樂賢坊小學圖書館、廣州少年宮、廣州圖書館、省中山圖書館、中山大學圖書館大學城分館、番禺圖書館、北京大學圖書館、珠海圖書館、珠海國際學院圖書館。

（二）香港：香港城市大學圖書館、香港中央圖書館。

（三）台灣：台中圖書館、暨南國際大學圖書館、暨大附中圖書館、埔里圖書館、普台高中圖書館、大鵬國小圖書館、逢甲大學圖書館、台灣圖書館、檔案管理局、中央研究院近史所檔案館、政治大學圖書資訊與檔案學研究所。

三、接待外賓單位

（一）國內：國務院法制辦公室信息中心主任孔祥清、北京大學法制信息中心主任趙曉海、清華大學法學院圖書館副館長于麗英、武漢大學信息管理學院院長陳傳夫、台灣圖書館教授顧敏、香港律政司法律草擬科高級政府律師黃安敏、珠海市王彪館長及深圳市圖書館、珠海國際學院圖書館鄂館長、中山大學圖書館館長程煥文教授、北京大學圖書館副館長肖瓏教授、人民教育出版社圖書館唐燕明女士、中國圖書館學會學術委員會副主任王世偉、上海圖書館副館長周德明。

（二）台灣：台灣大學圖書館副館長林光美、台灣漢學研究中心主任顧敏。

（三）香港：圖書館協會鄭學仁會長及副會長、香港學校圖書館主任協會、香港大學圖書館館長彭賢仁、副館長蘇德毅及尹耀全、香港中文大學圖書館副館長黃潘明珠、香港城市大學圖書館館長景祥祜、香港檔案學會會長錢正民。

（四）其他：聯合國教科文組織「世界記憶工程」亞太區議會主席雷‧埃蒙森、Rhodora Valdez（Da La Salle Santiago Zobel, Philippine）。

四、對外交流合作

（一）澳門科技大學圖書館與北京大學圖書館、台灣大學圖書館、香港中文大學圖書館、中國高等教育文獻保障系統簽訂了合作協議。該館亦與中國國家圖書館達成「中國國家數字圖書館澳門科技大學圖書館合作館項目」。

（二）澳門大學圖書館加入 RapidILL。

（三）澳門圖書館暨資訊管理協會與國家圖書館簽訂「圖書館學講堂」及與肇慶市圖書館簽訂合作協議。

（四）文化局舉辦第 11 次粵港澳三地藝文合作峰會，三方研究共用網上參考諮詢平台的可行性和合作方式；於每年的世界閱讀日深化交流合作；開展青年圖書館員論壇等交流活動，提升交流範疇；組織交換當地優良書籍推介清單，供業界內交流；舉辦「粵港澳公共圖書館高峰論壇」，進一步探討三地圖書館交流，研究圖書館數字化管理、資源共享和改善公眾服務等問題。

（五）澳門基金會與中聯辦合作組織「2010 年港澳門大學學生內地文化實踐活動」，選出 20 位同學到內地各文博機構實習。其中有羅偉倫到國家圖書館古籍部，段樂到國家圖書館立法決策服務部，王之煒到故宮博物院資料信息中心，田若琳到故宮博物院圖書館。

（六）澳門圖書館界共參加了 13 次區域的研討會及講座其內容見表 15。

表 15　2010 年圖書館界參加外地學術研討會列表

日期	單位	名稱
2010.03.11-12	澳門大學圖書館	香港澳門理工學院圖書館大學圖書館舉辦「Academic Librarian 2: Singing in the Rain Conference」
2010.04.20	澳門理工學院圖書館、澳門大學圖書館	EBSCO Open Day（香港）

表 15　2010 年圖書館界參加外地學術研討會列表（續）

日期	單位	名稱
2010.04.23-27	澳門理工學院圖書館	The 8th Annual Library Leadership Institute: Redefining Libraries: Library Leadership for Today: New Challenges, New Opportunities（北京）
2010.04.27-31	澳門大學圖書館	國家圖書館舉辦「中國聯合國托存圖書館館員培訓研討會」
2010.08.09-13	澳門理工學院圖書館	2010 Conference of the Suitable Development of China Digital Library（杭州）
2010.08.17-19	澳門理工學院圖書館	融合產業變革、創新信息服務：數字出版與圖書館發展學術研討會（北京）
2010.10.08	澳門圖書館暨資訊管理協會	武漢大學信息管理學院舉辦「第 3 屆中美數字時代圖書館學情報學教育國際研討會及該院成立 90 周年慶誌」
2010.10.19	澳門大學圖書館	復旦大學圖書館舉辦「兩岸四地大學圖書館館長論壇」
2010.10.24-27	澳門理工學院圖書館、澳門科技大學圖書館	國際圖書館東亞文獻合作暨華文歷史報刊數位化研討會（長沙）
2010.10.25	澳門圖書館暨資訊管理協會、澳門理工學院圖書館	香港圖書館協會舉辦「創意與激勵：圖書館人力資源與拓展工作研討會」
2010.11.02-05	澳門圖書館暨資訊管理協會、澳門理工學院圖書館、澳門中央圖書館、澳門大學圖書館	台北漢學中心舉辦「第 8 次中文文獻資源共建共享合作會議暨圖書館中文資源與數位典藏學術研討會」
2010.12.01-03	澳門大學圖書館	香港城市大學圖書館舉辦「2010 Pacific Neighborhood Consortium Annual Conference」
2010.12.26-31	澳門圖書館暨資訊管理協會	台灣學校圖書館館員學會等舉辦「第 2 屆華文學校圖書館長論壇」

捌、意見及方向

　　隨著社會經濟的進步，社會各界、特區政府、立法會議員、民生社團領袖較過去關注圖書館功能與服務的發展，在不同的場合反映其意見，現總結其言論如下：

一、議員梁安琪：澳門缺乏適合博彩從業員使用的夜間休閒、娛樂及進修場所，建議當局適時延長一些文娛康體場所，如圖書館、運動場的開放時間。
二、議員吳國昌以及陳明金均關注到澳門的新澳門中央圖書館的問題。吳國昌表示，2008年已舉辦新澳門中央圖書館設計比賽，但現時需重新再進行有關的比賽程序，不但令人不解，同時首次設計中的得獎結果，其第一及第二名分別由獲得該項工程的興建公司其員工奪得。隨後議員陳明金亦就同樣的議題提出疑問。他指出，首次比賽，當局推出的獎金已高達48萬，擬有違背了善用公帑的原則。

玖、總結

自澳門回歸以來，澳門圖書館事業正朝向人員專業化、服務普及化、藏書電子化、活動多元化等方面的發展，重點總結如下：

一、圖書館學課程內容亦多元化，報讀人數大幅增加，通過學員的影響力，大大有利圖書館事業的發展。
二、由於學校需要聘請閱讀推廣人員，加上澳門中央圖書館將有5間分館、新澳門中央圖書館及在新填海區將設置新圖書館的計畫，還有2間大專將成立圖書館，澳門大學有擴展圖書館的規劃，預計未來圖書館人力資源將非常緊張。
三、2010年的對外交流活動頻繁，讓外地進一步認識澳門圖書館事業發展。
四、民政總署圖書館及氹仔教育活動中心致力推動澳門的閱讀風氣，讀書會的參與人數及次數打破了歷年的紀錄，其閱讀活動成為市民閱讀生活中不可缺少的品牌。
五、澳門圖書館在RFID技術應用較香港的普及，包括了4間主要的大專圖書館、各一間學校圖書館及專門圖書館、7間公共圖書館。各館有著不同的型式的管理技術，可作為鄰近地區推行RFID系統的借鏡。
六、在館藏發展政策方面，電子圖書及期刊的支出，約有2,300萬元，2010年是澳門圖書館由藏紙質文獻走向電子化館藏的起步點。

本文鳴謝澳門大學圖書館、澳門科技大學圖書館、澳門理工學院圖書館、澳門中央圖書館、澳門民政總署、澳門旅遊學院圖書館、澳門統計暨普查局提供參考資料。

王國強、許偉達合著

2009年澳門圖書館事業回顧

壹、前言

　　2009年的澳門圖書館事業發展概況可從：一、圖書館數量及分布；二、使用概況；三、重要的發展與服務；四、推廣活動；五、課程及研討會；六、區域合作與交流等項目；七、意見及方向等，反映出澳門市民對圖書館服務的要求，以及圖書館界努力奮進的成果。

貳、圖書館數量及分布

　　直至2009年底，澳門共有公共圖書館及自修室83間、學校圖書館99間、專門圖書館79間及大專圖書館20間，總計為281間。由於有兩間圖書館結束，所以較2008年增加了1間，現就新設、改建、擴建、計劃興建、興建中的概況說明如下：

一、新開設的圖書館：有3間，包括民政總署下環街市圖書館、街總台山社區中心圖書室、飛鷹會綜合服務中心圖書館。

二、改建、擴建完成的有：教業中學圖書館、培正中學圖書館、科技大學圖書館、聯國學校圖書館、何賢公園圖書館、土地工務運輸局。其中培正中學試行開放給社區使用的圖書館。

三、計劃或正在興建、搬遷或改建者：有16間，計有公共圖書館6間，包括文化局的新澳門中央圖書館、民政總署的東北街市圖書館、望廈社屋大

樓圖書館、氹仔中央公園圖書館、民政總署鴨涌河綜合大廈圖書館、水上街市圖書館、教科文中心圖書館。大專圖書館有 1 間，包括澳門高等校際學院（聖若瑟大學）將在聖若瑟教區中學校區建新教學大樓的圖書館；專門圖書館有 3 間，包括路環消防分站圖書館、高教辦圖書館、功德林圖書館。

參、使用概況

一、讀者使用概況

在圖書館利用情況，根據 2009 年《澳門統計年鑑》中的表 6.4.2. 及表 1：向公眾開放的圖書館及閱書報室的主要指標分析，2009 年主要圖書館為 51 間，館藏量為 13,346,230 冊，較 2008 年增加了 1,189,171 冊，主要原因是沒有計算在各圖書館的倉庫內的圖書，如澳門中央圖書館在海洋工業大廈的書庫，相反在期刊上 2009 年有 10,668 種，較去年增加了 397 種，在多媒體資料方面，亦較去年增加 102,393 套。

此外，接待人次方面為 3,707,835，較 2008 年增加了 173,586 人次。借書人次有 824,578，較 2008 年增加了 110,411 人次；各館面積增至 359,200 平方呎，較 2008 年增加了 21,766 平方呎；在閱覽座位方面祇有少量的增加，總計為 3,491 個，較上一年增加 152 個；而提供可上網的電腦有 546 台，較 2008 年增加 105 台，使用的人次為 479,619，較 2008 年大幅增加了 51,691 人次。最後圖書館的購書經費為 41,152,000 澳門元，較 2008 年增加了 7,914,000 澳門元。工作人員則為 241 人，較去年增加了 9 人。

二、圖書館技術服務概況

表 2 至表 4 為澳門圖書館在各項技術服務與設備的統計分析表，可參考如下。

表 1　2009 年圖書館主要統計指標

指標	單位	2005	2006	2007	2008	2009	增加
圖書館及閱書報室數目	間	39	38	45	50	51	1
書籍	冊	1,028,387	1,106,699	1,115,051	11,157,059	13,346,230	2,189,171
期刊雜誌	種類	9,953	9,282	10,272	10,361	10,668	307
多媒體資料	套	29,244	121,513	188,303	235,626	338,019	102,393
接待人次	人次	3,018,871	3,129,552	3,507,354	3,534,249	3,707,835	173,586
借書冊次	冊次	804,777	766,319	792,837	714,167	824,578	110,411
總面積	平方呎	271,673	317,510	334,550	337,434	359,200	21,766
座位數目	個	2,479	2,873	3,273	3,339	3,491	152
提供予公眾上網的電腦設備	台	298	383	417	441	546	105
電腦使用人次	人次	351,527	354,427	409,858	427,928	479,619	51,691
購書總支出	千澳門元	196,88	22,170	30,639	33,238	41152	7,914
工作人員數目	人	213	210	262	232	241	9

資料來源：《澳門統計年鑑：2010》。

表2　澳門各類型圖書館採用圖書館自動化系統比較表

系統名稱	大專	公共	專門	學校	數量	百分比
SLS	8	5	38	58	109	38.92%
TOTASII	1	19	2	0	22	7.83%
LIB MASTER	0	0	0	7	7	2.49%
自行開發	1	0	6	4	11	3.91%
VLIB	0	3	5	2	10	3.55%
PROBASE	0	1	1	0	2	0.71%
INNOPAC	1	0	0	0	1	0.35%
LIB MANAGER	0	0	0	1	1	0.35%
HORIZON	1	0	0	0	1	0.35%
宏達資訊系統	0	0	0	2	2	0.71%
總計	12	28	52	74	166	59.52%
圖書館總數	20	83	79	99	281	
百分比	75.00%	33.70%	65.82%	74.70%	59.00%	

表3　澳門各類型圖書館採用圖書分類法比較表

分類與編目系統	公共	學校	大專	專門	總計
中國圖書分類法	33	25	3	18	79
中國圖書館分類法	0	3	1	1	5
杜威分類法	1	1	1	4	7
國會圖書館分類法	0	0	3	0	3
國際十進分類法	2	0	0	3	5
三民主義分類法	1	0	0	0	1
總計	37	29	8	26	100

肆、重要的發展與服務

一、電子化服務：澳門大學圖書館分別推出 A-Z E-Resource Portal、WebBridge、RSS Feeds、Turnitin（A plagiarism detection system），喜好檢索。政府決定採用 IEEE 802.11 b/g（Wi-fi）標準提供上述服務。首階

表 4　澳門各類型圖書館在其他自動化及信息化服務比較表

其他系統	公共	學校	大專	專門	總計
防盜系統	16	6	9	5	30
自助借書系統	6	0	1	1	8
線上導覽系統	0	0	1	0	1
網頁	2	3	7	0	12
網上目錄	15	3	5	5	27

段計劃在圖書館、博物館、部分大型公園及廣場等合共34個地點鋪設接入點，預計年底或明年初完成。澳門大學圖書館與INFOACESS合作開展澳門古籍圖書掃描計畫，預計掃描圖書400本，約8萬頁。

二、澳門大學圖書館三部明朝古籍入選第二批《國家珍貴古籍名錄》，成為港澳台區首批入選《名錄》的「國寶級」珍品。文化部公佈第二批《國家珍貴古籍名錄》，澳門大學圖書館共有三部古籍入選，分別為《新編纂註資治通鑑外紀義》、《重校正唐文粹》及《宗忠簡公文集》。

三、電子館藏的發展：三間政府的高校圖書館積極增加館藏和電子資料庫，以澳門大學圖書館投入大量的資源，幾近1,468萬元澳門幣，共購置了170個資料庫，新增資料庫18個。以澳門大學為例全年使用率為11,861,169次，下載550,536次。

四、贈書方面：2009年要以澳門大學圖書館收到社會各界大批量的贈書為最多，包括陳煒恆、陳志峰、林達光、岩佐暲昌、Robert James、鏡平學校、香港中文大學圖書館、北京國家圖書館。另有澳門中央圖書館及民政總署亦收到國家文化部送贈的《中國民族民間文藝集成志書》各一套。澳門國際創價學會贈池田國際會長作品及對談集等圖書一批贈予同善堂中學圖書館。美國總領事館贈與澳門科技大學圖書館1萬美元支票設立美國研究館藏。

五、明愛圖書館舉行圖書義賣，售價如下：漫畫書每本澳門幣3至5元；愛情小說每本4元；其他各種類書籍每本10元，義賣所得款項將用於圖書館運作經費。

六、社會義務：澳門獅子會向雲浮市捐贈圖書、澳門朝陽學會和國際佛光會澳門協會合共捐款 8 萬元，要求作支援當地學校重建校內圖書館用途。澳門圖書館暨資訊管理協會募捐 4 萬元台幣給台灣地區重建圖書館，同時亦向武漢大學、中山大學、北京大學三校的信息管理系提供每年 5,000 元人民幣的獎學金。

七、澳門通過了《個人資料保護法》及對《文化遺產保護法》法案進行諮詢。

八、聯合書目：澳門圖書館暨資訊管理協會於 2007 年度得到教育暨青年局贊助經費，資料庫內現有書目記錄 66,517 筆、項目記錄有 95,000 筆。預計至 2010 年將達 15 萬筆。目前參與圖書館有 29 間，分別為 14 間學校圖書館，4 間公共圖書館及 1 間大專院校圖書館，包括有：三育中學、工聯職業技術中學、中葡職業技術學校、協同特殊教育學校、明愛圖書館幼稚園、東南學校、青洲小學、高美士中葡中學、培正中學、創新中學、菜農子弟學校、聖公會（澳門）蔡高中學、聖若瑟教區中學（六校及一校）、澳門大學附屬應用學校、北區中葡小學、聖保祿學校、教育暨青年局轄下 9 間社區中心、澳門科技大學及澳門圖書館暨資訊管理協會。

九、教育暨青年局於 2008-2009 年度在 163 個校部中共有閱讀專職人員數目為 80 人，其中 33 人為全職、47 名兼職，有 7 個校部已申請但沒有應聘。

十、澳門理工學院圖書館在 2009 年 9 月啟用「無線射頻圖書館藏管理系統」（Library RFID Management System），成為全澳第一所建立完整 RFID 圖書館藏管理系統的高等院校，也是港澳地區第一所圖書館使用自助還書機和複合式門禁系統。

伍、推廣活動

2009 年的閱讀活動，形式計有書展、閱讀比賽、演講、利用教育、遊戲、話劇、圖書交換、義工服務、參觀交流等，非常多姿多彩，加上每年一度的圖書館周、六一兒童節、書香文化節、書市嘉年華，以及終身學習周的系列活動，現說明如下。

一、圖書館周

　　本年度的圖書館周在4月1日至5月16日之間舉行，共有22個單位在這期間舉辦不同的閱讀推廣活動，藉以在澳門散播閱讀的種子，包括九澳聖若瑟學校、中葡職業技術中學、巴波沙中葡學校、教育暨青年局成人教育中心、氹仔教育活動中心、行政暨公職局公職福利處、化地瑪女子中學、教業中學、陳瑞祺永援中學、勞工子弟學校、新華夜中學、聖公會（澳門）蔡高中學、聖玫瑰學校、聖若瑟教區中學、聖瑪沙利羅學校、廣大中學、澳門大學圖書館、澳門中央圖書館、生產力暨科技轉移中心、浸信中學（中學部）、濠江中學、氹仔中葡學校。活動項目的數量為歷屆之最，共有54項，計有好書交換、圖書館之旅、專題書展、圖書館利用教育及閱讀講座、讀書會專題聚會、親子興趣班、閱讀比賽等內容，活動內容包括讀書會示範、全澳兒童故事比賽得獎者示範、安徒生故事坊、圖書館歌曲演唱、圖書館專題話劇表演、圖書館趣聞、現場有獎問答及由多個單位聯合參與的閱讀推廣攤位遊戲、專題展覽等。

二、學校的閱讀活動

（一）澳門福建學校於2008-2009學年推行「閱讀獎勵計畫」，包括「我有好書推介」、「啃書蟲」、「閱讀龍虎榜」、「親子閱讀樂」、「閱後畫房」、「英文閱讀報告」、「中、英文網上閱讀計畫」、「閱讀十分鐘」活動、「書友仔聚會」活動。

（二）中葡職業技術學校舉辦「2009春季閱讀節：閱讀太有趣」書展活動。

（三）勞工子弟學校幼稚園為了推行親子閱讀的風氣，設立「親子故事場」，同時安排幼高班，進行不同主題的「創思教學」活動，分別有「房屋面面觀」、「環球美食大巡禮之日本」、「繽紛水世界之旅」、「禮貌小天使」、「快樂圖書館」等。

（四）勞工子弟學校中學部把4月定為「悅讀月」，包括成立勞校圖書館員「子墨閣」。「悅讀月」其間亦舉辦了兩場閱讀專題周會，由該校閱讀推廣員及澳門大學圖書館部門主管潘雅茵校友主講，介紹了該校最新添置的

「慧科電子剪報系統」、「勞校中學圖書館部落格」以及澳門圖書館職能及發展等。還有中文科組主辦的閱讀報告比賽、初二級書籤設計比賽和「書閣影瀏」電影專場。課室圖書閱讀計畫擴展至全初中21班，每間課室內有50本不同類型的圖書。

（五）蔡高小學增設早晨閱讀時間。在語文課程內，每周有一節課上圖書館。定期舉辦「閱讀、悅讀：網上閱讀」的獎勵計畫、「閱讀小護照」的獎勵計畫。

三、各項推廣活動的統計

（一）公開比賽活動（7次，見表5）

表5　2009年圖書館界公開比賽活動列表

日期	主協辦單位	名稱
2009.01.-06.	教育暨青年局、明愛圖書館	書中尋樂獎勵計畫
2009.02.	基督教青年會	讀有所得閱讀獎勵計畫
2009.03.14-18	教育暨青年局黑青中心、駿菁中心	尋找社區圖書館有獎問答遊戲
2009.06.13-10.12	澳門科技協進會、澳門圖書館暨資訊管理協會	第5屆青少年科普書籍閱讀獎勵活動
2009.07.01-09.30	澳門圖書館暨資訊管理協會	心繫澳門：看報紙·寫心得——第1屆圖書館網路資料庫檢索比賽
2009.09.01-10.05	澳門圖書館暨資訊管理協會	慶回歸，照出閱讀新角度閱讀攝影比賽
2009.09.22	教育暨青年局青年試館	愛我澳門·愛我中華兒童講故事比賽兒童講故事比賽

(二) 講座 (15次，見表6)

表 6　2009年圖書館界公開講座列表

日期	主協辦單位	名稱
2009.01.	新華夜中	有效的閱讀方法（王國強主講）
2009.04.20	澳門大學、劍橋大學出版社	Cambridge International Corpus -- A powerful tool to bring real English to the learners of English
2009.04.24	澳門圖書館暨資訊管理協會	第5次學校圖書館工作人員座談會
2009.05.14	澳門大學	澳美關係回顧與前瞻講座
2009.05.16	公職局福利處	陪太子讀書專題講座
2009.06.25	教育暨青年局氹仔教育活動中心	繪本閱讀與文化傳承（徐秀菊主講）
2009.06.29	教育暨青年局駿菁中心	好書推介工作坊
2009.07.17	澳門圖書館暨資訊管理協會	第5屆海峽兩岸圖書交易會招展籌備工作會議及介紹中國出版事業現況講座
2009.10.10	澳門圖書館暨資訊管理協會	兒童講故事比賽技巧工作坊
2009.10.16	澳門大學	澳門歷史圖片講座（丁新豹主講）
2009.10.23-11.01	澳門圖書館暨資訊管理協會	學校閱讀教育新資源：電子期刊及電子書在閱讀推廣活動的應用講座
2009.10.26	澳門圖書館暨資訊管理協會	第61屆法蘭克福書展見聞講座
2009.10.31	民政總署嘉模會堂	三極宣言之地球六色的啟示
2009.11.06	澳門大學	美國升學講座
2009.11.28	教育暨青年局氹仔教育活動中心	親子共享閱讀樂分享會（林真美主講）

(三) 讀書會及分享會 (49次)

有關讀書會及分享會內容，請參見表7。

表 7　2009年讀書會及分享會列表

日期	主協辦單位	名稱
2009.02.07-04.25	教育暨青年局氹仔教育活動中心教育中心	與書相伴讀書會
2009.02.08	民政總署白鴿巢黃營均圖書館	親子共讀：小城市、大人物

表 7　2009 年讀書會及分享會列表（續）

日期	主協辦單位	名稱
2009.02.08	民政總署氹仔黃營均圖書館	親子動畫坊：功夫熊貓
2009.02.22	民政總署孫中山黃營均圖書館	親子動畫坊：功夫熊貓
2009.02.22	民政總署黑沙環黃營均圖書館	書友仔聚會
2009.03.08	民政總署孫中山黃營均圖書館	親子共讀：特種部隊
2009.03.14-18	教育暨青年局黑青中心、駿青中心	與好書為鄰工作坊
2009.03.14-18	教育暨青年局黑青中心、駿青中心	好書分享讀書會
2009.03.22	民政總署白鴿巢黃營均圖書館	親子動畫坊：太空奇兵‧威 E
2009.03.22	民政總署黑沙環黃營均圖書館	書友仔聚會：中國民俗
2009.03.29	民政總署黑沙環黃營均圖書館	親子動畫坊：太空奇兵‧威 E
2009.04.05	民政總署白鴿巢黃營均圖書館	親子共讀：道人向善
2009.04.19	民政總署孫中山黃營均圖書館	親子動畫坊：太空奇兵‧威 E
2009.04.19	民政總署黑沙環黃營均圖書館	書友仔聚會：中國宗教
2009.04.26	教育暨青年局成教、明愛圖書館	親親圖畫書讀書會
2009.04.26	民政總署氹仔黃營均圖書館	親子動畫坊：太空奇兵‧威 E
2009.05.10	民政總署孫中山黃營均圖書館	親子共讀：食得是福
2009.05.17	民政總署白鴿巢黃營均圖書館	親子動畫坊：閃閃的紅星之孩子的天空
2009.05.17	民政總署黑沙環黃營均圖書館	書友仔聚會：傳統食物
2009.05.24	民政總署黑沙環黃營均圖書館	親子動畫坊：閃閃的紅星之孩子的天空
2009.06.07	民政總署白鴿巢黃營均圖書館	親子共讀：多才多藝
2009.06.21	民政總署孫中山黃營均圖書館	親子動畫坊：閃閃的紅星之孩子的天空
2009.06.21	民政總署黑沙環黃營均圖書館	書友仔聚會：作家、藝術家
2009.06.28	民政總署氹仔黃營均圖書館	親子動畫坊：閃閃的紅星之孩子的天空
2009.07.12	民政總署孫中山黃營均圖書館	親子共讀：七步成詩
2009.07.19	民政總署白鴿巢黃營均圖書館	親子動畫坊：荒失失奇兵 2
2009.07.19	民政總署黑沙環黃營均圖書館	書友仔聚會：運動
2009.07.26	民政總署黑沙環黃營均圖書館	親子動畫坊：荒失失奇兵 2
2009.08.02	民政總署白鴿巢黃營均圖書館	親子共讀：難忘奧運
2009.08.-10.	教育暨青年局氹仔教育活動中心教育中心	書伴我行讀書會
2009.08.16	民政總署孫中山黃營均圖書館	親子動畫坊：荒失失奇兵 2

表 7 2009 年讀書會及分享會列表（續）

日期	主協辦單位	名稱
2009.08.16	民政總署黑沙環黃營均圖書館	書友仔聚會：風景名勝
2009.08.23	民政總署氹仔黃營均圖書館	親子動畫坊：荒失失奇兵 2
2009.09.13	民政總署孫中山黃營均圖書館	親子共讀：大江南北
2009.09.20	民政總署白鴿巢黃營均圖書館	親子動畫坊：超級零零狗
2009.09.20	民政總署氹仔黃營均圖書館	書友仔聚會：動物
2009.09.27	民政總署黑沙環黃營均圖書館	親子動畫坊：超級零零狗
2009.10.10-12.12	成教、明愛圖書館	兒童讀經班：弟子規
2009.10.11	民政總署白鴿巢黃營均圖書館	親子共讀：奇珍異寶
2009.10.18	民政總署孫中山黃營均圖書館	親子動畫坊：超級零零狗
2009.10.18	民政總署黑沙環黃營均圖書館	書友仔聚會：社會狀況
2009.10.25	民政總署氹仔黃營均圖書館	親子動畫坊：超級零零狗
2009.11.15	民政總署孫中山黃營均圖書館	親子共讀：千變萬化
2009.11.18	民政總署黑沙環黃營均圖書館	書友仔聚會：澳門回歸 10 周年
2009.11.-2010.01.	教育暨青年局氹仔教育活動中心教育中心	喜悅書房：兒童讀經讀書會
2009.11.29	民政總署白鴿巢黃營均圖書館	親子動畫坊：大耳仔走天涯
2009.11.29	民政總署黑沙環黃營均圖書館	親子動畫坊：大耳仔走天涯
2009.12.13	民政總署孫中山黃營均圖書館	親子動畫坊：大耳仔走天涯
2009.12.27	民政總署氹仔黃營均圖書館	親子動畫坊：大耳仔走天涯

（四）公共圖書館利用教育（5 次）

有關圖書館利用教育內容，請參見表 8。

表 8 2009 年圖書館界利用教育活動列表

日期	主協辦單位	名稱
2009.02.22	民政總署	圖書館利用教育之旅
2009.04.18-30	澳門中央圖書館	校園閱讀推廣之圖書館利用教育課程（3 次）
2009.04.28	民政總署	圖書館利用教育之旅

（五）活動（13 次）

有關閱讀活動內容，請參見表 9。

表 9　2009 年閱讀活動列表

日期	主協辦單位	名稱
2009.01.-12.	民政總署黃營均圖書館	小博士信箱之認識祖國齊齊答
2009.03.14-28	教育暨青年局黑青中心、駿菁中心	與好書為鄰閱讀推廣系列活動
2009.04.03-12	澳門出版協會；星光書店承辦；澳門圖書館暨資訊管理協會協辦	2009 年春季書香文化節
2009.04.23-30	澳門圖書館暨資訊管理協會	2009 圖書館周
2009.04.25	澳門中央圖書館	好書交換
2009.04.26	澳門圖書館暨資訊管理協會、教育暨青年局	2009 閱讀推廣暨圖書館周綜合活動日
2009.05.-06.	澳門圖書館暨資訊管理協會	澳門電台閱讀樂
2009.06.13-14	澳門中央圖書館	中國文化遺產日活動——圖書館導賞活動
2009.07.11-19	一書齋	第 12 屆澳門書市嘉年華書展
2009.08.29	民政總署	2008-2009 年民政總署圖書館義工嘉許禮
2009.10.06	澳門理工學院	「RFID（無線射頻辨識技術）圖書管理系統啟動禮」
2009.10.23-11.01	澳門出版協會、澳門圖書館暨資訊管理協會	秋季書香文化節 2009 年
2009.12.14	教育暨青年局青年試館、澳門圖書館暨資訊管理協會	兩岸四地兒童講故事匯演

（六）展覽

在這年間舉辦的大型及與圖書館學相關的展覽，共 12 次，分別由澳門大學、澳門中央圖書館、明愛圖書館、教育暨青年局黑沙環青年中心承辦，其活動可見於表 10。

表 10 2009 年展覽活動列表

日期	主協辦單位	名稱
2009.01.-12.	民政總署黃營均圖書館	澳門回歸祖國 10 周年暨認識祖國圖書展示
2009.02.21-03.06	澳門大學	Near and Far -- and Mainly Macao: Carol Archer, Christopher Kelen Exhibition
2009.04.10-08.30	香港大學、澳門大學、北京大學、民政總署	明前清和——中國茶文化文獻展
2009.04.20-26	澳門大學	劍橋大學出版社成立 425 周年暨劍橋大學 800 周年校慶書展
2009.04.25-05.12	明愛圖書館	心繫川澳情圖片展
2009.06.15-07.10	黑沙環青年中心、綜藝館青年中心、青年試館和氹仔教育活動中心	認識祖國——專題圖書展覽
2009.06.25	教育暨青年局氹仔教育活動中心教育活動中心	中國東台灣文化繪本創作展覽
2009.09.12-10.13	澳門大學	集體記憶——澳門歷史人物雕塑展
2009.10.11-30	澳門大學葡文學會、澳門大學	澳門國際研究所出版展
2009.11.04-12.04	澳門大學	王蒙、杜維明、顧明遠作品展
2009.11.05-30	澳門大學、浸會大學	澳門瑰寶：早期圖片展
2009.12.10-2010.01.10	澳門大學	國際瓷畫家劉致遠廣彩國畫展

陸、課程及研討會

一、圖書館專業人材

從中國大陸取得學士學位有武漢大學信息管理系 1 人。在台灣地區畢業回來有輔仁大學、台灣大學、淡江大學及台灣師範大學各 1 人。正修讀碩士課程有北京師範大學、中山大學就讀各 1 人。

二、課程

2009 年北京大學信息管理系、澳門業餘進修中心及澳門圖書館暨資訊管理協會合辦的《圖書館學與資訊管理本科課程》，共 21 人入讀。

參見表 11，可知在本地舉辦的短期課程有 15 門，主要辦學單位為澳門圖書館暨資訊管理協會、澳門大學校外課程中心、教育暨青年局、氹仔教育活動中心。計有 300 多人次參加培訓。

表 11　2009 年圖書館學培訓課程列表

日期	主協辦單位	名稱
2009.02.10-03.12	澳門圖書館暨資訊管理協會、澳門大學	中國圖書分類法
2009.02.11	澳門監獄、澳門圖書館暨資訊管理協會	圖書館管理實習證書培訓課程
2009.03.16-04.08	澳門圖書館暨資訊管理協會	閱讀大使布公仔班
2009.03.26-04.23	澳門圖書館暨資訊管理協會、澳門大學	主題詞表
2009.03.29	北京大學信息管理系、澳門業餘進修中心、澳門圖書館暨資訊管理協會	北京大學信息管理系澳門本科班
2009.04.25-05.16	民政總署營地活動中心	故事媽媽伴讀計畫
2009.05.-06.	教育暨青年局氹仔教育活動中心	讀書會領導人種籽師資培訓課程
2009.05.11	澳門中央圖書館	網上聯合參考諮詢服務培訓課程（省中山圖書館）
2009.06.23-08.27	澳門圖書館暨資訊管理協會、澳門大學	美國國會圖書館分類法
2009.07.21-09.01	澳門監獄	圖書館管理初階證書培訓課程
2009.10.24-12.26	教育暨青年局青年試館	閱讀創藝工作坊
2009.10.31-12.27	教育暨青年局青年試館	多角度時事閱讀工作坊
2009.11.21, 28	民政總署	民政總署圖書館資源利用活動
2009.11.16-12.27	教育暨青年局、澳門大學	不同類別讀物的性質與運用
2009.12.	澳門理工學院	學術資源評估方法與圖書館資訊技術

三、研討會

本年度為推動圖書館事業發展所舉辦的座談會有 14 次，參見表 12：

表 12　2009 年圖書館界所舉辦學術研討會列表

日期	主協辦單位	名稱
2009.03.26	澳門圖書館暨資訊管理協會	中國圖書分類法（賴永祥）實務工作坊
2009.04.09	澳門圖書館暨資訊管理協會	3M 圖書追蹤系統暨圖書館文儀用品簡報會
2009.04.24	澳門圖書館暨資訊管理協會	新加坡學校圖書館聯合自動化系統的經驗分享
2009.05.09	澳門圖書館暨資訊管理協會	五四早期文獻及敦煌文獻利用與典藏概況講座
2009.06.12	澳門圖書館暨資訊管理協會	無線射頻應用方案：圖書館及文件管理暨廿一世紀教學新科技研討會
2009.06.20	澳門文獻學會信息管理	澳門文獻信息網絡化整合發展學術研討會
2009.07.24	澳門大學、美國領事館	學術圖書館的學科館員（陳同麗主講）
2009.09.	澳門大學	中國大陸核心學術資源建設與增值服務研討會
2009.09.18	澳門大學	2009 Chinese Digital Library Construction and its Value-added Service Seminar
2009.09.25	澳門圖書館暨資訊管理協會	多元化圖書館管理系統講座及示範
2009.10.28-11.01	澳門圖書館暨資訊管理協會	兩岸四地圖書館資源研討會及廈門圖書館交流團活動
2009.11.29	澳門圖書館暨資訊管理協會、澳門科技大學	兩岸四地圖書館資源建設研討會
2009.12.15	澳門圖書館暨資訊管理協會	台灣學校圖書館閱讀推手經驗分享會
2009.12.26	澳門文獻學會信息管理	澳門與跨地區文獻信息服務研究座談會

四、出版書刊

- 澳門基金會、廣東省立中山圖書館、澳門大學圖書館和廣東省出版集團合作出版，《葡萄牙外交部藏葡國駐廣州總領事館檔案‧清代部分‧中文》。
- 《兩岸三地中文文獻資源共建共享概述》，澳門圖書館暨資訊管理協會編，澳門圖書館暨資訊管理協會。
- 《澳門文獻整理研究暨數字化論集》，澳門近代文學學會，澳門文獻信息管理學會編。

- 《澳門文獻學刊》，澳門文獻信息管理學會編。

柒、區域合作與交流

在區域合作上，共簽訂了 10 項地區合作協議，包括 9 項與國內合作，1 項與美國合作的協議，內容如下。

一、本地交流與合作

（一）澳門中央圖書館於 3 月到訪理工學院圖書館參觀瞭解 MUSE 電子資源整合查詢服務。

（二）澳門圖書館暨資訊管理協會召開了第 5 次學校圖書館工作人員會議。

（三）澳門大學圖書館與美國駐港澳總領事簽訂為期五年的美國坊合作備忘錄。

二、出外參訪單位

（一）國內：廈門大學圖書館、廈門市圖書館、深圳圖書館、深圳大學城圖書館、肇慶圖書館、上海市圖書館。

（二）台灣：花婆婆繪本館、國家圖書館、中國圖書館學會。

（三）香港：香港學校圖書館主任協會、香港圖書館協會、香港中文大學圖書館、香港中央圖書館、香港電影資料館、嶺南大學圖書館、香港大學專業進修學院、香港浸會大學圖書館、景行出版有限公司、香港顯理中學圖書館。

（四）海外：新加坡國家圖書館、馬來西亞國家圖書館和馬來西亞國家檔案館。

三、接待外賓單位

（一）國內：中國國家圖書館副館長張雅芳、北京大學信息管理系副主任周慶山、中國社會科學院文獻信息中心主任黃長著、國家文化部副部長

王文章、國家文化部港澳台辦公室副主任侯湘華、北京大學圖書館館長朱強、副館長肖瓏及陳浚、天津數位圖書館保障體系主任李秋實、武漢大學圖書館館長燕今偉、南京大學圖書館館長洪修平、四川大學圖書館館長姚樂野、中山大學圖書館館長程煥文、深圳大學城圖書館館長趙洗塵、深圳市圖書館館長吳晞、廈門大學圖書館館長蕭德洪、南京大學蘇新寧、北京大學圖書館陳凌副主任。

（二）香港：香港檔案學會會長錢正民、香港中文大學——東華三院社區書院圖書館、香港大學圖書館館長彭賢仁、香港中文大學館長施達理、香港中文大學副館長黃潘明珠、香港城市大學圖書館館長景祥祜。

（三）台灣：台灣大學圖書館副館長林光美、台灣淡江大學圖書館館長黃鴻珠、台灣漢學研究中心主任顧敏、陳友民。

（四）海外：Marine Science Library, College of Science, University of the Philippines、美國圖書館香港書展訪問團。

四、對外交流合作

（一）國家圖書館和澳門基金會合作構建「全球中華尋根網」項目。

（二）澳門圖書館界共參加了10次區域的研討會及講座，可參見表13。

（三）澳門圖書館暨資訊管理協會參加了International Association of School Librarian 的國際組織。

（四）上海圖書館派員到澳門中央圖書館進行關於採購和編目流程的調研工作。

表13　2009年圖書館界參加外地學術研討會列表

日期	主協辦單位	名稱
2009.04.27	澳門大學	赴上海同濟大學圖書館參加「6th OAPS Task Force Meeting」
2009.05.18-22	澳門大學、澳門理工學院	Chinese Digital Library Integration and Value-added Service / CNKI

表 13　2009 年圖書館界參加外地學術研討會列表（續）

日期	主協辦單位	名稱
2009.06.24-25	澳門中央圖書館	赴香港參加第 10 次粵港澳三地藝文合作峰會第 4 組：粵港澳公共圖書館合作交流工作會議
2009.08.	澳門理工學院	赴桂林參加「2009 中國數字圖書館可持續發展研討會」
2009.09.07-08	澳門大學	赴北京參加「OCLC Asia Pacific Regional Council Executive Committee」
2009.09.08-11	澳門大學	赴北京國家圖書館參加「國家圖書館成立 100 周年慶祝大會及研討會」
2009.10.30-11.01	澳門理工學院	赴福建廈門市出席「第 5 屆海峽兩岸圖書交易會」
2009.11.	澳門理工學院	赴上海東華大學參加「新信息環境下圖書館的建設、交流、合作與發展──2009 中美圖書館實務培訓研討會」
2009.11.16	澳門大學	赴香港理工大學圖書館參加「E-Science Seminar」
2009.11.17	澳門圖書館暨資訊管理協會	赴珠海參加「泛珠三角圖書館學（協）會 2009 年聯合學術年會」
2009.12.08	澳門大學	赴香港參加「10th Annual Hong Kong Innovative Users Group Meeting」
2009.12.14	澳門大學	赴香港參加「Creative Forum for Library Management and Service」

捌、意見及方向

　　隨著社會經濟的進步，社會各界、特區政府、立法會議員、民生社團領袖較過去關注圖書館功能與服務的發展，在不同的場合反映其意見，現總結如下：

一、第 2 屆行政長官選舉，澳門圖書館暨資訊管理協會副會長蔡志龍獲推選為推委會成員。

二、行政長官選舉諮詢

　　（一）在行政長官選舉過程中，有意見關注新屆政府會否對當前由民政總署與文化局分別管轄的圖書館進行資源整合，考慮將兩部門圖書

館合併，減低資源重疊，提升管理效率及服務質素。崔世安指出，實施跨部門合作、整合資源確有必要，一切便民為上。同時提到新一屆政府會關注澳門檔案事業發展，促進檔案教育和檔案保護。要把澳門傳統書畫藝術推向國際，需要全澳文藝界建言獻策，共同推進。

（二）青洲坊會到崔世安競選辦公室提交該區城規建議，冀從環保角度規劃城區、增設休憩區及圖書館等社區設施。

（三）有教師指出，澳門缺乏大型的公共圖書館，找資料寫論文也難，社區中的圖書館空間小，又經常爆滿，北區部分圖書館更要限制入場人流，可見居民對圖書館的需求，希望當局早日落實興建大型圖書館。

三、澳門中華教育會何少金理事長建議政府增加資源，讓學校於課餘延長開放圖書館。

四、北區老居民反映，紀念孫中山市政公園內原有葡式餐廳已結業撤離多年，期望把原有葡式餐廳地方改裝為書報閱讀間，讓長者無須每次走上位於高處的黃營均圖書館，便可閱讀書報。

五、市民建議青洲山南面值修道院應該保留，盡可能修復原貌做遊覽景點，並設圖書館及博物館，成為澳門居民及遊客休閒旅遊景點之一。

六、議員容詠恩指出隨著夏令班取消，全澳學生面對突如其來的提早放暑假，提供給兒童和青少年使用的社區公共設施需求必然大增。因應學生停課的特殊情況，當局可考慮延長各政府部門轄下的圖書館、青年中心、自修室及文娛康樂設施。

七、澳門圖書館暨資訊管理協會會長朱焯信參加了新一屆立法會選舉，組別為公民力量，其政綱有檢討現行文藝資助制度，提高文化藝術資助機制的透明度；推動「比例制」扶持本土藝團發展；制定圖書館法。

八、議員吳國昌質詢特區政府對澳門科技大學就再以建圖書館為由，由澳門基金會取得1千萬元的資助，加上在2003年該校在第一期資助就獲撥款1億5千7百萬。

玖、總結

　　回歸十年來，澳門圖書館事業正朝向人員專業化、服務普及化、藏書電子化、活動多元化等方面的發展，重點總結如下：

一、舉辦研討會及座談的內容以實務工作及閱讀推廣為主，並全力協助海峽兩岸資源合作各項工作。

二、圖書館學課程內容亦多元化，報讀人數大幅增加，有利圖書館事業的發展。

三、展覽活動則以古籍文獻及個人藏品展為主，本年度有與香港及國內單位合作展出。

四、交流活動方面，以國內代表團訪問為主，出訪及參加研討會之地區分別有新加坡等地區及國家。

五、在藏書數量及內容方面，各館需求增大、幾間主要的圖書館不斷引入新的設備及服務。

六、教育暨青年局推出學校閱讀推廣人員計畫，原意是幫助各校推動閱讀風氣，但在制度上及各校負責人認知問題，產生了不少問題。

本文原刊於《兩岸三地閱讀推廣》，第 13 期（2011 年 11 月），149-168。

2008年澳門圖書館事業回顧

壹、前言

2008年的澳門圖書館事業發展概況可從：一、圖書館數量及分布；二、使用概況；三、重要的發展與服務；四、推廣活動；五、學術活動；六、區域合作與交流等項目；七、意見及方向等，反映出澳門市民對圖書館服務的要求，以及圖書館界努力奮進的成果。

貳、圖書館數量及分布

直至2008年底，澳門共有公共圖書館及自修室69間、學校圖書館100間、專門圖書館90間及大專圖書館21間，總計為280間。現就新設、改建、擴建、計劃興建、興建中及暫停使用的概況說明如下：

一、新開設的圖書館：有2間，包括街總綜合大樓圖書室、勵青中心圖書室、德育中心圖書館（仍未對外開放）、驛站、民建聯圖書室等。

二、改建、擴建完成的有：三育中學圖書館、明愛圖書館。

三、計劃或正在興建或改建者：有16間，計有公共圖書館9間，包括文化局的新澳門中央圖書館、民政總署的東北街市圖書館、望廈社屋大樓圖書館、氹仔中央公園圖書館、民政總署鴨涌河綜合大廈圖書館、民政總署何賢公園圖書館、水上街市圖書館、民政總署三盞燈圖書館、民政總署下環街市圖書館。大專圖書館有2間，包括澳門科技大學新圖書館大樓及澳門高等校際學院將在聖若瑟教區中學校區建新教學大樓的圖書館；專門圖書

館有 3 間，包括交通事務局圖書室、新監獄的圖書室；學校圖書館 2 間，包括澳門培正中學校園擴建第二期的新 H 座大樓圖書館、教業中學圖書館。

四、損毀：由於颱風黑格比吹襲澳門，最少有氹仔中葡學校圖書館、同善堂中學圖書館、北區中葡學校圖書館受到一定的影響與浸毀部分書籍。

五、關閉的圖書館有：澳門博彩培訓中心圖書館（創福豪庭）。

六、教育暨青年局在教委會報告了去年進行的《學校空間和環境調查研究》結果，84% 的學校設有具閱覽或圖書室功能的空間；平均每校的藏書有 5,000 本，但圖書館的開放時間不理想，31% 學校圖書館每周開放少於 10 小時，43% 學校的圖書館每周開放 10 至 29 小時。

七、修改澳門特別行政區立法會組織法，立法會秘書長領導及協調行政與技術部門的整體工作；其職權包括領導及監督立法會的翻譯辦公室、紀錄及編輯辦公室、公關辦公室、資訊辦公室及圖書館的協調員。

參、使用概況

一、讀者使用概況

在圖書館利用情況，根據 2008 年《澳門統計年鑑》中的表 6.4.2. 及表 1：向公眾開放的圖書館及閱書報室的主要指標分析，2008 年主要圖書館為 50 間，館藏量為 1,165,110 冊，較 2007 年增加了 59,576 冊；期刊則有 10,361 種，較去年增加 89 種；在多媒體資料方面，亦較去年增加 47,323 套。此外，接待人次方面為 3,534,249，較 2007 年增加了 26,895 人次。借書冊次有 783,121，較 2007 年少了 9,716 冊次；全澳對外開放的圖書館面積增至 336,034 平方呎，較 2007 年增加了 2,284 平方呎；在閱覽座位方面總計為 3,339 個，較上一年增加 66 個；而提供可上網的電腦有 441 台，較 2007 年增加 24 台，使用的人次為 427,928，較 2007 年增加了 18,070 人次。最後圖書館的購書經費為 33,238,000 澳門元，較 2007 年增加了 2,599,000 澳門元。工作人員則為 232 人，較去年減了 30 人。

表1 2008年圖書館主要統計指標

指標	單位	2005	2006	2007	2008	增加
圖書館及閱書報室數目	間	39	38	45	50	5
書籍	冊	1,028,387	1,106,699	1,105,534	1,165,110	59,576
期刊雜誌	種類	9,953	9,282	10,272	10,361	89
多媒體資料	套	29,244	121,513	188,303	235,626	47,323
接待人次	人次	3,018,871	3,129,552	3,507,354	3,534,249	26,895
借書冊次	冊次	804,777	766,319	792,837	783,121	-9,716
總面積	平方呎	271,673	317,510	333,750	336,034	2,284
座位數目	個	2,479	2,873	3,273	3,339	66
提供予公眾上網的電腦設備	台	298	383	417	441	24
電腦使用人次	人次	351,527	354,427	409,858	427,928	18,070
購書總支出	千澳門元	196,88	22,170	30,639	33,238	2,599
工作人員數目	人	213	210	262	232	-30

資料來源：《澳門統計年鑑：2009》及《澳門統計年鑑：2010》。

二、圖書館技術服務概況

表 2 至表 4 為澳門圖書館在各項技術服務與設備的統計分析表，可參考如下。

肆、重要的發展與服務

一、教育暨青年局在 2007 年 9 月份推出學校閱讀推廣人員計畫，每校部超過 900 名學生，可獲聘請 1 名全職，教育暨青年局會給校方 20 萬元的津貼，2008 年增至 22 萬一年；900 人以下則為半職人員，津貼減半。

二、文化局於 2007 年 11 月份公佈新澳門中央圖書館選址方案，新館至今仍沒有新的進展。

三、電子化服務：

（一）澳門大學圖書館分別推出喜好檢索服務、Electronic Resource Management System 及網上版圖書館使用手冊；正式採用 Media Management 技術將電子掃描全文放入 webpac 系統給讀者使用。

（二）澳門理工學院圖書館繼澳門大學圖書館後於 3 月推出「MUSE 電子資源整合查詢服務」，透過單一檢索界面，同時檢索不同資料庫的各種電子資源。

（三）澳門理工學院圖書館全面開展建置無線射頻圖書館藏管理系統工作，包括自助借還書系統的採購、盤點及安全門禁系統安裝及測試，以及完成所有館藏的書目資料轉換及貼上 RFID 標籤工作。

（四）澳門大學圖書館完成第一階段視聽資料部分的 RFID 項目，共約 1 萬件。

（五）澳門中央圖書館及各分館於 9 月提供寬頻上網及 1 小時免費。

（六）「澳門通智能卡」宣佈將發展成為全澳門公司的職員證、學生證及圖書證等功能。

（七）啟智發展有限公司（澳門）開發的「CIM 校園電子管理系統」以

表2 澳門各類型圖書館採用圖書館自動化系統比較表

系統名稱	大專	公共	專門	學校	數量	百分比
SLS	12	5	41	53	111	68.50%
TOTASII	1	13	2	0	16	9.87%
LIB MASTER	0	0	0	7	7	4.30%
自行開發	1	1	5	4	10	6.70%
VLIB	0	3	5	2	10	6.70%
PROBASE	0	1	1	0	2	1.20%
Millennium	1	0	0	0	1	0.60%
LIB MANAGER	0	0	0	1	1	0.60%
HORIZON	1	0	0	0	1	0.60%
宏達資訊系統	0	0	0	2	2	1.20%
總計	16	23	54	69	162	58.21%
圖書館總數	21	69	90	100	280	
百分比	76.19%	33.33%	60.00%	69.00%	57.85%	

表3 澳門各類型圖書館採用圖書分類法比較表

分類與編目系統	公共	學校	大專	專門	總計
中國圖書分類法	30	25	3	18	73
中國圖書館分類法	0	3	1	1	5
杜威分類法	1	1	1	4	7
國會圖書館分類法	0	0	3	0	3
國際十進分類法	4	0	0	3	6
三民主義分類法	1	0	0	0	1
總計	33	29	8	26	95

表4 澳門各類型圖書館在其他自動化及信息化服務比較表

其他系統	公共	學校	大專	專門	總計
防盜系統	15	6	9	4	34
自助借書系統	5	0	0	0	5
線上導覽系統	0	0	1	0	1
網頁	2	3	7	0	12
網上目錄	14	3	5	5	27

無線射頻識辨技術運作的 CIM 校園電子管理系統，用作學生及教職員考勤、圖書館管理、學校設施租賃等電子化管理。

四、電子館藏的發展：三間政府的高校圖書館積極增加館藏和電子資料庫，以澳門大學圖書館投入大量的資源，幾近 700 萬元澳門幣，共購置了 110 個資料庫，新增資料庫 13 個。以澳門大學為例全年使用率為 1,358,615 次，較去年增加 452,780 次。

五、社會義務：

（一）行政會通過「法定收藏制度」行政法規，主要廢止原有的兩項法定收藏制定，對送繳澳門中央圖書館及其屬下六個分館的出版品作了新的規範。其中對送繳作圖書館珍藏的本地區出版的圖書、刊物等作了更明確的規定，亦宣佈送繳圖書館作法定的收藏品，可豁免郵寄費用。

（二）澳門圖書館界響應圖書館家園計畫負責人程煥文的呼籲，共捐款人民幣 20,000 元作為援助四川大地震中的圖書館工作人員及圖書館之用。

六、館藏發展：澳門大學圖書館為增加購書效率，於 2008 年 10 月的 Approval Plan（閱選計畫），原由 Blackwell 公司負責，改為 YBP 承包。

七、贈書方面：

（一）2008 年要以澳門大學圖書館收到社會各界大批量的贈書為最多，超過 1,000 冊以上者有香港中文大學圖書館、中國國家圖書館。

（二）牛津大學出版社與澳門圖書館暨資訊管理協會及澳門成人教育協會合作，向全校各中小幼學校捐贈圖書 4 萬冊。

（三）中國銀行澳門分行向參與第 23 屆全澳學生朗誦比賽的學校，捐贈 5 萬元圖書金作獎金。

八、聯合書目：澳門圖書館暨資訊管理協會於 2007 年度得到教育暨青年局贊助經費，資料庫內現有書目記錄 66,517 筆、項目記錄有 92,458 筆。目前參與圖書館有 19 間，分別為 14 間學校圖書館、4 間公共圖書館及 1 間大專院校圖書館，包括有：三育中學、工聯職業技術中學、中葡職業技術

學校、協同特殊教育學校、明愛幼稚園、東南學校、青洲小學、高美士中葡中學、培正中學、創新中學、菜農子弟學校、聖公會（澳門）蔡高中學、聖若瑟教區中學（六校）、澳門大學附屬應用學校、教育暨青年局轄下4間青年中心及澳門科技大學。

九、延長服務時間：澳門中央圖書館於4月14日起延長青洲分館的開放時間，新的開放時間為周一至周六每日上午10時至下午8時，周日中午12時至下午8時，公眾假期休館。

十、中國國家圖書館、澳門社會發展研究會、全球中文文獻資源共建共享促進會一起合作的「全球中華尋根網」，首階段基本工程預計在2009年上半年完成。在策劃與籌備過程中，得到了全國政協常委、全國中華海外聯誼會副會長、澳門特區行政會委員廖澤雲的大力支持和積極推動，並得到全國青聯委員、江西省政協委員陳季敏的熱心關懷，國家圖書館授予廖先生榮譽館員榮銜。

伍、推廣活動

2008年的閱讀活動，形式計有書展、閱讀比賽、演講、利用教育、遊戲、話劇、圖書交換、義工服務、劇本創作、參觀交流、全民閱讀樂等，加上每年一度的圖書館周、六一兒童節、書香文化節、書市嘉年華，以及終身學習周的系列活動，現說明如下。

一、圖書館周

2008圖書館周改由澳門圖書館暨資訊管理協會主辦，以民間力量統籌各間圖書館開辦活動。今屆圖書館周首次邀得學校圖書館開辦校園閱讀活動，更好地推廣「全城熱讀」的主題。共計有21間圖書館機構及團體參與。活動內容有38個，如：鏡平小學在校內舉行閱讀交流會，讓學生暢談閱讀心得；鏡湖護理學院圖書館開展圖書館開放日；民政總署大樓圖書館及何東圖書館開展多場圖書館導賞活動；化地瑪聖母女子學校圖書館安排圖書館周填字遊

戲；培正中學圖書館則舉行「我的閱讀日」活動，讓全校師生瞭解書香日由來；明愛圖書館邀請作家開講；生產力暨科技轉移中心圖書館安排了圖書館周活動；濠江小學圖書館則有課外閱讀大獎賞；聖瑪沙利羅學校舉行好書推介；陳瑞祺永援中學圖書館進行了「悅讀越快樂」活動，包括好書龍虎榜及閱讀越快樂指數。浸信中學圖書館與一書齋合作，陳列出各類型圖書；培正中學圖書館於21至26日開展「我的四二三‧我的閱讀日」推廣活動，包括「DIY自製書籤」、「來借書‧贈書籤‧小禮物」、「反轉書中的奧秘」（第二期）、「資訊壁報：暢銷文學作家專題展」及「理想圖書館」書籤展等慶祝「世界書香日」，讓全校師生加深瞭解書香日的由來及意義。

二、網上閱讀

教育暨青年局於1月推出「閱讀寶庫中文每日一篇」及「智愛閱讀英語計畫」，有70多間及5萬多名學生參加。

三、全民閱讀樂

由澳門成人教育協會及澳門圖書館暨資訊管理協會合協的全民閱讀樂，於7-8月在各區展開，分別到永寶閣、江榮花園、美利閣大廈、民安新邨、越秀花園、雅廉花園、美景花園、新橋坊會、三巴門坊會，街總青洲社區中心、工聯北區綜合服務中心等地方，展開書展及贈書系列活動。

四、學校的閱讀活動

（一）福建學校為培養學生的閱讀興趣及建立閱讀氣氛，聯同珠海新華書店在校內舉行圖書展覽。為配合「好書推介」閱讀推廣計畫，校方要求學生各自挑選一本最喜愛的圖書，並將此書推介給更多同學閱讀。

（二）教業中學為推動學生愛閱讀，設立「閱讀花園」。花園環境幽雅，室內的書架上擺放各類的書籍和雜誌，供學生取閱。每天中午時分，學生用膳完畢便到「閱讀花園」。除了閱讀書本，還可在擁有60台電腦

的閱讀區作網上閱讀。每年舉辦一次「課外讀物推介日」，向學生介紹最新的圖書和資訊；新增閱覽室，擴大了學生的閱讀空間。

（三）浸信中學圖書館與一書齋合作，在校內舉辦書展，陳列出各類型圖書，以休閒、文學類為主。該校閱讀推廣導師餘思亮認為，藉圖書館周開辦校園書展，可更好配合活動主題，也讓各年級學生感受到濃厚的書香氣息，培養閱讀興趣。

（四）校園推廣閱讀方面，培正中學圖書館於21至26日開展「我的四二三‧我的閱讀日」推廣活動，包括「DIY自製書籤」、「來借書‧贈書籤‧小禮物」、「反轉書中的奧秘」（第二期）、「資訊壁報——暢銷文學作家專題展」及「理想圖書館」書籤展等慶祝「世界書香日」，讓全校師生加深瞭解書香日的由來及意義。

五、六一兒童節

未滿12歲的小朋友，在六一國際兒童節當天，親到澳門中央圖書館總館、何東圖書館及青洲圖書館外借圖書或首次申請讀者證，將可獲贈精美紀念品一份，主辦單位藉此活動鼓勵小朋友多加利用圖書館的資源，推動及提倡閱讀風氣。

六、各項推廣活動的統計

（一）公開比賽活動（4次，見表5）

表5　2008年圖書館界公開比賽活動列表

日期	主協辦單位	名稱
2008.04.15-06.27	澳門圖書館暨資訊管理協會	圖書館教育話劇劇本創作比賽
2008.04.19	澳門科技協進會、澳門圖書館暨資訊管理協會協辦	第4屆青少年科普書籍閱讀獎勵活動
2008.07.	教育暨青年局	好書100選舉活動
2008.09.22-12.15	教育暨青年局青年試館、澳門圖書館暨資訊管理協會	2008全澳兒童講故事比賽

（二）講座（25次，見表6）

表6　2008年圖書館界公開講座列表

日期	主協辦單位	名稱／講者
2008.03.15	活力文化	CIM校園電子管理系統
2008.03.-06.	教育暨青年局黑青中心	薪火相傳閱讀推廣系列活動
2008.04.14	教育暨青年局氹仔教育活動中心	「借鏡國際，提升下一代的閱讀素養」講座（何瑞珠主講）
2008.04.25	澳門圖書館暨資訊管理協會、牛津大學出版社	英文閱讀計畫講座
2008.04.26	教育暨青年局黑青中心	好書全接觸
2008.05.11	教育暨青年局黑青中心	支持環保，你我做工作坊
2008.05.15	浸信學校	浸信學校讀書會講座（盧傑樺主講）
2008.05.31	澳門圖書館暨資訊管理協會	親子閱讀樂園工作坊（潘明珠主講）
2008.06.29	商訓夜中學	商訓讀書會（林中英主講）
2008.06.29	澳門圖書館暨資訊管理協會	創意閱讀講座暨新書介紹會（潘明珠主講）
2008.07.07-09	教育暨青年局氹仔教育活動中心	繪本閱讀系列講座（劉清彥主講）
2008.07.18	永援中學分校	親子「閱讀」與「悅讀」講座（刁蔚誼、餘淑瓊主講）
2008.08.20, 27	教育暨青年局駿菁中心	吾想吾讀
2008.09.-11.	民政總署黃營均圖書館	志學講座四場以Blog、詩、旅行、雜誌四個動靜元素，展示文學在新時代演繹著日記、抒情、尋找自我及理念的角色。
2008.10.10	澳門大學圖書館、美國總領事館	2008年美國總統大選（Michael Roskin主講）
2008.10.11	教育暨青年局青年試館	兒童故事比賽工作坊（潘明珠主講）
2008.10.11	浸信中學	浸信中學讀書會講座（林發欽主講）
2008.10.15, 18	民政總署氹仔黃營均圖書館	歷史文化系列演講，分別題為「誰是成吉思汗？」、「唐代的才子與佳人」、「廣東上川島訪古——葡萄牙艦隊在華最早登陸地」及「淺談新疆尼雅廢墟」（談詠秋、陳志峰、林發欽和呂志鵬主講）
2008.10.17	澳門大學圖書館、商務印書館	粵音平仄與對聯創作學術講座
2008.10.20	澳門大學圖書館	茶具的演變與欣賞講座（羅慶江主講）
2008.10.27	澳門中央圖書館	走進世博會：中國2010年上海世博會專題講座

表 6　2008 年圖書館界公開講座列表（續）

日期	主協辦單位	名稱／講者
2008.10.28	澳門大學圖書館	校園世博行：中國 2010 年上海世博會專題講座
2008.11.	東南學校中學部	知識就是力量主題周會（陳雨潤主講）
2008.11.21	澳門大學圖書館、美國總領事館	升學講座
2008.12.	中葡職業技術中學	悅讀與夢想講座（陳志峰主講）

（三）讀書會及分享會（53 次，見表 7）

表 7　2008 年讀書會及分享會列表

日期	單位	名稱
2008.01.06	民政總署黑沙環黃營均圖書館	親子動畫坊
2008.01.13	民政總署孫中山黃營均圖書館	親子共讀：欣賞
2008.01.20	民政總署白鴿巢黃營均圖書館	親子動畫坊
2008.02.02-04.26	教育暨青年局氹仔教育活動中心、語言推廣中心	向閱讀出發讀書會（10 次）
2008.02.03	民政總署白鴿巢黃營均圖書館	親子共讀：欣賞
2008.02.17	民政總署氹仔黃營均圖書館	親子動畫坊
2008.02.24	民政總署孫中山黃營均圖書館	親子動畫坊
2008.02.24	民政總署黑沙環黃營均圖書館	書友仔聚會
2008.03.02	民政總署黑沙環黃營均圖書館	親子動畫坊：哈爾移動城堡
2008.03.09	民政總署孫中山黃營均圖書館	親子共讀：互相尊重
2008.03.16	民政總署白鴿巢黃營均圖書館	親子動畫坊：哈爾移動城堡
2008.03.23	民政總署黑沙環黃營均圖書館	書友仔聚會
2008.04.13	民政總署氹仔黃營均圖書館	親子共讀：互相尊重
2008.04.20	民政總署氹仔黃營均圖書館	親子動畫坊：哈爾移動城堡
2008.04.27	民政總署孫中山黃營均圖書館	親子動畫坊：哈爾移動城堡
2008.04.27	民政總署黑沙環黃營均圖書館	書友仔聚會
2008.05.04	民政總署黑沙環黃營均圖書館	親子動畫坊：四眼雞丁
2008.05.11	民政總署孫中山黃營均圖書館	親子共讀：積極求進
2008.05.18	民政總署白鴿巢黃營均圖書館	親子動畫坊：四眼雞丁

表 7　2008 年讀書會及分享會列表（續）

日期	單位	名稱
2008.05.25	民政總署黑沙環黃營均圖書館	書友仔聚會：同心同足
2008.05.-07.	教育暨青年局氹仔教育活動中心	豐盛人生讀書會（12次）
2008.06.22	民政總署氹仔黃營均圖書館	親子動畫坊：四眼雞丁
2008.06.29	民政總署孫中山黃營均圖書館	親子動畫坊：四眼雞丁
2008.06.29	民政總署黑沙環黃營均圖書館	書友仔聚會：運動與營養
2008.07.06	民政總署黑沙環黃營均圖書館	親子動畫坊：V仔特工隊
2008.07.13	民政總署孫中山黃營均圖書館	親子共讀：友愛互助
2008.07.13	民政總署黑沙環黃營均圖書館	書友仔聚會：趣談奧運
2008.07.20	民政總署白鴿巢黃營均圖書館	親子動畫坊：V仔特工隊
2008.08.10	民政總署白鴿巢黃營均圖書館	親子共讀：友愛互助
2008.08.17	民政總署氹仔黃營均圖書館	親子動畫坊：V仔特工隊
2008.08.24	民政總署孫中山黃營均圖書館	親子動畫坊：V仔特工隊
2008.08.31	民政總署黑沙環黃營均圖書館	書友仔聚會：趣談奧運2
2008.09.07	民政總署黑沙環黃營均圖書館	親子動畫坊：露寶治的世界
2008.09.14	民政總署孫中山黃營均圖書館	親子共讀：頑強拚博
2008.09.21	民政總署白鴿巢黃營均圖書館	親子動畫坊：露寶治的世界
2008.09.28	民政總署黑沙環黃營均圖書館	書友仔聚會：競技場上的樂與淚
2008.10.19	民政總署氹仔黃營均圖書館	親子動畫坊：蜜蜂電影
2008.10.26	民政總署孫中山黃營均圖書館	親子動畫坊：蜜蜂電影
2008.10.26	民政總署白鴿巢黃營均圖書館	親子共讀：頑強拚博
2008.10.26	民政總署黑沙環黃營均圖書館	書友仔聚會：挫折中的希望
2008.10.-11.	教育暨青年局外港青年中心	獨樂樂不如眾樂樂閱讀活動
2008.11.09	民政總署孫中山黃營均圖書館	親子共讀：公平競爭
2008.11.15	民政總署黃營均圖書館	親子動畫坊：蜜蜂電影
2008.11.16	民政總署白鴿巢黃營均圖書館	親子動畫坊：蜜蜂電影
2008.11.23	民政總署黃營均圖書館	書友仔聚會
2008.11.23	民政總署黑沙環黃營均圖書館	親子動畫坊：蜜蜂電影
2008.11.24	民政總署黃營均圖書館	專題聚會：街坊老店一
2008.11.24	民政總署黃營均圖書館	親子動畫坊：露寶治的世界
2008.11.30	民政總署黑沙環黃營均圖書館	書友仔聚會：One world. One dream.
2008.11.-2009.01.	教育暨青年局氹仔教育活動中心	書如摯友讀書會（9次）
2008.11.-2009.01.	教育暨青年局特教中心	書如摯友——兒童讀經讀書會（6次）

表 7　2008 年讀書會及分享會列表（續）

日期	單位	名稱
2008.12.07	民政總署氹仔黃營均圖書館	親子動畫坊：蜜蜂電影
2008.12.28	民政總署孫中山黃營均圖書館	親子動畫坊：蜜蜂電影

（四）利用教育

　　澳門大學圖書館在大學推出資訊素養培訓課程名為 Research @ UM Library。此外各館亦有公開的利用教育活動，共計 6 次，參見表 8：

表 8　2008 年圖書館界利用教育活動列表

日期	主協辦單位	名稱
2008.04.20	教育暨青年成教中心	圖書館親子之旅
2008.04.21	民政總署	圖書館資源利用
2008.06.28	民政總署	善用圖書館之旅
2008.06.28	民政總署	圖書館利用教育工作坊
2008.07.	澳門大學圖書館	EBSCO host 2.0 介面說明／新知分享
2008.11.18	澳門中央圖書館	萬方數據庫服務說明與使用方式

（五）展覽

　　在這年間舉辦的大型及與圖書館學相關的展覽，共 14 次，分別由澳門大學、澳門中央圖書館、明愛圖書館、澳門圖書館暨資訊管理協會、教育暨青年局黑沙環青年中心承辦，其活動參見表 9：

表 9　2008 年圖書館界展覽活動列表

日期	主協辦單位	名稱
2008.04.11-05.09	澳門大學圖書館	神聖的遺產：愛德華‧寇帝斯美國印地安人攝影展
2008.04.23-05.	澳門中央圖書館	翁方綱纂四庫提要稿展覽
2008.05.09-19	澳門大學圖書館、歐盟	歐盟應對氣候變化及環保合作展覽
2008.06.01-29	教育暨青年局黑青中心	國際青年舞蹈節參與國家旅遊書籍展

表 9　2008 年圖書館界展覽活動列表（續）

日期	主協辦單位	名稱
2008.08.01-10	教育暨青年局駿菁中心	書暢仲夏圖書展
2008.08.01-26	澳門大學圖書館	澳門大學圖書館館藏奧運書展
2008.09.03-10.03	澳門大學圖書館	玉盞尋幽──澳門中華茶道會會員茶具藏品作品展
2008.10.18-26	澳門圖書館暨資訊管理協會	世界各地圖書館圖片展
2008.10.21-29	澳門大學圖書館	世博校園行展覽
2008.11.02-09	澳門圖書館暨資訊管理協會	2008 年終身學習周活動：閱讀原理與技巧專題圖書展
2008.11.12-30	新華社亞太總分社、澳門大學、中國移動通信	分享光榮與夢想──2008 北京奧運會新聞圖片展
2008.12.09-2009.01.08	澳門中央圖書館、廣東省立中山圖書館、深圳圖書館、香港中央圖書館	歲月的回憶三地四館聯展
2008.12.15-30	澳門大學學生會葡萄牙語學會、亞婆井工作室	澳門人在葡國：劉善恆旅行攝影展
2008.12.29	明愛	攝影新秀 08 暨顧問導師展

（六）公開普及閱讀活動（16 次，見表 10）

表 10　2008 年圖書館界普及閱讀活動列表

日期	主協辦單位	名稱
2008.01.12-31	民政總署黃營均圖書館	小博士信箱之奧運常識齊齊答
2008.02.	教育暨青年局成教中心	舉辦「悅」讀模範──閱讀獎勵計畫
2008.02.	教育暨青年局駿菁中心	舉辦動感閱讀小組
2008.03.-06.	教育暨青年局黑青中心	薪火相傳閱讀推廣系列活動
2008.03.16	民政總署	2007 年民政總署圖書館義工嘉許禮暨 2008 年民政總署圖書館義工就職禮（文化中心）
2008.04.17-25	澳門出版協會、星光書店、澳門圖書館暨資訊管理協會	2008 年春季書香文化節書展活動
2008.04.21-28	澳門圖書館暨資訊管理協會	第 7 屆澳門圖書館周
2008.04.23	公職局福利處、澳門圖書館暨資訊管理協會	2008 世界書香日及版權日

表 10　2008 年圖書館界普及閱讀活動列表（續）

日期	主協辦單位	名稱
2008.06.01-09.30	教育暨青年局駿菁中心	趣我謎題
2008.06.25	教育暨青年局駿菁中心	拉闊閱讀
2008.06.27-07.06	一書齋	第 11 屆澳門書市嘉年華
2008.07.26-08.31	澳門圖書館暨資訊管理協會、澳門成人教育協會	暑期大廈巡迴閱讀推廣活動
2008.09.21-11.4	澳門中央圖書館	好書交換
2008.10.18-26	澳門出版協會、澳門圖書館暨資訊管理協會	2008 秋季書香文化節
2008.11.	澳門圖書館暨資訊管理協會	第 7 屆澳門資訊周攤位及有獎遊戲：世界各地圖書館建築巡禮
2008.12.	培正中學	培正圖書資訊社成立 10 周年暨義工隊嘉許典禮

陸、學術活動

一、圖書館專業人材

　　至於台灣地區畢業回來有台灣大學 1 人、輔仁大學 3 人、淡江大學 1 人、中國人民大學檔案系 1 人、中山大學檔案專業 1 人、南京大學 1 人、武漢大學 3 人。碩士 2 人（華南師範大學信息管理系）；正修讀碩士課程有北京師範大學及中山大學各 1 人。

二、課程

　　參見表 11，可知在本地舉辦的短期課程有 9 門，主要辦學單位為澳門圖書館暨資訊管理協會、澳門大學校外課程中心、教育暨青年局氹仔教育活動中心、澳門理工學院圖書館。計有 300 多人次參加培訓。

　　在碩士課程方面，第 162/2008 號至第 165/2008 號社會文化司司長批示，在亞洲（澳門）國際公開大學以遙距教育形式及葡文學制授課的方式開設資訊管理及學校圖書館碩士的學位課程，並核准該等課程的學習計畫。

表 11　2008 年圖書館學培訓課程列表

日期	主協辦單位	名稱
2008.01.05	澳門圖書館暨資訊管理協會、聖若瑟教區中學	學校圖書館管理課程（120 小時）
2008.02.-04.	教育暨青年局氹仔教育活動中心	讀書會帶領人實務培訓課程
2008.04.07-05.16	澳門圖書館暨資訊管理協會、澳門大學圖書館	圖書館自動化系統證書課程（20 小時）
2008.04.16-05.31	教育暨青年局氹仔教育活動中心	中小學推廣課外閱讀培訓課程
2008.04.27-06.01	教育暨青年局氹仔教育活動中心	兒童文學進階培訓課程
2008.06.24-08.21	澳門理工學院圖書館	圖書文獻及檔案管理（36 小時）
2008.07.28	澳門圖書館暨資訊管理協會、澳門監獄	圖書館管理課程（24 小時）
2008.09.26	澳門圖書館暨資訊管理協會、教育暨青年局	學校閱讀推廣人員課程（120 小時）
2008.12.	澳門理工學院圖書館	資訊素養和知識化服務研習課程

三、研討會及專業講座

而為推動圖書館事業發展所舉辦的座談會有 13 次，參見表 12：

表 12　2008 年圖書館界所舉辦學術研討會列表

日期	主協辦單位	名稱
2008.04.16	澳門大學圖書館	新生代學術圖書館作為學習空間的新理念講座（Keith Webster）
2008.04.25	澳門大學圖書館	圖書館學術專題講座
2008.04.27	澳門中央圖書館	翁方綱纂四庫提要稿與四庫全書的編纂講座（鄧駿捷）
2008.06.05	澳門大學圖書館	澳洲大學圖書館的當前挑戰——予香港及澳門的啟示（Andrew Wells）
2008.06.09	澳門大學圖書館	圖書館專業發展專題講座（Liu Wen Ling）
2008.07.19	澳門圖書館暨資訊管理協會、澳門成人教育協會	閱讀推廣研討工作坊
2008.09.03	澳門大學圖書館及香港 JULAC	「Web 2.0 時代圖書館互聯——從國際及地區視野探討」論壇
2008.09.06	澳門圖書館暨資訊管理協會	「閱讀推廣活動經驗分享會：向獅城取經講座」（李瑞樹）

表 12　2008 年圖書館界所舉辦學術研討會列表（續）

日期	主協辦單位	名稱
2008.09.17-19	澳門文獻學會	澳門文獻整理研究暨數字化學術研討會
2008.10.10	澳門大學圖書館	圖書館專業發展專題講座（Joseph J. Branin）
2008.11.08-10	澳門基金會	第 7 次中文文獻資源共建共享合作會議
2008.11.09	全球中文文獻資源共建共享促進會	社區圖書館建設與公民素質提升座談會
2008.11.17	澳門文獻信息管理學會	澳門文獻遺產保護的普世意義研討會

四、出版書刊

本年度出版書刊 5 本，分別為：

- 《閱讀推廣指導手冊》，王國強著，澳門圖書館暨資訊管理協會。
- 《兩岸三地圖書分類與編目研究》，澳門圖書館暨資訊管理協會編，澳門圖書館暨資訊管理協會。
- 《澳門文獻與澳門圖書館事業》，澳門圖書館暨資訊管理協會編，澳門圖書館暨資訊管理協會。
- 《圖書館英語》，再版，潘華棟主編，澳門大學圖書館。
- 《雲霞出海曙》，潘華棟主編，澳門大學圖書館。

柒、區域合作與交流

在區域合作上，共簽訂了 10 項地區合作協議，包括 9 項與國內合作，1 項與美國合作的協議，內容如下：

一、為了瞭解澳門學校圖書館工作人員的困難，澳門圖書館暨資訊管理協會在 2008.4.25 舉辦了「第 4 次學校圖書館工作人員座談會」，會議重點在討論教育暨青年局即將推出的閱讀推廣人員計畫，探討對現職館員的影響，並就此向該局反映意見。

二、澳門中央圖書館與澳門街坊會聯合總會簽署合作協議。於台山區及祐漢區分別成立一所社區圖書館，同年該館與工聯會簽訂「社區圖書館夥伴計畫」合作協議。

三、澳門大學圖書館加入 PRDLA 聯盟。

四、澳門大學圖書館與合作圖書館聯席工作會議：北京大學、北京清華大學、上海復旦大學、上海外國語大學、武漢大學、同濟大學、台灣大學、台灣師範大學及香港大學等圖書館館長；另外該校與台灣大學、台灣師範大學、同濟大學、北京大學及上海外國語大學等五間圖書館簽訂合作協議。

五、到訪的單位：中國科學院國家科學圖書館學科諮詢部張冬榮副主任到訪澳門理工學院圖書館；香港中文大學圖書館及香港專業教育學院圖書館到訪理工參觀 RFID 系統、香港圖書館協會代表團、香港專業進修學院圖書館專業師生訪問團、青衣商會學校圖書館及師生代表團、香港學校圖書館主任協會、同濟大學圖書館（6人）、復旦大學圖書館、武漢大學圖書館館長燕今偉、中山大學圖書館館長程煥文、深圳市圖書館館長吳晞、政治大學楊美華教授、香港中文大學副館長黃潘明珠、香港大學圖書館副館長尹耀全、香港康文署李玉文副署長、香港公共圖書館何伍淑敏館長等。

六、而應邀出席在澳門發表研討會論文有：上海圖書館研究員王宏、上海圖書館館長吳建中及張磊、北京大學圖書館肖瓏及姚伯岳、全國古籍保護工作專家委員會主任李致忠、廣東文獻保護中心顧問駱偉、聯合國教科文組織「世界記憶工程計畫」亞太地區議會秘書長朱福強、國家圖書館館長詹福瑞、張志清、嚴向東、陳紅彥；香港特別行政區大學圖書館展聯席會主席、香港教育學院圖書館館長兼香港圖書館協會會長邁克爾‧魯濱遜、香港文康事務局李玉文及李光雄、香港中文大學圖書館黃潘明珠、台灣漢學中心顧敏、顧力仁、張圍東、政治大學薛理桂、澳洲昆士蘭大學圖書館館長兼學習服務處處長 Keith Webster、OCLC 總裁兼首席執行官 Jay Jordan 及其代表團、匹茲堡大學圖書館館長 Rush Miller（拉什‧米勒）、亞利桑那州立大學圖書館館長 Sherrie Schmidt（施密特）、印第安那大學圖書館東亞研究部 Liu Wen Ling、

俄亥俄州立大學圖書館 Joseph J. Branin、新加坡國家圖書館李樹瑞、澳洲新南威爾斯大學 Andrew Wells、英國 Imre Galambos。

七、對外活動，澳門圖書館界先後出訪了深圳華僑城中央教育科學研究所附屬學校圖書館、深圳圖書館、順德圖書館、常州市武進區田家炳高級中學、新北區新橋小學、武進區馬杭小學及橫林鎮高級中學、同濟大學圖書館、上海外國語大學圖書館、新加坡管理大學圖書館、香港北角民生幼稚園暨國際幼兒園交流教學「CPM玩具圖書館」課程、港青基信書院、香港中央圖書館、香港教育局中央資源中心、香港大學圖書館、香港城市大學圖書館、香港中文大學圖書館、浸會大學圖書館、香港科技大學圖書館。

八、在對外會議方面：參見表13，澳門圖書館界共參加了17次。

九、曾到訪澳門圖書館的政要人物有：葡萄牙總理蘇格拉底參觀澳門大學圖書館。

表13 2008年圖書館界參加外地學術研討會列表

日期	單位	名稱
2008.01.11	澳門中央圖書館	赴深圳參加「粵港澳文化合作第9次會議」
2008.03.	澳門理工學院圖書館	赴海南三亞參加「2008三亞論壇——合作，創新並建和諧產業環境」
2008.03.10	澳門大學圖書館	赴美國 Berkeley 參加「Innovative's 2008 Academic Library Directors Symposium」
2008.04.	澳門理工學院圖書館	赴香港參加「21世紀港澳中文資訊資源與數字環境下館員素質首屆研討會」
2008.05.	澳門理工學院圖書館	赴海南三亞參加「2008 Conference of Sustainable Development of China Digital Library」
2008.06.02	澳門大學圖書館	赴香港城市大學圖書館參加「Pre-conference Seminar」
2008.06.03	澳門大學圖書館	赴香港中文大學圖書館參加「E-Book Conference」
2008.08.10-14	澳門大學圖書館	赴加拿大 Quebec 參加「第74屆國際圖聯年會」

表 13　2008 年圖書館界參加外地學術研討會列表（續）

日期	單位	名稱
2008.10.	澳門理工學院圖書館	赴武漢參加「Training-the-Trainers in Information Literacy」
2008.10.	澳門理工學院圖書館	赴重慶出席「2008 中國圖書館學會年會」
2008.10.29-31	澳門大學圖書館	赴新加坡管理大學參加「PRDLA 2008 membership meeting」
2008.11.04-05	澳門圖書館暨資訊管理協會、澳門大學圖書館	赴香港參加「香港圖書館協會 50 周年學術會議」
2008.11.13-14	澳門中央圖書館	粵港澳三地圖書館公共服務論壇（深圳圖書館）
2008.11.21-25	澳門圖書館暨資訊管理協會、澳門科技大學圖書館與廣東省圖書館協會、福建省圖書館協會、湖南省圖書館學會	赴張家界參加「2008 年學術年會」
2008.12.08	澳門大學圖書館	赴香港參加「9th Annual Hong Kong Innovative Users Group Meeting」
2008.12.15	澳門大學圖書館	赴上海同濟大學圖書館參加「館長創新論壇」
2008.12.17	澳門大學圖書館、民政總署、八角亭圖書館	赴中山大學圖書館參加「紀念杜定友先生誕辰 110 周年學術報告會」
2008.12.27-2009.01.01	澳門圖書館暨資訊管理協會、培道中學、濠江中學、培正中學	赴常州參加「世界華語學校圖書館長論壇暨江蘇省第 7 屆中小學圖書館學術研討會」

捌、意見及方向

　　隨著社會經濟的進步，社會各界、特區政府、立法會議員、民生社團領袖較過去關注圖書館功能與服務的發展，在不同的場合反映其意見，現總結如下：

一、議員容永恩促政府在暑期調整圖書館開放時間。同時建議圖書館設立英語學習專區，增加有關書籍及設施，並在小賣部或咖啡室等課餘休閒地方安排英語服務人員，藉此將學習英語融入日常生活環境中。

二、議員沈振耀認為，澳門圖書館欠缺法律書籍，妨礙市民研究法律。

三、議員劉本立認為，澳門公立圖書館藏書以休閒性為主，專業圖書不足。他建議一些公立圖書館可具不同領域、類別的定位，方便不同需要人士借閱。崔世安回應表示，政府會重視圖書館的使用問題。並透露位於氹仔的新圖書館已經完成選址，目前正在設計當中，新澳門中央圖書館的改造、規劃亦正在積極進行中。

四、澳門少年飛鷹會舉行「齊來關心博彩領域青年服務座談會」，反映政府應關注博彩業工作者的需要（夜間圖書館、康樂設施等等），為提高他們個人素質和社會競爭力，提供多元化進修機會。

五、社工人員認為在社區推廣閱讀面對的困難與建議解決的方法，分列如下：

（一）推廣老人閱讀時常因面對深奧及記憶力之問題，故應從日常單字入手。

（二）推廣青年閱讀可組織讀書會，形式可以普通話閱讀、英語閱讀、家庭閱讀等。

（三）在推廣兒童閱讀時，應著重家庭閱讀，舉辦親子閱讀或提供書籍、空間作推廣閱讀，但由於現時父母大多需要輪班工作，因此在推廣親子閱讀仍有一定困難。

（四）閱讀資料應多元化：如食譜、多媒體、故事書、雜誌等。

（五）各社區中心均表示購書經費有限，難以購入大量書籍，故須聯絡政府圖書館將其館藏以集體借閱的方式借給社區機構使用，藉以解決圖書不足的問題，促請政府有關部門，如教育暨青年局、社會工作局、澳門中央圖書館、民政總署能進一步落實特首多年來所倡建的全民閱讀理念，向推動閱讀的社團及機構提供更多的資源，使全民閱讀種子能茁壯成長。

玖、總結

回歸九年來，澳門圖書館事業正朝向人員專業化、服務普及化、藏書電子化、活動多元化等方面的發展，重點總結如下：

一、圖書館數量持續在零增長，約有 162 間圖書館進行圖書館電腦化運作。澳門中央圖書館的伙伴合作計畫開創了官民合辦圖書館先河。

二、本年度的學術活動及閱讀推廣活動均相當豐盛，舉辦研討會及座談的內容以實務工作及文獻整理為主，來澳發表論文的專家眾多。

三、展覽活動則以古籍文獻及專題書展為主，特別是奧運效應的主題書展，本年度香港與國內單位合作展出。

四、交流活動方面，以國內及澳洲同業到訪為主，出訪及參加研討會之地區分別有國內等地區及國家。

五、在館藏發展政策方面，多位議員分別提出公共圖書館應重視法律圖書、英語圖書、學術性書刊等方面的平衡發展。

六、教育暨青年局推出學校閱讀推廣人員計畫，原意是幫助各校推動閱讀風氣，但在制度上及各校負責人認知問題，產生了不少問題。

七、社會各界對夜間圖書館、延長暑期開放時間、民辦社區中心圖書館等有熱切的期望。

鳴謝：本文非常感謝澳門理工學院圖書館學院圖書館、民政總署、澳門中央圖書館提供寶貴的資料。

本文原刊於《兩岸三地閱讀推廣》，第 13 期（2011 年 11 月），127-148。

2007年澳門圖書館事業回顧

壹、前言

2007年的澳門圖書館事業發展概況可從：一、圖書館數量及分布；二、使用概況；三、重要的發展與服務；四、推廣活動；五、意見及方向；六、課程及研討會；七、區域合作與交流等項目，反映出澳門市民對圖書館服務的要求，而圖書館界亦努力舉辦各式活動與課程，吸引讀者更多使用圖書資訊，從而提升全民的生活素質。

貳、圖書館數量及分布

2007年最重要的事件是11月文化局正式公佈，籌建中的新澳門中央圖書館選址為南灣的舊法院大樓，再次引起各界的關注與討論。而直至2007年底，澳門共有公共圖書館及自修室64間、學校圖書館103間、專門圖書館90間及大專圖書館20間，總計為278間。現就新設、改建、擴建、計劃興建、興建中及暫停使用的概況說明如下：

一、新開設的圖書館：有2間，包括街總綜合大樓圖書室、勵青中心圖書室等。

二、改建、擴建的有：澳門中央圖書館總館、嶺南中學綜合樓圖書館、澳門大學附屬學校圖書館、觀音蓮花苑圖書館、澳門大學圖書館的歐洲文獻中心改名為歐盟資訊文獻中心。

三、計劃或正在興建者：有16間，計有公共圖書館9間，包括文化局的新澳門中央圖書館、民政總署的東北街市圖書館、望廈社屋大樓圖書館、氹

仔中央公園圖書館、民政總署鴨涌河綜合大廈圖書館、民政總署何賢公園圖書館、水上街市圖書館、民政總署三盞燈圖書館、民政總署下環街市圖書館。大專圖書館有 2 間，包括澳門科技大學新圖書館大樓，及澳門高等校際學院將在聖若瑟教區中學校區建新教學大樓的圖書館；專門圖書館有 3 間，包括交通事務局圖書室、新監獄的圖書室、何鴻燊博士醫療拓展基金會在置地廣場 9 樓設立醫學圖書館；學校圖書館 2 間，包括澳門培正中學校園擴建第二期的新 H 座大樓圖書館，及粵華中學新教學大樓圖書館。

四、計劃改建的有三育中學圖書館、明愛圖書館。

五、暫停開放的有航海學校圖書館。

參、使用概況

一、讀者使用概況

在圖書館利用情況，根據 2007 年《澳門統計年鑑》中的表 6.4.2. 及表 1：向公眾開放的圖書館及閱書報室的主要指標分析，2007 年主要圖書館為 45 間，館藏量為 1,115,051 冊，較 2006 年增加了 8,352 冊，主要原因是沒有計算在各圖書館的倉庫內的圖書，如澳門中央圖書館在海洋工業大廈的書庫近 30 萬冊；相反在期刊上 2007 年有 24,390 種，較去年增加了 15,108 種，這是因為增加了澳門科技大學圖書館以及各館對種與冊、電子版及傳統印刷版沒有清晰定義，而導致其差別；在多媒體資料方面，亦較去年增加 14,044 套。

此外，接待人次方面為 3,507,354，較 2006 年增加了 110,681 人次。借書人次有 792,837，較 2006 年增加了 26,518 人次；因為何東圖書館新翼啟用，全澳對外開放的圖書館面積增至 334,550 平方呎，較 2006 年增加了 17,040 平方呎；所以在閱覽座位方面亦有顯著的增加，總計為 3,273 個，較上一年增加 400 個；而提供可上網的電腦有 417 台，較 2006 年增加 34 台，使用的人次為 409,858，較 2006 年大幅增加了 55,431 人次。最後圖書館的購書經費為

表1　2007年圖書館主要統計指標

指標	單位	2005	2006	2007	增加
圖書館及閱書報室數目	間	39	38	45	7
書籍	冊	1,028,387	1,106,699	1,115,051	8,352
期刊雜誌	種類	9,953	9,282	24,390	15,108
多媒體資料	套	29,244	32,938	46,982	14,044
接待人次	人次	3,018,871	3,129,552	3,507,354	377,802
借書人次	人次	804,777	766,319	792,837	26,518
總面積	平方呎	271,673	317,510	334,550	17,040
座位數目	個	2,479	2,873	3,273	400
提供予公眾上網的電腦設備	台	298	383	417	34
電腦使用人次	人次	351,527	354,427	409,858	55,431
購書總支出	千澳門元	196,88	20,543	27,871	7,328
工作人員數目	人	213	210	262	52

資料來源：《澳門統計年鑑：2007》。

27,871,000澳門元，較2006年增加了7,328,000澳門元。工作人員則為262人，較去年增加了52人。

二、圖書館技術服務概況

表2至表4為澳門圖書館在各項技術服務與設備的統計分析表可作參考如下。

肆、重要的發展與服務

一、教育暨青年局在9月份推出學校閱讀推廣人員計畫，每校部超過900名學生，可獲聘請1名全職，教育暨青年局會給校方20萬元的津貼，用作薪金及活動經費；900人以下則為半職人員，津貼減半，此專職人員應與學校圖書館工作人員有別，其職能主要是推動學校的閱讀風氣，並不是管理學校圖書館。全學年共有67間聘請了閱讀推廣人員，可是大多數學

表2　澳門各類型圖書館採用圖書館自動化系統比較表

系統名稱	大專	公共	專門	學校	數量	百分比
SLS	10	4	40	38	92	76.03%
TOTASII	1	11	1	0	13	10.74%
LIB MASTER	0	0	0	10	10	8.26%
自行開發	1	0	4	4	9	7.44%
VLIB	0	3	5	1	9	7.44%
PROBASE	1	1	1	0	3	2.48%
Millennium	1	0	0	0	1	0.83%
LIB MANAGER	0	0	0	1	1	0.83%
HORIZON	1	0	0	0	1	0.83%
其他	0	0	0	0	2	1.65%
總計	15	19	51	54	139	
圖書館總數	20	64	90	103	278	
百分比	75.00%	29.686%	56.66%	52.43%	50 %	

表3　澳門各類型圖書館採用圖書分類法比較表

分類與編目系統	公共	學校	大專	專門	總計
中國圖書分類法	27	25	3	18	73
中國圖書館分類法	0	3	1	1	5
杜威分類法	1	1	1	4	7
國會圖書館分類法	0	0	3	0	3
國際十進分類法	3	0	0	3	5
三民主義分類法	1	0	0	0	1
總計	32	29	8	26	94

表4　澳門各類型圖書館在其他自動化及信息化服務比較表

其他系統	公共	學校	大專	專門	總計
防盜系統	14	6	6	3	28
自助借書系統	5	0	0	0	5
線上導覽系統	0	0	1	0	1
網頁	2	3	7	0	12
網上目錄	14	3	5	5	27

校並不瞭解其目的，不少閱讀推廣人員淪為學校的圖書館管理員、雜工、文書、會計等兼職人員。

二、文化局於 11 月份公佈新澳門中央圖書館選址方案，新館將在保留原法院大樓建築外觀及室內特色空間基礎上，分開兩部分建設，先對其內部進行改建，其後在大樓後部縱深 15 米範圍內，新建一座海拔約 50 米高的大樓，與前方原法院文物建築互為銜接呼應。而新館的整體規劃面積約為 11 萬平方呎，相信可滿足 10 年內之需求。建築圖則設計預計在 2008 年內完成，2009 年開始進行建設。此外，原法院大樓後方的司警總部大樓地域亦被規劃作新澳門中央圖書館的日後進一步擴建之用。

三、電子化服務：澳門大學圖書館分別推出了 RSS 服務；網上圖書館導覽課程；及通過使用 OCLC 的 QUESTION POINT 提供即時的電子圖書館參考服務。澳門中央圖書館於 8 月 15 日起在澳門中央圖書館總館、何東圖書館及青洲圖書館提供無線寬頻上網試用服務；圖書館電腦化進程：澳門理工大學圖書館更新傳技公司的 TOTASII 自動化及增加了 MUSE 功能從而將資料庫整合檢索。澳門大學圖書館及澳門理工學院圖書館均先後獲校方批准安裝 RFID 圖書館系統。

四、電子館藏的發展：三間政府的高校圖書館積極增加館藏和電子資料庫，以澳門大學圖書館投入大量的資源，幾近 6 百萬元澳門幣，共購置了 90 個資料庫，新增資料庫 24 個，而澳門中央圖書館則引進了國內著名萬方數據庫開放給市民使用。以澳門大學為例全年使用率為 452,780 次。

五、社會義務：澳門中央圖書館及澳門明愛圖書館加盟成為社會服務令成員，分別提供 20-240 小時的社會服務給觸犯法律的人士。同時澳門圖書館暨資訊管理協會成為教育暨青年局持續教育資助計畫成員單位。

六、館藏發展：由於公共行政的採購程序所限，大部分政府部門圖書館在報價時均面對不少繁複，致使澳門書店業者心感不滿，而澳門大學圖書館為增加購書效率，於 2007 年 7 月起引入 Approval Plan（閱選計畫），由 Blackwell 公司負責，並以科技學院、社會及人文學院、工商管理學院為試點。

七、贈書方面：2007年要以澳門大學圖書館收到社會各界大批量的贈書為最多，超過1,000冊以上的贈書者有已故澳門歷史學家陳煒恆先生所藏1,600多冊中文古籍、香港中文大學圖書館、北京國家圖書館、Lai King Fai、英國貝爾教育基金贈書給理工大學圖書館。

八、聯合書目：澳門圖書館暨資訊管理協會經由教育暨青年局贊助，第二階段的學校聯合書目系統，現有書目記錄66,517筆、項目記錄有92,458筆。目前參與館有19間，分別為14間學校圖書館、4間公共圖書館及1間大專院校圖書館，包括有：三育中學、工聯職業技術中學、中葡職業技術學校、協同特殊教育學校、明愛幼稚園、東南學校、青洲小學、高美士中葡中學、培正中學、創新中學、菜農子弟學校、聖公會（澳門）蔡高中學、聖若瑟教區中學（六校）、澳門大學附屬應用學校、教育暨青年局轄下4間青年中心及澳門科技大學。網址：http://www.mlima.org.mo/macaounion/index.html。

九、延長服務時間

（一）澳門中央圖書館為提升澳門公共圖書館的服務質素，經過長時期部署，從4月1日起延長中圖總館開放時間；至7月8日開始，再次調整開放時間，由原來周一至周六上午10時至晚上8時、周日下午1時至晚上8時，一律調整為周一至周日上午10時至晚上8時，公眾假期休館，延長了周日的開放時間。由於總館調整開放時間反應佳，同時延長何東圖書館的開放時間，從7月4日起開放時間為每日上午11時至晚上7時，公眾假期休館，試行3個月，以便利該區的居民使用。

（二）澳門大學圖書館亦於9月1日起延長大堂閱覽區服務時間：星期一至五為早上8時15分至晚上11時；星期六及日為早上9時至晚上11時。

十、個人私隱辦公室進行調查計畫起草豁免圖書館及檔案室對使用者資料的處理之限制。

十一、民政總署圖書館成為澳門圖書館推動閱讀的先鋒者，舉辦不同型式的閱讀活動，反應熱烈，如其舉辦的第 4 屆「閱讀飛翔號：閱讀好友營」讀書會，共有會員 887 人，較上一屆增加三成半，對象由過往的中小學生擴展至長者。

伍、推廣活動

2007 年的閱讀活動，形式計有書展、閱讀比賽、演講、利用教育、遊戲、話劇、圖書交換、義工服務、翻譯標語、館歌作詞比賽、參觀交流等，非常多姿多彩，加上每年一度的圖書館周、六一兒童節、書香文化節、書市嘉年華，以及終身學習周的系列活動，現說明如下。

一、比賽活動（8 次，見表 5）

表 5　2007 年圖書館比賽活動列表

日期	主協辦單位	名稱
2007.04.23	公職局福利處	世界書香日及版權日徵文比賽
2007.04.23-05.07	澳門大學圖書館	澳門大學圖書館館歌徵詞比賽
2007.07.19-10.18	澳門科學技術協進會、澳門圖書館暨資訊管理協會	第 3 屆青少年科普書籍閱讀獎勵
2007.09.10-11.25	教育暨青年局駿青中心	彩繪讀後感比賽及讀書格言創造比賽
2007.11.03-12.15	教育暨青年局青年試館主辦、澳門圖書館暨資訊管理協會協辦	兒童講故事比賽 2007
2007.11.30	澳門出版協會	第 1 屆優秀澳門圖書評選
2007.12.04	澳門大學圖書館	澳門大學圖書館標語翻譯比賽
2007.12.09	民政總署、香港小童群益會、廣州市少年宮及台北圖書館合辦	第 4 屆穗港澳台少年兒童閱讀計畫：閱讀經典三國

二、講座（15次，見表6）

表6 2007年圖書館界公開講座

日期	主協辦單位	活動名稱／主講者／地點
2007.02.11	民政總署氹仔黃營均圖書館	樂繽紛活動：揮灑自如賀新春
2007.03.16	澳門大學圖書館	美國升學講座
2007.03.29	澳門大學圖書館	Women in Public Life: A U.S. Perspective by Ms. Marlene Sakaue, the U.S. Deputy Consul General in Hong Kong.
2007.03.31	澳門圖書館暨資訊管理協會	科普圖書及好書獎網站講座，王國強主講（濠江小學）
2007.04.08	澳門圖書館暨資訊管理協會	科普圖書與科普閱讀講座，王國強主講（2007年春季書香文化節）
2007.04.08	澳門圖書館暨資訊管理協會	發現第四個愛因斯坦講座，葉文生主講（2007年春季書香文化節）
2007.04.08	民政總署氹仔黃營均圖書館	樂繽紛活動：花枝招展
2007.07.14	民政總署、歷史教育學會	第2屆博物館學生研究員活動之公開專題講座「澳門史上的軍事衝突」（民政總署氹仔黃營均圖書館圖書館）
2007.07.22	法務局	法律加油站之護法小豆苗（民政總署白鴿巢黃營均圖書館）
2007.08.05	法務局	法律加油站之護法小豆苗（民政總署黑沙環黃營均圖書館）
2007.08.12	民政總署白鴿巢黃營均圖書館	樂繽紛活動：寵物護理講座
2007.09.23	法務局	法律加油站之護法小豆苗（民政總署白鴿巢黃營均圖書館）
2007.10.14	民政總署氹仔黃營均圖書館	樂繽紛活動：燭動人心
2007.11.20	澳門大學圖書館	美國升學講座

三、讀書會及分享會（52次，見表7）

表7　2007年讀書會及分享會列表

日期	主協辦單位	活動名稱／主講
2007.01.30	民政總署氹仔黃營均圖書館	動畫坊：一家一鼠
2007.02.11	民政總署黑沙環黃營均圖書館	親子共讀：讀出生活趣味之「尊重」，由拉撒路青少年中心導師
2007.03.04	民政總署白鴿巢黃營均圖書館	書友仔聚會：生命有價
2007.03.04	民政總署孫中山公園黃營均圖書館	書友仔聚會：生命有價
2007.03.18	民政總署氹仔黃營均圖書館	書友仔聚會：生命有價
2007.03.18	民政總署白鴿巢黃營均圖書館	動畫坊：寵物小精靈：結晶塔之帝王
2007.03.25	民政總署黑沙環黃營均圖書館圖書館舉行	書友仔聚會：生命有價
2007.03.25	民政總署氹仔黃營均圖書館圖書館	動畫坊：冰河世紀
2007.03.25	民政總署白鴿巢黃營均圖書館圖書館	親子共讀：讀出生活趣味之「尊重」，由拉撒路青少年中心導師
2007.04.08	民政總署白鴿巢黃營均圖書館圖書館	書友仔聚會：盡在不言中
2007.04.08	民政總署孫中山公園黃營均圖書館	親子共讀：讀出生活趣味之經驗，拉撒路青少年中心導師
2007.04.15	民政總署氹仔黃營均圖書館	書友仔聚會：盡在不言中
2007.05.06	民政總署孫中山公園黃營均圖書館	書友仔聚會：節日的由來
2007.05.12	澳門大學圖書館	世紀大講堂分享會
2007.05.13	澳門大學圖書館	世紀大講堂分享會
2007.06.10	民政總署白鴿巢黃營均圖書館	書友仔聚會：生命的藝術
2007.06.10	民政總署白鴿巢黃營均圖書館	親子共讀：讀出生活趣味之經驗，拉撒路青少年中心導師
2007.06.17	民政總署氹仔黃營均圖書館	書友仔聚會：生命的藝術
2007.06.24	民政總署黑沙環黃營均圖書館	書友仔聚會：生命的藝術
2007.06.24	民政總署孫中山公園黃營均圖書館	動畫坊：風之谷
2007.07.01	民政總署孫中山公園黃營均圖書館	書友仔聚會

表 7　2007 年讀書會及分享會列表（續）

日期	主協辦單位	活動名稱／主講
2007.07.08	民政總署白鴿巢黃營均圖書館	書友仔聚會：樂遊遊
2007.07.08	民政總署孫中山公園黃營均圖書館	親子共讀：讀出生活趣味之欣賞
2007.07.15	民政總署氹仔黃營均圖書館	書友仔聚會：樂遊遊
2007.07.15	民政總署白鴿巢黃營均圖書館圖書館	動畫坊：富貴貓
2007.07.22	民政總署氹仔黃營均圖書館	動畫坊：飛麥嗪故事・馬爾代夫一日遊
2007.07.29	民政總署黑沙環黃營均圖書館	書友仔聚會：樂遊遊
2007.08.03	氹仔教育活動中心	有緣相聚讀書會（成人教育中心）
2007.08.05	民政總署孫中山公園黃營均圖書館	書友仔聚會：運動奇觀
2007.08.10	氹仔教育活動中心	有緣相聚讀書會（成人教育中心）
2007.08.17	氹仔教育活動中心	有緣相聚讀書會（成人教育中心）
2007.08.24	氹仔教育活動中心	有緣相聚讀書會（成人教育中心）
2007.08.31	氹仔教育活動中心	有緣相聚讀書會（成人教育中心）
2007.09.07	氹仔教育活動中心	有緣相聚讀書會（成人教育中心）
2007.09.14	氹仔教育活動中心	有緣相聚讀書會（成人教育中心）
2007.09.16	民政總署氹仔黃營均圖書館	書友仔聚會：誠品書友仔
2007.09.16	民政總署白鴿巢黃營均圖書館	動畫坊：阿拉丁
2007.09.16	民政總署黑沙環黃營均圖書館	電影欣賞系列：青春電幻物語
2007.09.23	民政總署黑沙環黃營均圖書館	書友仔聚會：誠品書友仔
2007.10.06	民政總署孫中山公園黃營均圖書館	書友仔聚會：滋補小貼士
2007.10.06	台山活動中心	專題聚會「走過烽火大地」（楊珮欣主持，香港作家張翠容分享）
2007.10.14	民政總署白鴿巢黃營均圖書館	書友仔聚會：滋補小貼士
2007.10.14	民政總署孫中山公園黃營均圖書館	親子共讀：讀出生活趣味之經驗，拉撒路青少年中心導師
2007.10.21	民政總署白鴿巢黃營均圖書館	欣賞電影：大象
2007.10.21	民政總署氹仔黃營均圖書館	書友仔聚會：滋補小貼士
2007.10.28	民政總署黑沙環黃營均圖書館	書友仔聚會：滋補小貼士
2007.10.28	民政總署孫中山公園黃營均圖書館	動畫坊：小腳板走天涯 3
2007.11.18	民政總署白鴿巢黃營均圖書館	欣賞電影：百變狸貓

表7　2007年讀書會及分享會列表（續）

日期	主協辦單位	活動名稱／主講
2007.11.18	民政總署孫中山公園黃營均圖書館	親子共讀：讀出生活趣味之經驗，拉撒路青少年中心導師
2007.12.15	民政總署氹仔黃營均圖書館	讀書會專題聚會：做21世紀的人才，陳志峰擔任導師
2007.12.16	民政總署白鴿巢黃營均圖書館	親子共讀：讀出生活趣味之發展，拉撒路青少年中心導師
2007.12.30	民政總署孫中山公園黃營均圖書館	動畫坊：麥嘜故事馬爾代夫

四、利用教育（14次，見表8）

表8　2009年圖書館利用教育活動列表

日期	主協辦單位	名稱／主講者
2007.01.29	澳門大學圖書館	推出線上圖書館導覽課程
2007.04.21	民政總署黑沙環黃營均圖書館、澳門圖書館暨資訊管理協會	圖書館資源利用課程，王國強及葉家綏主講
2007.04.21	澳門中央圖書館	導賞服務：何東圖書館和民政總署大樓圖書館
2007.04.23	澳門大學圖書館	最新館藏資源講座系列（羅瑞文、方葆玲、葉文生主講）
2007.04.28	民政總署黑沙環黃營均圖書館、澳門圖書館暨資訊管理協會	圖書館資源利用課程（王國強及葉家綏主講）
2007.04.28	澳門中央圖書館	導賞服務：何東圖書館和民政總署大樓圖書館
2007.07.19-08.02	教育暨青年局黑青中心	親親圖書館工作坊
2007.08.01	聖若瑟教區中學小學部及幼稚園	暑期課程06/07年度加入圖書館管理課程
2007.08.12	永援中學分校	圖書館義工爸、媽工作坊（潘明珠主講）
2007.10.23-31	澳門中央圖書館	圖書館利用教育課程，到七所中、小學校介紹圖書館的各種資源
2007.10.27	民政總署	終身學習周圖書館導賞活動
2007.10.27	澳門中央圖書館	終身學習周圖書館導賞活動：何東圖書館和民政總署大樓圖書館

表8　2009年圖書館利用教育活動列表（續）

日期	主協辦單位	名稱／主講者
2007.10.29	澳門中央圖書館	終身學習周圖書館導賞活動：何東圖書館和民政總署大樓圖書館
2007.10.31	澳門中央圖書館	終身學習周圖書館導賞活動：何東圖書館和民政總署大樓圖書館

五、展覽

參見表9，本年度舉辦的大型及與圖書館學相關的展覽，共13次，主要由澳門大學圖書館、澳門中央圖書館、文化局及澳門圖書館暨資訊管理協會承辦，其活動有：

表9　2007年圖書館展覽活動列表

活動日期	主協辦單位	活動名稱（地點）
2007.01.27	澳門大學圖書館	澳門教育史文獻暨梁披雲、杜嵐、鄺秉仁資料展
2007.04.23-05.01	澳門圖書館暨資訊管理協會	閱讀大使設計比賽展覽（何東圖書館）
2007.04.23-05.03	澳門大學圖書館	澳門大學館藏四庫全書展覽
2007.05.08	澳門大學圖書館	慶祝歐盟50周年及歐洲日2007展覽
2007.05.18-28	澳門大學圖書館	闕長山、陳成書法陶藝聯展
2007.06.08-08.08	澳門中央圖書館	澳門中央圖書館珍藏古籍展覽
2007.06.15-07.15	澳門圖書館暨資訊管理協會	閱讀大使設計比賽展覽（營地活動中心）
2007.07.15-09.02	文化局及澳洲總領事館	萬卷長城表演及互動藝術裝置（塔石廣場）
2007.08.01-09.01	澳門圖書館暨資訊管理協會	閱讀大使設計比賽展覽（台山街市活動中心）
2007.08.31-09.14	澳門圖書館暨資訊管理協會	閱讀大使設計比賽展覽（氹仔教育活動中心）
2007.09.17-10.05	澳門圖書館暨資訊管理協會	澳門圖書館歷史圖片展（氹仔教育活動中心）
2007.09-10.	澳門大學圖書館	張澤珣彩塑繪畫展
2007.10.28	澳門圖書館暨資訊管理協會	澳門圖書館歷史圖片展覽

六、活動（20次，見表10）

表10　2007年圖書館閱讀活動列表

日期	單位	名稱
2007.03.11	民政總署	2006年圖書館義工嘉許禮暨2007年圖書館義工就職禮
2007.04.02-09	澳門出版協會、澳門圖書館暨資訊管理協會	2007年春季書香文化節書展活動
2007.04.21	澳門中央圖書館	好書交換活動日
2007.04.22	教育暨青年局成教中心	圖書館親子之旅活動
2007.04.23	公職局福利處、澳門圖書館暨資訊管理協會	2007世界書香日及版權日
2007.04.23-2008.04.22	澳門大學圖書館	圖書漂流自由傳閱
2007.06.10	民政總署氹仔黃營均圖書館	樂繽紛：端午節齊包粽
2007.07.01-12	教育暨青年局黑青中心	用心閱讀系列活動
2007.07.15	中國文化常識達標工程澳門區工作委員會	中國文化常識競技同樂日
2007.07.22	民政總署黑沙環黃營均圖書館	保護大自然創作話劇：舞蝶夢
2007.07.29	民政總署氹仔黃營均圖書館	保護大自然創作話劇：舞蝶夢
2007.08.04	民政總署與香港小童群益會、廣州市少年宮及台北市立圖書館	穗港澳台四地閱讀交流營
2007.08.05	民政總署孫中山公園黃營均圖書館	保護大自然創作話劇：舞蝶夢
2007.09.27	民政總署	我的最愛選舉：9月至12月之主題是最愛的書房
2007.10.28	澳門中央圖書館	好書交換活動日
2007.11.30-12.03	澳門圖書館暨資訊管理協會	第6屆澳門資訊周攤位及有獎遊戲：世界各地圖書館建築巡禮
2007.12.08-16	澳門圖書館暨資訊管理協會	2007年秋季書香文化節書展
2007.12.16	民政總署氹仔黃營均圖書館	圖書館迎聖誕陳灝妍帶領小朋友一同佈置圖書館來迎接聖誕節
2007.12.27	濠江中學小學部	組織小義工及讀書會同學參觀白鴿巢圖書館
2007.12.30	民政總署	好書傳閱活動

陸、意見及方向

隨著社會經濟的進步，社會各界、特區政府、立法會議員、民生社團領袖較過去關注圖書館功能與服務的發展，在不同的場合反映其意見，現總結如下：

一、澳門特別行政區長官何厚鏵在 2007 年施政報告答問大會指出：比較 1999 年和 2006 年，澳門圖書館及閱讀室的藏書總量，由 30 多萬本增加到 110 多萬本，增幅超過 2.3 倍；接待人次，由 61 萬多人增加到 310 多萬人，增幅超過 4 倍。這些數據，顯示出澳門文化事業的長期進步。

二、社會文化司崔世安在 2007 年施政報告中指示，在圖書館方面，優化現有圖書館的運作和服務，嚴謹有序推進新澳門中央圖書館的籌建，繼續推廣閱讀風氣，鼓勵好書交換，讓更多市民分享到閱讀的樂趣。

三、立法議員楊道匡提出新的澳門中央圖書館選定在舊愛都，比現時考慮的南灣舊法院更合理，原因是舊愛都對面有塔石廣場、文化局和望德堂等特色文化建築和文化產業區，鄰近兩所學校，有大量的圖書館使用者。無論從以民為本和使用者的角度出發，舊愛都的選址較舊法院佳。

四、文化局局長何麗鑽就澳門圖書館配置，回覆議員陳明金書面質詢。她指出，文化局轄下的 7 間圖書館各有特色，館藏也不盡相同，當中以兒童圖書館藏量最豐富。

五、新橋坊會負責人拜會民政總署，希望改善區內配套設施；同時有居民向民政總署譚偉文主席，反映東北區缺乏圖書館和遊泳池等社區設施。

六、立法議員關翠杏批評文化局領導繞過上級及相關行政程序，濫用「包工合同」，聘用圖書館工作人員，認為對受聘者不公平，關議員要求「特區政府實不應帶頭做不負責任的僱主」。

七、立法議員吳國昌質詢特區政府，可否在所有公立圖書館都設置時事閱覽室，提供所有本地出版的報章，以及提供主要的全國性報章、發行量較大的香港報章及台灣報章，以便草根階層可不斷接觸多元化的時事資訊？同時，作為體現對少數族群的包容與尊重，特區政府可否在個別公立圖

書館設立葡文時事閱覽室，提供葡國的報章；以及可否在個別圖書館設立東南亞族群閱覽書，提供菲律賓、泰國、印尼、緬甸等（已定居澳門人口較多的來源國）的主要報章？

柒、課程及研討會

一、圖書館專業人材

至於台灣地區畢業回來有台灣大學2人、輔仁大學3人，另有成都大學信息管理系1人、中山大學資訊管理系檔案組1人。修畢博士學後1人，碩士1人（華南師範大學信息管理系）、正修讀北京大學博士1人、碩士課程有1人於北京師範大學、2人在華南師範大學、1人於中山大學就讀。

二、課程

2007年修讀圖書館專業學位課，則有北京大學信息管理系、澳門業餘進修中心及澳門圖書館暨資訊管理協會合辦的「圖書館學與資訊管理專業大專課程」，共23人入讀。

在本地舉辦的短期課程有15門，主要辦學單位為澳門圖書館暨資訊管理協會、澳門大學校外課程中心、教育暨青年局、氹仔教育活動中心。計有300多人次參加培訓，其課程內容可見表11。

表11　2007年澳門圖書館主辦專業課程列表

日期	單位	名稱
2007.03.10-31	教育暨青年局、澳門圖書館暨資訊管理協會	學校圖書館利用教育及參考服務（梁德海及羅瑞文主講）（20小時）
2007.04.21-05.26	教育暨青年局氹仔教育活動中心	兒童文學初探培訓課程（60小時）
2007.05.14-2008.02.	澳門圖書館暨資訊管理協會、澳門大學	圖書館專業技術文憑課程：中國圖書分類法、主題詞表、中文編目規則與中國機讀格式、英美編目規則與MARC21、美國國會圖書館分類法、圖書館自動化系統等六個科目（120小時）

表 11　2007 年澳門圖書館主辦專業課程列表（續）

日期	單位	名稱
2007.05.17, 19, 22 2007.06.02, 05, 07, 09, 12, 14	氹仔教育活動中心	種子團隊學習團體帶領人培訓課程（林振春及詹明娟主講）（48 小時）
2007.10.20-11.24	澳門圖書館暨資訊管理協會、澳門大學	SLS 圖書館自動化系統（李仲明主講）（20 小時）
2007.11.12-12.12	澳門圖書館暨資訊管理協會、澳門大學	古籍整理與修復證書課程：古籍整理導論（北京大學圖書館古籍部主任沈乃文教授主講）、目錄學及方志學（南開大學來新夏教授主講）及古籍修復與裝裱（上海圖書館童芷珍女士主講）（40 小時）
2007.11.16-12.28	澳門監獄、澳門圖書館暨資訊管理協會	圖書館管理課程（20 小時）
2007.11.30	澳門圖書館暨資訊管理協會、澳門中央圖書館	中國圖書館分類法研習班（科基會演講廳）

三、研討會

而為推動圖書館事業發展所舉辦的座談會有 5 次，可參見表 12。

表 12　2007 年澳門圖書館主辦研討會列表

日期	單位	名稱
2007.04.16	澳門大學圖書館	從清華大學圖書館的經驗來看大學圖書館的發展路向（薛芳瑜、姜愛蓉、邵敏等主講）
2007.04.24	澳門大學圖書館	提升圖書館館員素質的研討會
2007.05.16	澳門大學圖書館	Scholarly Communication Futures, Digital Publishing and Open Access Opportunities in the 21st Century, by Colin Steele, Emeritus Fellow 2004, The Australian National University (ANU).
2007.07.20	澳門大學圖書館	East Asian Libraries in a Digital Age and Information Services to China Scholars in North America, by Karen Wei, is head of the Asian Library, Coordinator of the Area Studies Division, University of Illinois at Urbana-Champaign (UIUC).
2007.11.20	科技基金會	澳門文獻保存成果會（楊開荊主講）

四、出版書刊

本年度出版書刊 1 本、圖書館使用手冊 1 種、其出版名單為：
- 《University of Macau Library users' manual》，澳門大學圖書館。
- 《七略別錄佚文·七略佚文》，鄧駿捷校補，澳門大學出版中心。

捌、區域合作與交流

在區域合作上，共簽訂了 10 項地區合作協議，包括 9 項與國內合作、1 項與美國合作的協議，內容如下：

澳門大學圖書館先後與美國匹茲堡大學圖書館、武漢大學圖書館、上海交通大學圖書館、北京清華大學圖書館、華中科技大學圖書館、復旦大學圖書館、浙江大學圖書館、廣州大學圖書館、天津科技大學圖書館、上海外語大學圖書館簽定合作協議，加強各地合作與資源共享的關係。

而文化局與上海圖書館合作，於鄭家大屋內設立鄭觀應文史研究中心，展出大量鄭氏的生平資料。

為了瞭解澳門學校圖書館工作人員的困難，澳門圖書館暨資訊管理協會在 2007.4.25 舉辦了《第三次學校圖書館工作人員座談會》，會議重點在討論教育暨青年局即將推出的閱讀推廣人員計畫，探討對現職館員的影響，並就此向當局反映意見。

至於交流活動，主要是通過參觀訪問、出席研討會及講座而實現交流目的，來澳參觀訪問單位有：中國國家圖書館詹福瑞館長、國際交流處（港澳台處）嚴向東處長、西安交通大學代表團、廣州大學圖書館代表團、天津大學圖書館許增朴教授、北京大學信息管理系王子舟教授、上海外語大學圖書館代表團。台灣地區有漢學研究中心宋建成教授、輔仁大學圖資系代表團、台北市立圖書館分館主任代表團、清華大學圖書館館長。香港有職業訓練局圖書館代表團；海外地區有：美國芝加哥大學周原館長。

而應邀出席在澳門發表研討會論文有：賴永祥教授、台灣大學圖書館林光美副館長、王國聰主任、國家圖書館吳英美主任。

參加本地舉辦研討會的外地單位有：香港學校圖書館主任協會的代表。

曾到訪澳門圖書館的政要人物有：葡萄牙總理蘇格拉底參觀澳門大學圖書館。

至於對外活動，澳門圖書館界先後官式出訪了香港中文大學圖書館、香港教育學院圖書館、香港科技大學圖書館、山東大學圖書館、山東師範大學圖書館、山東圖書館、東莞圖書館、深圳圖書館、深圳大學城圖書館；新加坡國家圖書館、新加坡管理學院圖書館、義區圖書館等。

2007年6月25至29日，澳門大學圖書館梁德海應邀參加 International Visitor Leadership Program，先後參觀了 Washington, DC（Library of Congress, National Archives and Records Administration Library, National Library of Medicine）；New York City（Bronx Library Center, Columbia University Library, The American Family Immigration History Center Library, Franklin D. Roosevelt Presidential Library and Museum）；Salt Lake City（Salt Lake City Main Library, The Utah State Library, The Utah County Bookmobile, Family History Library, The Center for the Preservation of Ancient Religious Tests at Brigham Young University, Salt Lake City School Library）；Urbana-Champaign, Illinois Library, Arthur Public Library。

在交流合作會議方面：澳門圖書館界共參加了3次，分別為：《第8次粵港澳三地藝文合作峰會（深圳）》；《香港特別行政區大學圖書館聯席會及館藏發展會議》（2007.12.7）；及由澳門圖書館暨資訊管理協會、澳門大學圖書館、澳門社會研究學會、全球華文資源共建共享協進會協辦，中國國家圖書館舉辦的《中文文獻資源共建共享會議第一次理事會》。

最後，澳門圖書館界共參加了10次區域的研討會及講座，其內容可參見表13。

表 13　2007 年澳門圖書館界參加區域的研討會及講座列表

日期	單位	會議名稱
2007.01.05-08	澳門圖書館暨資訊管理協會	第 4 屆中國文化產暨新年論壇（北京大學）
2007.04.11-12	澳門大學圖書館	The Academic Librarian: Dinosaur or Phoenix? Die or Fly in Library Change Management（香港中文大學圖書館）
2007.04.12-13	澳門大學圖書館	The conference of "Hong Kong 2007: 9th Fiesole Collection Development Retreat"（香港大學圖書館）
2007.04.25-27	澳門大學圖書館	University Librarians' Forum: Strategies on the Development of the Documental Resources（浙江大學圖書館）
2007.05.09-11	澳門大學圖書館	Academic conference on "The Construction and Building of Libraries"（同濟大學圖書館）
2007.08.20-24	澳門大學圖書館	第 73 屆國際圖聯年會（南非 Durban）
2007.08.20-24	澳門大學圖書館	Professional Conferences and Events Organized by the University of California, Berkeley, in conjunction with the celebration for the opening of its C. V. Starr East Asian Library and Chang-Lin Tien Center for East Asian Studies
2007.11.22-23	澳門大學圖書館	2nd International Conference on Asia-Pacific Library & Information Education & Practice 2007（A-LIEP 2007）（台北）
2007.12.03-04	澳門大學圖書館	8th Annual Hong Kong Innovative Users Group Meeting（香港浸會大學）
2007.12.10-11	澳門大學圖書館	International Conference on Information and Learning Commons（香港科技大學）

玖、總結

　　回歸八年來，澳門圖書館事業正朝向人員專業化、服務普及化、藏書電子化、活動多元化等方面的發展，重點總結如下：

一、圖書館數量持續增長，2007 年較 2006 年增加了 2 間，館舍設施亦不斷增加及改善，2006 年底約有 130 間圖書館進行圖書館電腦化運作。

二、舉辦研討會及座談的內容以實務工作及閱讀推廣為主，並全力協助海峽兩岸資源合作各項工作。

三、圖書館學課程內容亦多元化，報讀人數大幅增加，有利圖書館事業的發展。

四、展覽活動則以古籍文獻及個人藏品展為主，本年度沒有與國內單位合作展出。

五、交流活動方面，以國內代表團訪問為主，出訪及參加研討會之地區分別有新加坡等地區及國家。

六、在重大事件方面，市民及議員普遍支持建立新澳門中央圖書館或大型的圖書館，但選址在南灣的舊法院，服務對象偏向以中高層階級與遊客為主，對於年前大多數意見認為的愛都塔石廣場則沒有接納。

七、在藏書數量及內容方面，各館需求增大。幾間主要的圖書館不斷引入新的設備及服務。

八、教育暨青年局推出學校閱讀推廣人員計畫，原意是幫助各校推動閱讀風氣，但在制度上及各校負責人認知問題，產生了不少問題。

本文原刊於《兩岸三地圖書館法研究》，第 12 期（2010 年 5 月），175-194。

2006年澳門圖書館事業回顧

壹、前言

　　回歸後的澳門圖書館事業發展概況可從圖書館數量及分布、研討會及座談會、課程及培訓、出版書刊、展覽活動、區域合作與交流、重要的發展與服務、閱讀活動、意見及方向等項目，反映出澳門圖書館事業正在穩步發展，市民對圖書館服務有一定的要求，政府投入資源不斷增加，其內容說明如下。

貳、圖書館數量及分布

　　新開設的圖書館計有4間，包括科技基金會圖書館、旅遊局商務旅遊中心圖書館、澳門博彩研究學會圖書館，及位於澳門科技大學內的國際學校圖書館。而改建、擴建的有何東圖書館新翼大樓，總面積由1,000多平方米增至3,000多平方米，容納的藏書由2萬5千多冊增至6萬冊，座位由150個增至400個；民政總署大樓圖書館、路環圖書館及青洲圖書館的更新工程開展，着重改善館內的照明及電力系統；新的流動圖書車也在6月正式投入服務。

　　澳門理工學院圖書館加建一層。環境委員會新址圖書館、文化局新址圖書館、澳門大學圖書館的多功能廳冠名為劉少榮展覽廳、聖心女子英文中學圖書館、東南中學圖書館。計劃興建者有9間，計有公共圖書館4間，包括文化局的新澳門中央圖書館、民政總署的三盞燈地下停車場閱覽室、何賢大馬路的綜合技術大樓圖書館、水上街市圖書館。

　　大專圖書館有2間，包括澳門科技大學新圖書館大樓及澳門高等校際學

院，將在聖若瑟教區中學校區建新教學大樓的圖書館；專門圖書館有 3 間，包括交通事務局圖書室、新監獄的圖書室、何鴻燊博士醫療拓展基金會在置地廣場 9 樓設立醫學圖書館；學校圖書館 2 間，包括澳門培正中學校園擴建第二期的新 H 座大樓圖書館，及粵華中學新教學大樓圖書館。而於即將關閉者有因將進行舊區重建工程影響的望廈圖書館。停辦的有聖母聖心學校圖書館，以及因氹仔中葡學校改建校舍而暫停使用。

參、研討會及座談會

2006 年在澳門舉行的圖書館研討會及座談會有 11 場，包括：

- 「東西方文明的橋樑：美國東亞圖書館藏的歷史沿革和發展講座」，美國加州大學柏克萊分校東亞圖書館主任及大學圖書館助理館長周欣平主講，澳門大學圖書館主辦，2006.4.24。
- 「澳門大學圖書館古籍館藏整理經驗談」，鄧駿捷主講，澳門大學圖書館主辦，2006.4.24。
- 「澳門參考工具書概況」，王國強主講，澳門圖書館暨資訊管理協會主辦，2006.4.30。
- 「華文地區好書獎簡介講座」，劉家寶主講，澳門圖書館暨資訊管理協會主辦，2006.5.1。
- 「淺談漢洋古字典講座」，李淑儀主講，澳門中央圖書館主辦，2006.6.10。
- 「圖書館論壇暨公眾諮詢大會」，新澳門中央圖書館關注小組主辦，2006.8.13。
- 「圖書館的世界視野介紹會」，美國圖書館設計名家 Ms Kathryn Page 主講，新澳門中央圖書館關注小組主辦，2006.8.26。
- 「學術圖書館的演變：過去、現在與未來研討會」，澳門大學圖書館主辦，2006.11.22。
- 「澳門公共圖書館提供的兒童服務」，王國強主講，澳門圖書館暨資訊管理協會主辦，2006.12.3。

- 「兩岸三地圖書館在公共行政與立法事務所扮演角色研討會暨工作坊」，澳門圖書館暨資訊管理協會主辦，公職局福利處協辦，2006.12.9。
- 「澳門公共圖書館事業發展的文化價值」，沈振輝主講，澳門圖書館暨資訊管理協會主辦，2006.12.10。

而為推動圖書館事業發展所舉辦的座談會有 4 次，包括：
- 「第 1 次團體會員工作會議」，澳門圖書館暨資訊管理協會主辦，2006.3.17。
- 「第 2 次學校圖書館工作人員座談會」，澳門圖書館暨資訊管理協會主辦，2006.4.30。
- 「國際標準書號（ISBN）增碼諮詢座談會」，澳門中央圖書館主辦、澳門出版協會協辦，2006.9.29。
- 「建立澳門地區圖書館聯合書目系統發佈會」，澳門圖書館暨資訊管理協會主辦，2006.12.14。

圖書館界參加其他澳門本地學術會議有 2 次，包括：聯合國教科文組織和聯合國兒童基金會主辦的《國際兒童讀物聯盟 2007 年澳門年會》，及澳門基金會主辦的《首屆澳門人文社會科學大會》。

肆、課程及培訓

2006 年修讀圖書館專業學位課，則有北京大學信息管理系、澳門業餘進修中心及澳門圖書館暨資訊管理協會合辦的「圖書館學（含資訊管理）專業本科學位課程」2002 級澳門班，於 3 月在北京舉行畢業典禮，共有 48 人本科畢業，其中 27 人更獲學士學位。而上述三個單位於 4 月開辦「圖書館學與資訊管理專業大專課程」，共 26 人入讀。至於台灣地區畢業回來有台大 2 人及輔大 3 人。修畢博士學位 1 人，正修讀圖書館學或信息管理學的研究生人數為：北京大學博士 1 人；碩士課程有 1 人於北京師範大學、2 人在華南師範大學就讀。

在本地舉辦的短期課程有 12 門，主要辦學單位為澳門圖書館暨資訊管理協會、澳門大學校外課程中心、教育暨青年局、氹仔教育活動中心。計有 300 多人次參加培訓。

- 「美國國會圖書館分類法證書課程」，澳門圖書館暨資訊管理協會，澳大校外課程中心，2006.1.5-3.16，40 小時。
- 「杜威十進分類法證書課程」，澳門圖書館暨資訊管理協會，澳大校外課程中心，2006.3.21-4.20，20 小時。
- 「讀書會領導人種籽師資培訓課程」，教育暨青年局氹仔教育活動中心，2006.4.-6.。
- 「圖書館實務課程」，教育暨青年局成人教育中心，澳門圖書館暨資訊管理協會承辦，2006.4.28-，30 小時。
- 「主題詞表證書課程」，澳門圖書館暨資訊管理協會，澳大校外課程中心，2006.4.25-5.25，20 小時。
- 「資料庫製作證書課程」，澳門圖書館暨資訊管理協會，澳大校外課程中心，2006.5.30-6.29，20 小時。
- 「親子閱讀培訓及親職教育講座」，氹仔教育活動中心舉辦，2006.7.22-23。
  內容包括：「從圖畫書的設計談圖畫書圖像閱讀」、「談圖畫書與兒童的生命教育」、「這些人和那些人：圖畫書中真實人生」、「如何培養良好品格的孩子」、「培養愛學習的孩子：學習型家庭的運作」。
- 「圖書館管理進階課程」，教育暨青年局成人教育中心，澳門圖書館暨資訊管理協會承辦，2006.10.11-11.17，30 小時。
- 「向書鄉出發工作坊」，黑沙環青年中心主辦，2006.10.9-31。
- 「圖書館管理課程」，澳門監獄主辦，澳門圖書館暨資訊管理協會承辦，周瑞嫻主講，2006.11.30-12.21，共 24 小時。
- 「兒童即席講故事工作坊」，潘明珠主講，澳門圖書館暨資訊管理協會主辦，2006.12.9。
- 「SLS 系統及聯合書目培訓課程」，澳門圖書館暨資訊管理協會主辦，2006.11.4-12.16。

最後到境外參加研習課程，有 3 門，共 4 人次，內容如下：
- 「全國圖書館新館建設高級研修班」（浙江杭州），中國圖書館學會，2006.4.。
- 「CALIS 聯合目錄古籍版本鑒定專題講座」（揚州大學），CALIS，2006.10.16-20。
- 「Workshop on advanced web OPAC administration」（香港），INNOPAC，2006.12.13。

伍、出版書刊

本年度出版書刊 5 本、專題報告 2 種、通訊 3 種、其出版名單為：
- 《澳門大學圖書館古籍特藏圖錄》，鄧駿捷編審，澳門大學圖書館出版，2006.1.。
- *Usage survey of the Library's journal collection*，澳門大學圖書館，2006.5.。
- 《規劃特色的澳門公共圖書館系統及新澳門中央圖書館報告》，新澳門中央圖書館關注小組，2006.11.。
- 《澳門圖書館事業發展史》，王國強編著，澳門圖書館暨資料管理協會出版，2006.12.。
- 《兩岸三地閱讀文化研究》，李星儒主編，澳門圖書館暨資料管理協會出版，2006.12.。
- 《圖書館英語：圖書館日常用語》，潘華棟，陳兆能主編，澳門大學圖書館出版，2006.12。
- 《澳門圖書館暨資訊管理協會成立 10 周年特刊》，羅瑞文主編，澳門圖書館暨資料管理協會出版，2006.12.。
- 《中央圖書館館訊（中文版）》，澳門中央圖書館主編，文化局出版，2006.3.-12.。
- 《中央圖書館館訊（英文版）》，澳門中央圖書館主編，文化局出版，2006.1.。

- 《中央圖書館館訊（葡文版）》，澳門中央圖書館主編，文化局出版，2006.1.。

陸、展覽活動

在這年間舉辦的大型及與圖書館學相關的展覽，共 13 次，主要由澳門大學圖書館、澳門中央圖書館、澳門民政總署及澳門圖書館暨資訊管理協會承辦，其活動項目有：

- 「從氹仔看的風景畫展」，客遠文繪，澳門大學圖書館主辦，2006.4.3-30。
- 「童話‧童真‧童心：第 2 屆穗港澳少年兒童閱讀計畫得獎作品展覽」，民政總署、香港小童群益會及廣州市少年宮合辦，2006.4.6。
- 「澳門大學藏古籍展覽」，澳門大學圖書館主辦，2006.4.25-5.30。
- 「華文地區好書獎簡介展覽」，澳門圖書館暨資訊管理協會主辦，2006.4.21-5.1。
- 「利瑪竇相關文獻展覽」，澳門中央圖書館主辦，2006.6.1-24。
- 「漢洋古字典展覽」，澳門中央圖書館主辦，2006.6.1-24。
- 「陳伯欽書畫作品展」，陳伯欽繪，2006.6.21-7.21。
- 「中國當代名家濠江情書畫展」，澳門大學圖書館主辦，2006.8.31-9.14。
- 「香港澳門早期書刊展」，香港中文大學圖書館和澳門大學圖書館合辦，2006.9.4-9。
- 「中華海內外對聯書畫名家作品澳門展覽」，中華海內外對聯書畫家協會與澳門楹聯學會合辦，澳門大學圖書館協辦，2006.10.9-13。
- 「孫中山先生文獻展覽」，澳門中央圖書館舉辦，2006.11.20-12.31。
- 「香港澳門早期書刊展」，香港中文大學圖書館和澳門大學圖書館合辦，2006.11.22-12.21。
- 「Work of Macao Hands」，Paintings by Carol Archer and Footstep, an installation by Carol Archer and Even Mak，澳門大學圖書館主辦，2006.11.10-12.7。

柒、區域合作與交流

在區域合作上，共簽訂了 5 項地區合作協議，包括 4 項與國內合作，1 項與香港合作的協議，內容如下。

文化局與國家文化部部長助理丁偉在澳門主持了內地與澳門特區更緊密文化關係安排協議書，與上海的圖書館達成合作協議，派工作人員到上海圖書館整理鄭觀應與澳門的有關資料，在香港召開的第 7 次粵港澳文化合作會議，聘請了粵港兩方圖書館館長擔任籌建新澳門中央圖書館的顧問。

澳門圖書館暨資訊管理協會則與珠海大學校園工作委員會高校圖書館代表訪澳及簽定合作協議，加強兩地合作與資源共享的關係。同時亦與香港思維科技有限公司簽訂合作協議，建立澳門地區的聯合書目系統。

至於交流活動，主要是通過參觀訪問，出席研討會及講座而實現交流目的，來澳參觀訪問單位有：中國國家圖書館詹福瑞館長、善本特藏部張志清主任、國際交流處（港澳台處）嚴向東處長、敦煌吐魯番學研究中心組長林世田研究館員、善本組李小文副研究館員；中國圖書館學會專門圖書館分會代表團、浙江省圖書館學會代表團、汕頭大學圖書館代表團、廣州市圖書館專業人才高級研習班、廣州圖書館代表團、廣東海洋大學圖書館代表團、廣東中央黨校圖書館代表團、珠海大學校園工作委員會高校圖書館代表團、湖北省圖書館代表團、武漢市圖書館代表團、上海財經大學圖書館代表團、上海交通大學圖書館代表團、肇慶文化局及圖書館代表團。台灣地區有漢學研究中心顧問劉顯叔、中華資訊素養學會劉安之會長、逢甲大學圖書館代表團。香港有職業訓練局圖書館代表團；海外地區有澳洲圖書館協會會長、Charles Sturt University 的 John Mills。

而應邀出席在澳門發表研討會論文有：香港中文大學圖書館施達理館長、北京大學圖書館朱強副館長、上海交通大學圖書館陳兆能館長、北京大學周慶山教授、台灣師範大學圖資所陳昭珍教授、台灣大學圖書館項潔館長、新加坡南洋理工學院圖書館蔡發翔館長。

參加本地舉辦研討會的外地單位有：香港學校圖書館主任協會、嶺南大學

圖書館、香港城市大學圖書館、浸會大學圖書館、香港科技大學圖書館、香港大學圖書館、香港中文大學圖書館、樹仁大學圖書館、香港職訓局圖書館、香港教育學院圖書館、東華學院圖書館、香港體育學院圖書館等機構的代表。

曾到訪澳門圖書館的政要人物有：統戰部部長劉延東女士、國家教育部副部長袁貴仁、港澳台辦公室主任丁雨秋等先後參觀澳門大學圖書館。

至於對外活動，澳門圖書館界先後出訪了新加坡大學圖書館、新加坡國家圖書館、香港中央圖書館、香港科技大學圖書館、香港中文大學圖書館、香港大學圖書館、中國的第一歷史檔案館、中國科學院圖書館、北京大學圖書館、蘇州圖書館、東莞圖書館、佛山圖書館、深圳圖書館、敦煌圖書館、上海圖書館、浙江圖書館、揚州大學圖書館、三峽大學圖書館、北京師範大學珠海學院圖書館、中山大學珠海校區圖書館、北京理工大學珠海校區圖書館、珠海市圖書館、暨南大學珠海學院圖書館、珠海城市職業技術學院圖書館、廣東科技職業學院圖書館及吉林大學珠海學院圖書館；台灣地區的台北市立圖書館及其分館[1]（內湖、西湖、中崙、文山、西門町）、台北縣立文化中心圖書館、台北縣書香文化推廣協會；韓國的首爾大學圖書館等。

最後，澳門圖書館界共參加了11次區域的研討會及講座，計有：

- 「第7次粵港澳三地藝文合作峰會」（香港）
- 「第72屆國際圖聯年會」（首爾），2006.8.20-24。
- 「7th Annual Hong Kong Innovative users group meeting」（香港），2006.12.11-12。
- 「Head Librarians' Forum」（台北），2006.1.29。
- 「從全球角度看電子書的挑戰與發展研討會」（香港大學圖書館），2006.9.21-22。
- 「Asia-Pacific Conference on Library and Information Education and Practice」（新加坡），2006.4.3-6。

---

[1] 民政總署於2006.7.10-14到訪台北市立圖書館。

- 「探討澳鄂互動合作專題講座」（三峽大學），2006.12.17。
- 「港澳播種人交流會」，2006.7.15。
- 「第 6 屆中文文獻共建共享工作會議」（敦煌），2006.9.7-10。
- 「圖書館文獻資源建設培訓班」（武漢大學圖書館），2006.11.28。
- 「周文駿教授《文獻交流引論》出版 20 周年座談會」

在技術合作方面，澳門中央圖書館與香港中央圖書館及深圳圖書館合作開通粵港澳聯合書目，澳門大學圖書館亦加入台北的古籍聯合書目系統。

捌、重要的發展與服務

2006 年澳門圖書館的發展，可從館藏建設、電腦化進程、讀者服務及籌建新澳門中央圖書館等方向說明。

一、館藏建設

（一）採購程序

澳門中央圖書館將以國際標準為指引，透過購買、交換及徵集等方式，優化採購程序，增加館藏並提高質量。

（二）贈書

2006 年要以澳門大學圖書館收到社會各界大批量的贈書為最多，包括成為國際貨幣基金、國際海事組織、東盟協會的寄存單位，先後獲得香港李啟文博士贈 6,300 冊、鄧駿捷老師、日本上智大學、香港中文大學圖書館各贈圖書 2,000 餘冊、浸信神學院圖書館贈書 1,554 冊。另外商訓夜中學亦送贈一批文革時期的藏書給澳門中央圖書館。

（三）電子館藏的發展

　　三間政府的高校圖書館積極增加館藏和電子資料庫，以澳門大學圖書館投入大量的資源，幾近4百萬元澳門幣，共購置了84個資料庫，新增資料庫26個，而澳門中央圖書館則引進了國內著名萬方數據庫開放給市民使用。澳門基金會亦展開新的虛擬圖書館工作，先後發信多個團體，徵集其出版品電子化計畫。另外，培道中學建立電子圖書館館藏，澳門外科醫學會表示正籌備建立有關外科手術及微創手術的網上電子圖書館。

二、圖書館電腦化進程

　　教育暨青年局於2006年1月更換新的VETC圖書館系統，推出「圖書室公眾查閱目錄」，市民可同時查得該局的教育資源中心、氹仔教育活動中心、成人教育中心、教育心理輔導暨特殊教育中心及語言推廣中心的藏書情況。

　　新增SLS自動化系統的單位有11間，包括審計署、澳門九澳聖若瑟學校、創新中學、澳門土木工程實驗室圖書館、行政法務司司長辦公室、法律改革辦公室、澳門歷史檔案館、文化局研究部、澳門博物館圖書館、澳門理工學院社會經濟研究所、旅遊局商務中心等，更新到SLS 6.3有澳門大學附屬應用學校、澳門貿易投資促進局、澳門生產力暨科技轉移中心、行政暨公職局、廉政公署，港務局及航海學校。

　　民政總署黃營均圖書館亦於12月，在網上開通其轄下4間分館的聯館目錄。而澳門圖書館暨資訊管理協會亦於11月份公佈了由教育暨青年局贊助，香港思維電腦公司義務開發的澳門學校聯合書目系統試用版，共收錄10間圖書館約45,000冊藏書資料，與各館下載書目資料，節省分編原始資料的時間與人力。

　　此外，澳門大學圖書館委托先晧電子科技公司開發澳門第一套圖書館資源導覽系統及活動展示系統。

三、讀者服務

教育暨青年局推出轄下中心的新圖書借閱規則，讀者可在其指定的圖書館通借通還。民政總署黃營均圖書館亦對其讀書會會員及該署的員工，開展以智能身分證借書服務。

四、籌建新澳門中央圖書館

2006年4月，澳門特別行政區文化局聘請了顧問公司，正式對興建新澳門中央圖書館及澳門公共圖書館系統展開可行性研究，工作小組以「共建知識寶庫，實現文化夢想」為宗旨，對公眾諮詢，第一階段公眾諮詢活動是由7月31日至8月初進行，第二階段為8月中至11月。

玖、閱讀活動

2006年的閱讀活動，形式計有書展、閱讀比賽、演講、利用教育、遊戲、音樂會、圖書交換、義工服務、參觀交流等，非常多姿多彩，加上每年一度的圖書館周、六一兒童節、書香文化節、書市嘉年華，以及為紀念安徒生誕辰的系列活動，使用本年度的活動氣氛推上歷年的高峰，現說明如下：

- 「三級跳的鄉情現代詩講座」，鄭愁予主講，澳門筆會主辦、澳門中央圖書館協辦，2006.3.25。
- 「圖書館利用教育課程」澳門中央圖書館於4月17至28日舉辦11場，派出推廣館員巡迴到澳門的8間中小學校，向1,200多名師生介紹圖書館的各種資源。
- 「逾期期刊義賣」，澳門中央圖書館主辦，2006.4.23、4.29。
- 「好書交換」，澳門中央圖書館主辦，2006.4.22-23。
- 「2006國際兒童節園遊會」，澳門中央圖書館攤位，2006.5.28。

- 「2006 終身學習周」，澳門中央圖書館舉辦了：好書交換、圖書館利用教育課程、圖書館導賞，2006.11.11-18。
- 「第 2 屆青少年科普書籍閱讀獎勵活動」，澳門科學技術協進會主辦，澳門圖書館暨資訊管理協會協辦。
- 「第 9 屆兒童講故事比賽：越講越精彩」，塔石青年中心主辦，澳門圖書館暨資訊管理協會協辦，2006.11.1-12.16。
- 「2006 春季書香文化節」，澳門出版協會主辦，星光書店承辦，4.27-5.1。
- 「『世界各地圖書館建築巡禮』為題的展示攤位」，2006 年資訊科技周，澳門圖書館暨資訊管理協會舉行名為「終極大抽獎」活動。
- 「第 4 屆『閱讀飛翔號──閱讀好友營』讀書會」，民政總署，共有會員 887 人，較上一屆增加三成半，對象由過往的中小學生擴展至長者。
- 「圖書館親子之旅」，成人教育中心，2006.4.30。
- 「齋齋閱讀樂趣多」兒童小組，氹仔教育教育中心，2006.4.1。
- 「讀書心得比賽」，澳門大學圖書館主辦，2006.4.-5.。
- 「2006 圖書館周」，澳門中央圖書館、民政總署、教育暨青年局及澳門圖書館及資訊管理協會主辦，2006.4.21-30。
- 「十大好書選舉」，民政總署，澳門圖書館暨資訊管理協會合辦，共收回投票表格 142 份，而網上投票則有 87 份，共 229 份。
- 「講故事，學英語」兒童英文小組，氹仔教育教育中心，2006.5.14-6.18，共 6 節。
- 「夏日童讀樂悠悠」，民政總署主辦，在白鴿巢公園舉行，設有「百人童讀」、「童話同講」、「兒歌童唱」及「劇場同樂」等環節，2006.7.。
- 「愈讀愈有趣」兒童英文小組，氹仔教育教育中心，2006.7.11-21，共 4 節。
- 「第 9 屆澳門書市嘉年華」，一書齋、澳門理工學院合辦的，2006.7。
- 「尋找書鄉的寶貝閱書計畫」，黑沙環青年中心主辦，2006.10.9-31。
- 「閱讀愈舒服，閱後更醒目讀書會」，氹仔教育活動中心，2006.11.4-1.27。
- 「兒童即席講故事大比拼活動」，培石青年中心主辦，澳門圖書館暨資訊管理協會協辦，2006.11.9。

- 「民署圖書館招募義工活動」，民政總署圖書館主辦，年齡降至12歲。
- 「圖書市集」，澳門圖書館暨資訊管理協會、民政總署、教青暨青年局、澳門中央圖書館合辦，分別邀請一書齋、文化廣場、星光書店、宏達圖書公司、邊度有書在司打口公園、氹仔花城公園、黑沙環公園、新麗華廣場等地區，2006.4.21-23。
- 「圖書館e學堂」，澳門中央圖書館，2006.2-3，計有倉頡輸入法（初階），介紹倉頡輸入法的取碼方法；倉頡輸入法（進階）、電子郵件大放送、指導檢索圖書目錄、辦理網上續藉及預約手續方法、電子資源數據庫介紹、Microsoft Word 文書處理（初階）、Microsoft Word 文書處理（進階）。
- 「圖書館e學堂」，澳門中央圖書館主辦，2006.7-12，計有電腦基本知識、齊齊學上網、WordPad、倉頡輸入法（初階及進階）、電子郵件收發技巧、指導檢索圖書目錄、辦理網上續藉及預約手續方法、電子資源數據庫介紹、Microsoft Word 文書處理（初階及進階）、Microsoft PowerPoint 簡報（初階及進階）、Microsoft Excel 試算表（初階及進階）。
- 「傷健共融——閱讀愛心成果展」，北區中葡小學、何東中葡小學、灣景中葡小學及二龍喉中葡小學於日前假何東中葡小學禮堂合辦，2006。
- 「中文閱讀、寫作活動」，勞工子弟學校小學部圖書館和中文科組合辦，具體分為「閱讀」和「寫作」兩部分，各分上、下學期兩次進行。通過圖書館舉行的「閱讀大發現」活動，上學期分別向每位同學借出課外書一本以供閱讀。此外，學校還定期訂閱報章的兒童版，分送同學們閱讀。
- 「優化學生閱讀能力計畫」，培正中學主辦，共分三個主題，內容包括完善小學課室圖書角、開展「每日一篇網上中文閱讀」及學校圖書館推廣閱讀文化活動，參與計畫的學生超過2,300多人。
- 「校內推行閱讀計畫」，蔡高小學，校內的圖書館已實施電腦化及正式運作。
- 「愉快閱讀計畫」，婦聯學校與澳門大學教育學院院校協作發展小組聯合舉辦，對象為小一到小四學生。
- 「小樹苗教育出社書展」，庇道學校舉行，2006.3.14-22。

- 「紀念安徒生誕生 200 周年活動」，包括舉辦的 15 場「乘著音樂的翅膀飛翔——安徒生童話創作音樂會」，出版紀念場刊、原創安徒生故事音樂 CD 和故事人物織絨公仔見圖 1。

圖 1　安徒生故事音樂 CD

拾、意見及方向

　　隨著社會經濟的進步，社會各界、特區政府、立法會議員、民生社團領袖較過去關注圖書館功能與服務的發展，在不同的場合反映其意見，現總結如下：

一、澳門特別行政區長官何厚鏵在 2006 年施政報告中提出：政府決定興建一座綜合性的大型澳門中央圖書館，以回應市民自我增值、提升文化素養和充實閒暇時間的新需求。重整圖書館服務的策略，增加不同層次、不同類別的圖書儲備。現存圖書館將於近期起，採取更適合於市民日常生活規律的彈性措施，讓市民獲得更加方便的圖書館服務。

二、立法議員區錦新關於澳門中央圖書館的興建及選址的質詢，行政法務司司長作了回覆。

三、陳明金、吳在權議員辦事處日前對祐漢新村吉祥樓等 7 組樓群共 50 幢涉及舊區重整的 2,940 戶居民，進行問卷抽樣調查。受訪的居民表示，現時祐漢舊區公眾設施欠缺，期望重整後能有休憩區、醫療衛生中心、治安警察分站、圖書館、停車場、新移民綜合服務中心、老人院、球場等公共設置，有關當局在規劃舊區重整藍圖時應注意居民的需要。

四、立法議員梁慶庭質詢當局，有何政策促進或改善居民，尤其是青少年對閱讀的興趣？當局近三年對圖書館設施投放的資源如何？立法議員陳明金就澳門兒童圖書不足問題，向當局提出質詢。

五、立法議員梁安琪在議程前發言時表示，當局應需完善公共圖書館系統和建設新澳門中央圖書館過程。

六、立法議員馮志強認為，政府的決策可以自上而下，也可以自下而上，對一些專業性、技術性很強的工程，自上而下更適合。他以澳門中央圖書館和科學館為例，「圖書館開工前不斷聽取各界意見，座談會亦開了好幾場，但依家仲未開工。但投資幾個億的科學館從未做過諮詢就動工，好奇怪究竟係社會無意見，定係証明呢種做法可行，而且節省好多時間。」

七、南西灣坊會「社區環境衛生座談會」向政府方面提出興建大型主題公園等七項建議。包括在南西灣湖一半待發展的地段規劃一個大型主題公園，其中包括有泳池、運動場、圖書館和社區中心等。

拾壹、總結

回歸六年來，澳門圖書館事業正朝向人員專業化、服務普及化、藏書電子化、活動多元化等方面的發展，重點總結如下：

一、圖書館數量持續增長，2006 年較 2005 年增加了 4 間，館舍設施亦不斷增加及改善，2005 年底約有 130 間圖書館進行圖書館電腦化運作。

二、舉辦研討會及座談的內容以實務工作及閱讀推廣為主，並全力協助海峽兩岸資源合作各項工作。

三、圖書館學課程內容亦多元化，報讀人數大幅增加，有利圖書館事業的發展。

四、展覽活動則以古籍文獻及個人藏書展為主，並邀請其他國內單位合作展出，展覽形式多以特定主題加入圖書展覽元素。

五、交流活動方面，以國內代表團訪問為主，出訪及參加研討會之地區分別有新加坡及韓國等地區及國家。

六、在重大事件方面，市民及議員普遍支持建立新澳門中央圖書館或大型的圖書館，特首因應社會需求，提出興建大型的澳門中央圖書館，計畫即將落實。

七、在藏書數量及內容方面，各館需求增大。幾間主要的圖書館不斷引入新的設備及服務。

八、聯合書目開通，教育暨青年局更推動全澳學校發展圖書館及藏書工作，大大改善了學校圖書館的條件。

九、多間圖書館以安徒生為主題，舉辦不同類型的閱讀活動，讓全城散播閱讀氣氛濃厚。

十、在圖書館利用情況，根據 2006 年《澳門統計年鑑》中的表 6.4.2.：向公眾開放的圖書館及閱書報室的主要指標分析，2006 年主要圖書館為 38 間，館藏量為 1,106,699 冊，較 2005 年增加了 78,312 冊。而接待人次為 3,129,552，亦較 2005 年增加了 110,681 人次[2]。可是借書人次祇有 766,319，較 2005 年減少了 38,458 人次；因為何東圖書館新翼啟用，全澳對外開放的圖書館面積增至 171,260 平方呎，較 2005 年增加了 45,837 平方呎；所以在閱覽座位方面亦有顯著的增加，總計為 2,873 個，較上一年增加 394 個；而提供可上網的電腦有 383 台，較 2005 年增加 85 台，

---

[2] 根據 2006 年的澳門統計年鑑資料顯視，2006 年澳門市民參與體育活動有 6,235,918 人次，參觀表演活動者有 1,712,909 人次，參觀博物館有 1,176,189 人次，使用圖書館的人次僅次於參與體育活動人次，可見澳門的閱讀風氣仍在不斷上升。

使用的人次為 354,427，較 2005 年增加了 29,000 人次。最後圖書館的購書經費為 20,543,000 澳門元，較 2005 年增加了 855,000 澳門元。工作人員則為 210 人，較去年減少了 3 人。

閱讀與資訊生活是現今建立一個健康生活素質社會的重要因素之一，澳門圖書館事業將隨著大型澳門中央圖書館開放與政府推動生活素質社會而穩步發展。圖書館事業開展良好，受惠將是廣大的澳門市民。

本文原刊於《傳薪集：祝賀吳慰慈教授七十華誕文集》，北京，北京圖書館出版社（2007 年 12 月），294-306。

澳門圖書館相關的法律分析

壹、澳門的法律制度

　　澳門特別行政區建制的法律基礎，源於中華人民共和國憲法第三十一條：國家在必要時得設立特別行政區。在特別行政區內實行的制度是按照具體情況由全國人民代表大會以法律規定，及澳門特別行政區基本法兩部憲制性檔而執行。

　　澳門原有的法律、法令、行政法規和其他規範性文件，只要不抵觸基本法，仍繼續生效。澳門特別行政區實施的法律除基本法外，還包括經全國人大常委會通過採用為澳門特區的原澳門法律，以及刑法典、刑事訴訟法典、商法典、民法典、民事訴訟法典等五大法典。另外還包括基本法附件三規定在澳門適用的全國性法律。然而，圖書館法應是國家憲法中，反映圖書館事業的基本原則，所以應由國家最高權利機構制定。

貳、立法會與立法議員

　　立法會行使的職權包括：制定、修改、暫停實施和廢除法律；審核、通過政府提出的財政預算案；審議政府提出的預算執行情況報告。由於立法會的議員具有反映民意及制定法律的功能，其議員對圖書館事業的認識，與日後制定圖書館法案是有極大的關係。因為圖書館界如欲制定圖書館法案，除可由政府立法，亦可經過議員提案，如法案涉及政府公共行政部門的運作，

提案須事前得到特首書面同意[1]，才可提交到立法會討論。因此立法議員是圖書館界一個重要的政治資源，可是參考近年立法會議員發表意見的內容中，議員對圖書館事業之發展關注不大。2001年7月18日[2]，因受香港中央圖書館的效應影響，容詠恩議員對何時興建新澳門中央圖書館的事宜向政府提出書面質詢。另外，區錦新、吳國昌、方永強及陳明金曾分別提出政府需要在社區、公園興建圖書館，以方便市民使用。2007年特區政府宣佈以舊法院作為新澳門中央圖書館的方案，楊道匡提出新的澳門中央圖書館選定在舊愛都比現時考慮的南灣舊法院更合理，原因是舊愛都對面有塔石廣場、文化局和望德堂等特色文化建築和文化產業區，鄰近兩所學校，有大量的圖書館使用者。無論從以民為本和使用者的角度出發，舊愛都的選址較舊法院佳。此外，關翠杏批評文化局領導繞過上級及相關行政程序，濫用「包工合同」，聘用圖書館工作人員，認為對受聘者不公平，關議員要求「特區政府實不應帶頭做不負責任的僱主」。

綜觀其討論的內容，早期議員並未對圖書館事業有太大的關注，未見有較深層及前瞻性的議論。直到容永恩議員在立法會提出公共利益事務質詢，打破了過去慣例，正面且深入質詢澳門中央圖書館的社會功能與服務，對促使澳門政府加快發展澳門圖書館事業起了一定的動力。

此外，在第2屆立法會選舉的候選人政綱中，亦有最少兩位提及建立新澳門中央圖書館及在北區增加圖書館的內容，加上香港中央圖書館新館效應，相信可為未來澳門圖書館相關法律制度留下良好的契機。而第3屆立法會選舉的候選人政綱亦在兩組提及建立圖書館法及多建社區圖書館的內容。

參、澳門圖書館法規的形成

圖書館立法的目的：1. 保證圖書館事業的正確方向；2. 使圖書館事業發

---

[1] 立法會議事規則第一百零四條之有條件的提案權指出：議員行使提案權或隨後提案權，凡涉及政府政策時，須得到行政長官書面許可。

[2] 文化局督容永恩質詢時表示，明年擬籌建澳門中央圖書館新館，《澳門日報》，2001年8月28日。

展的物質條件有保障，如人員權益及身分地位；3. 使圖書館在資訊社會上處於強勢；4. 規定行為主體的職責、權利、義務、保證運作規律[3]；5. 保證使用圖書館的權利；6. 調節圖書館的內外關係[4]。

澳門法源系統是源於葡萄牙法，葡萄牙法律又源於德國的中國法，其法律精神與台灣及中國法相近。參考外國的圖書館法規一般由以下三種方式達成：1. 由國會立法所通過有關圖書館設置、管理、經營與利用等必要事項之基本法律；2. 由圖書館行政主管機構依圖書館基本法所委任或授權所訂定更詳盡規定之行政規章；3. 由圖書館主管機構或各館基於設置及管理必要所自訂，並經其上級主管機構所核准後發佈或下達之圖書館內部規章[5]。

以上三種情況在澳門的法律效力依次為基本法律、行政規章及內部規章（即批示）。其中基本法律應由立法會立法之法律，行政規章為行政立法之授權命令，內部規章為行政立法之職權命令。一般先進國家是先制定基本法律，再依其法源而制定行政規章及內部規章。澳門與台灣、中國情況相近，卻先制定行政規章及內部規章[6]，在法源的精神上，欠缺整體規劃，日後若製成基本的圖書館法，將出現種種銜接的問題。

澳門基本法，以第六章文化社會事務與圖書館事業發展關係最密切，其中第一百二十五條規定：澳門特別行政區政府自行制定文化政策，包括文學藝術、廣播、電影、電視等政策。由於當年起草基本法時，圖書館界沒有任何意見反映，所以沒有將圖書館政策列入，但應歸入文化政策的一種。

肆、與澳門圖書館相關的法規

澳門法律中與圖書館相關法規，包括法令、行政法規、教育人員任用條

---

[3] 張廷川，〈我國圖書館立法芻議〉，《中國圖書館學報》，第 125 期，1999 年 3 月，81-85。
[4] 陳靜萱，《社會主義市場經濟下中國圖書館之變革》，台北，政治大學澳門東亞研究所，1997 年，134。
[5] 盧秀菊主持，《我國台灣地區公共圖書館行政組織體系之研究》，台北，行政院國科會，1998 年，55。
[6] 同前註。

例、大學法、出版法、司法官通則、個人私隱法等。還有其他適用在澳門地區的國際條約。參見表1可得知有關澳門圖書館的法律與法規條目134條（含部分條文已廢止或取代），最早之法規為1873年澳門人圖書館成立章程，依其機構類別可統計如下：有關澳門中央圖書館行政及組織共98條，（包括行政及制度規章、改名、呈繳制度、業務、授權等），澳門大學11條，葡萄牙呈繳制度4條，學校圖書館制度5條，其他圖書館章程及業務為16條。

表1　澳門圖書館法規條目（1873-2009）

法律類別	日期	內容
法令 92	1873.12.27	批准成立澳門人圖書館的團體規章，共5章16條，列明該館為私人的圖書館，祇開放給會員及捐獻者使用。
	1893.7.27	創辦澳門國立中學及一所國立圖書館。
	1895.9.	澳門國立圖書館的規章。
LEI 1435	1923.7.28	規定凡按照1910年10月28日律例第八第九款附款所指之出版物應檢送本部一份以便發交美術司轉送廖打氹尼路葡人圖書館。
省立法性條例 8（1924）	1924.1.19	飭由官印刷局編纂出版物一種名曰澳門故事每月發行一次將澳門各機關所存之澳門文證及葡京葡屬或外國等處圖書館古籍院所存之澳門文證毋論原本與抄稿一律搜集編輯藉作遠東葡人歷史之資料。
立法條例 8	1925	授與國立圖書館為澳門公共圖書館之稱。
法令 221	1926	有關1926年11月7日至12月22日在澳門舉辦第1屆博覽會及工業展覽之規定。
省訓令 128-A（1926）	1926.8.7	核准軍營圖書館章程。
法令 227	1927.1.10	有關澳門公共圖書館商展之規定。
訓令 2703	1930.9.20	公佈澳門公共圖書館第一套規章。
法令 691	1931	有關公共圖書館與賈梅士博物館所屬的商展及宗教展的工作受政府的公共教育監察官領導，取消1926年第221號及1927年第261號有關商展之規定。
法規 203	1931	規定公共圖書館編制與賈梅士博物館相同。
訓令 691	1931.7.18	飭將公共圖書館及賈梅士商品陳列概歸教育監督管轄。

表 1　澳門圖書館法規條目（1873-2009）（續）

法律類別	日期	內容
立法條例 213	1931.11.14	飭特開款項一宗該銀 2,238 元為支給本年度公共圖書館及賈梅士古物兼商品陳列所職員薪金之用。
國令 19952	1932.3.5	修訂國立圖書館及案卷房職務及稽察事宜事。
國令 2636	1933.10.21	規範國立圖書館和檔案館刊物的法定存檔。
訓令 1390	1934.3.10	批准中學校圖書館章程。
部令 9113	1939.1.7	飭各屬地應將第 8364 號札諭關於各事務所各廳局各行政團體及國家稽查機關暨私家印刷店代辦國家工務者均須將所刊佈之文件與公務筆記各送一份交國會圖書館存貯。
訓令 2703	1939.9.30	飭將澳門圖書館章程執行之。
部令 9417	1940.2.24	飭於各屬地憲報將國務院第 8364 號札諭關於公式出版物應送國會圖書館事照錄公佈一體執行。
訓令 2957	1940.11.30	飭將本年度預算冊經費一宗酌予增加為賈梅士圖書館兼古物商品陳列所。
法規 697	1941.1.18	規定所有澳門出版社或機構必須繳交 2 冊刊物給公共圖書館。
訓令 3153	1941.8.16	在本年預算冊內增加一條款以為支給公共圖書館燈火熱力用水等暨其他費用。
訓令 3183	1941.10.25	在本年預算冊第四章支出表內增加條款以為支給賈梅士博物院及公共圖書館購置文房用具印刷費用會計簿記裝釘書籍等費用之用。
訓令 3346	1942.9.26	著在本年預算冊內追加條款一項以為支給維護圖書館內書籍之用。
訓令 3618	1944.6.24	著在本年預算冊內第四章增強條款一項以為賈梅士博物院公眾圖書館購置書籍之用。
訓令 3766	1945.4.7	核准澳門公立圖書館章程。
立法條例 96	1945.12.22	特開款項宗該銀 340 元 07 角 7 分以支圖書館主任薪俸之用。
訓令 3966	1946	重申 3766 號訓令中有關公共圖書館的領導委員會及館員職務。
訓令 3966	1946.5.11	改組澳門圖書館管理委員會及規定該館圖書管理之資格。

表 1　澳門圖書館法規條目（1873-2009）（續）

法律類別	日期	內容
法規 8	1952.6.28	把「公共圖書館」更名為「國立圖書館」，可按葡國國立圖書館的規章，擁有書刊的「法定儲存」權，接收葡國和各海外省的書刊。
部令 14205	1953.1.10	關於印刷品免費惠送理斯本中央圖書館存查之第 38684 號法令該項規定澳門圖書館亦應事同一律。
訓令 984	1957.4.6	何東爵士的樓房捐贈給澳門政府作為中文圖書館，並以 25,000 港元購買圖書。
訓令 6020	1957.6.13	著即創設圖書館一所專事蒐集中國書籍並定名為何東爵士圖書館。
國令 42168	1959.3.14	著在海外省一等市議會設立公共圖書館其他市及繁榮之鄉鎮其情況不能設立圖書館者則組織閱書報室。
國令 38887	1960.1.16	除不動產及由別部借用物資外凡屬於陸軍部轄下單位營房及附屬機構使用之軍械規定分類法又將第 25722 號國令第四條與本國令所指有關部分取消但屬於圖書館與檔案室者除外。
訓令 6717	1961.3.11	核准紀念何東爵士圖書館章程。
訓令 6998	1962.6.2	核准俾利啦博士流動圖書館章程。
訓令 7181	1963.1.26	著將何東爵士圖書館規則內文所有民政廳字樣修正為教育廳及教育廳長。
訓令 7180	1963.1.26	著將澳門圖書館規則內文所有民政廳字樣修正為教育廳及教育廳長。
訓令 7445	1964.1.11	規定紀念何東爵士圖書館書記檔案為 S 級及其補充辦法。
法令 41306	1968.5.25	著在司法警察廳內設立警察科學化驗室、司法警察圖書館及刑事陳列館。
法令 6/79/M	1979.3.3	撤銷 1945 年 4 月 7 日第 3766 號訓令核准之澳門圖書館章程第四〇條末段之規定，將有關收入改為政府收入。
法令 6/79/M	1979.9.28	教育暨文化司負責監管博物館、圖書館等文化機構。因此，澳門國立圖書館隸屬該司之下。
訓令 200/81/M	1981.11.28	核准簽訂將若干樓宇作為澳門國立圖書館新址修改工程施工合約。
訓令 50/83/M	1983.3.5	撥款 1 萬元作為澳門國立圖書館常備基金。
訓令 69/84/M	1984.3.31	撥款 1 萬元作為澳門國立圖書館常備基金。
法令 10/86/M	1986.2.1	澳門國立圖書館改隸屬澳門文化學會監管。

表 1　澳門圖書館法規條目（1873-2009）（續）

法律類別	日期	內容
批示 15/86/ECT	1986.4.7	關於歷史檔案室及澳門國立圖書館轉屬文化學會事宜。
法令 63/89/M	1989.9.25	澳門文化學會更名為澳門文化司署，澳門國立圖書館改為澳門中央圖書館。
訓令 186/89/M	1989.10.31	核准澳門中央圖書館章程事宜。
法令 72/89/M	1989.10.31	關於重新整理法定收藏制度。
法律 7/90/M	1990.8.6	出版法第十六條為法定的存檔，刊物在出版後 5 天內，各送兩份給新聞司、澳門中央圖書館、檢察長公署，可免付郵費。
法律 11/91/M	1991.8.29	第五章第三三條，其他物質資源：受關注的其他物質資源、學校圖書館、多媒體圖書館及錄影帶。
法令 23/92/M	1992.4.6	法定收藏的樣本數目。
批示 1/VPIS/93	1993.3.1	轉授職權予澳門中央圖書館館長及歷史檔案室代館長。
批示 2/SACTC/93	1993.3.22	授權予文化司署司長簽署關於澳門中央圖書館及歷史檔案室之合約事宜。
批示 2/VPIS/93	1993.5.17	關於轉授若干職權予澳門中央圖書館館長及澳門歷史檔案室代主任。
訓令 197/93/M	1993.7.5	調整澳門中央圖書館現存檔的翻造價目表及各中文圖書館開放時間。
批示 1/VPGN/93	1993.12.2	關於將權限轉授予澳門中央圖書館館長之事宜。
批示 112/SATOP/94	1994.9.12	關於轉授權予土地工務運輸司代司長，以便進行關於格蘭披士大賽車博物館及旅遊活動中心視聽圖書館和商店新設施之承攬事宜。
法令 63/94/M	1994.12.19	澳門中央圖書館由一名館長領導，不設副館長及設有總書庫暨澳門資料組及中文圖書館組 2 組。
其他 42/95	1995.2.8	關於向圖書館及文獻方面之雙語技術人員發放特別助學金事宜。
批示 6/SAAEJ/95	1995.2.15	轉授權力予澳門基金會管理委員會主席，以便其代表該基金會訂立就「設計及建造澳門大學國際圖書館」之競投提供顧問服務之合同。
訓令 159/95/M	1995.6.5	頒給澳門中央圖書館文化功績勳章。
其他 106/95	1995.6.21	澳門圖書館暨資訊管理協會章程。
更正書 21/95	1995.10.18	更正澳門圖書館暨資訊管理協會章程第十二條第一款。

表 1　澳門圖書館法規條目（1873-2009）（續）

法律類別	日期	內容
更正書 24/95	1995.11.15	更正澳門圖書館暨資訊管理協會章程。
訓令 144/97/M	1997.6.2	頒給澳門中央圖書館館長文化功績勳章。
訓令 202/97/M	1997.9.1	澳門基金會主席為澳門大學國際圖書館承攬工程合同之簽署人。
批示 45/SAAEJ/97	1997.11.19	將若干權力轉授予澳門基金會管理委員會主席，就建造澳門大學國際圖書館工程提供總協調、技術顧問及監察服務訂立合同。
其他 33/98	1998.2.2	將若干權力授予圖書館館長。
法律 10/99/M	1999	司法官通則第四十四條第五款規定司法官可免費查閱公共圖書館資料及公共資料數據庫。
其他 390/2000	2000.11.8	澳門大學圖書館館長之權限。
社會文化司司長批示 8/2002	2002.2.11	在澳門大學增設助理圖書館館長一職，相當於處長級職位。
社會文化司司長批示 68/2002	2002.7.29	核准澳門中央圖書館規章第八條所指的價目表——廢止7月5日第 197/93/M 號訓令第二條。
社會文化司司長批示 81/2002	2002.9.2	確認北京大學舉辦的圖書館（含資訊管理）專業的學士學位補充課程，並核准該課程運作。
社會文化司司長批示 37/2003	2003.5.14	將若干權力轉授予澳門大學校長，作為簽訂「購置供國際圖書館使用的 Innopac 系統」的合同的簽署人。
社會文化司司長批示 131/2003	2003.12.17	將若干權力轉授予文化局局長，作為簽訂為澳門中央圖書館：氹仔及路環分館提供 2004 年訂閱及派送報刊服務的合同的簽署人。
社會文化司司長批示 130/2003	2003.12.17	將若干權力轉授予文化局局長，作為簽訂為澳門中央圖書館提供 2004 年極動感寬頻站套裝服務的合同的簽署人。
社會文化司司長批示 128/2003	2003.12.17	將若干權力轉授予文化局局長，作為簽訂為澳門中央圖書館提供 2004 年網上新聞及資訊服務的合同的簽署人。
土地工務運輸司長批示 305/2003	2003.12.29	許可訂立何東圖書館擴建工程的執行合同。
社會文化司司長批示 154/2003	2003.12.31	將若干權力轉授予文化局局長，作為簽訂何東圖書館擴建工程的合同的簽署人。
社會文化司司長批示 33/2004	2004.5.19	將若干權力轉授予文化局局長，作為簽訂為澳門博物館、歷史檔案館、澳門中央圖書館及演藝學院扶手電梯及升降機提供維修保養服務的合同的簽署人。

表1 澳門圖書館法規條目（1873-2009）（續）

法律類別	日期	內容
社會文化司司長批示 40/2004	2004.6.9	將若干權力轉授予文化局局長，作為簽訂為何東圖書館擴建工程——工程顧問工作服務的合同的簽署人。
社會文化司司長批示 17/2004	2004.12.22	將若干權力轉授予文化局局長，作為簽訂為澳門中央圖書館提供2005年網上新聞及資訊服務的合同的簽署人。
社會文化司司長批示 111/2004	2004.12.22	將若干權力轉授予文化局局長，作為簽訂為澳門中央圖書館轄下路環分館提供2005年訂閱及派送報刊服務合同的簽署人。
社會文化司司長批示 136/2004	2004.12.29	將若干權力轉授予文化局局長，作為簽訂為澳門中央圖書館提供2005年度香港版期刊服務合同的簽署人。
社會文化司司長批示 135/2004	2004.12.29	將若干權力轉授予文化局局長，作為簽訂為澳門中央圖書館提供2005年度國內版期刊服務合同的簽署人。
社會文化司司長批示 130/2004	2004.12.29	將若干權力轉授予文化局局長，作為簽訂為澳門中央圖書館提供2005年度極動感寬頻站套裝服務的合同的簽署人。
社會文化司司長批示 131/2004	2004.12.29	將若干權力轉授予文化局局長，作為簽訂為澳門中央圖書館提供2005年度澳門電訊數據中心服務的合同的簽署人。
社會文化司司長批示 137/2004	2004.12.29	將若干權力轉授予文化局局長，作為簽訂為澳門中央圖書館提供及派送2005年度報紙服務合同的簽署人。
OUT 110/2005	2005.3.9	澳門大學管理委員會第UMB08/006/2005號決議錄，關於將若干權限授予圖書館館長。
社會文化司司長批示 27/2005	2005.4.6	將若干權力轉授予文化局局長，作為簽訂為澳門中央圖書館及何東分館提供保安服務的合同的簽署人。
社會文化司司長批示 49/2005	2005.5.18	將若干權力轉授予文化局局長，作為簽訂為澳門博物館、歷史檔案館、澳門中央圖書館及演藝學院扶手電梯及升降機提供維修保養服務的合同的簽署人。
社會文化司司長批示 56/2005	2005.6.15	將若干權力轉授予文化局局長，作為簽訂為澳門中央圖書館提供訂購國內、台灣及香港地區出版圖書資料服務的合同的簽署人。
社會文化司司長批示 78/2005	2005.7.13	將若干權力轉授予文化局局長，作為簽訂為澳門中央圖書館提供圖書偵測防盜系統設備維修保養服務合同的簽署人。
社會文化司司長批示 126/2005	2005.11.16	將若干權力轉授予教育暨青年局局長，作為簽訂向教育暨青年局各從屬機構及附屬單位提供圖書館電腦化系統合同的簽署人。

表 1　澳門圖書館法規條目（1873-2009）（續）

法律類別	日期	內容
社會文化司司長批示 140/2005	2005.11.21	確認北京大學開辦的圖書館學與資訊管理專業課程為澳門特別行政區帶來利益，並許可該課程運作。
社會文化司司長批示 157/2005	2005.12.21	將若干權力轉授予文化局局長，作為簽訂為歷史檔案館、演藝學院、藝文館、澳門中央圖書館及澳門博物館提供渠道疏通服務的合同的簽署人。
社會文化司司長批示 18/2006	2006.3.8	將若干權力轉授予文化局局長，作為簽訂 2006 年 3 月至 12 月期間為澳門中央圖書館（總館及澳門半島各分館）供應報紙的合同的簽署人。
社會文化司司長批示 33/2006	2006.4.12	將若干權力轉授予文化局局長，作為簽訂為澳門中央圖書館、歷史檔案館及文化活動廳——藝文館提供 Cyber Station 服務的合同的簽署人。
社會文化司司長批示 55/2006	2006.7.19	將若干權力轉授予文化局局長，作為簽訂為《中央圖書館新館建設規劃研究》服務的合同的簽署人。
社會文化司司長批示 77/2006	2006.9.6	將若干權力轉授予文化局局長，作為簽訂為澳門中央圖書館提供圖書偵測防盜系統設備維修保養服務的合同的簽署人。
其他 750/2006	2006.9.13	將若干權限授予澳門大學若干實體。
社會文化司司長批示 103/2006	2006.11.22	將若干權力轉授予文化局局長，作為簽訂為澳門中央圖書館 2007 年度國內版期刊供應服務合同的簽署人。
社會文化司司長批示 111/2006	2006.12.13	將若干權力轉授予文化局局長，作為簽訂為澳門中央圖書館供應 2007 年度報紙服務的合同的簽署人。
社會文化司司長批示 112/2006	2006.12.13	將若干權力轉授予文化局局長，作為簽訂為澳門中央圖書館供應 2007 年度香港版期刊服務的合同的簽署人。
社會文化司司長批示 130/2006	2006.12.27	將若干權力轉授予文化局局長，作為簽訂為澳門中央圖書館供應 2007 年度國外版期刊服務的合同的簽署人。
社會文化司司長批示 136/2006	2006.12.29	將若干權力轉授予文化局局長，作為簽訂為澳門中央圖書館供應 2007 年度網上新聞及資訊服務的合同的簽署人。
社會文化司司長批示 137/2006	2006.12.29	將若干權力轉授予文化局局長，作為簽訂為澳門中央圖書館提供 2007 年度澳門電訊數據中心服務的合同的簽署人。
社會文化司司長批示 38/2007	2007.6.13	將若干權力轉授予文化局局長，作為簽訂為澳門中央圖書館提供圖書偵測防盜系統設備維修保養服務的合同的簽署人。
其他 323/2007	2007.9.5	「全球中文文獻資源共建共享促進會」章程。

表 1　澳門圖書館法規條目（1873-2009）（續）

法律類別	日期	內容
社會文化司司長批示 103/2007	2007.11.28	將若干權力轉授予文化局局長，作為簽訂為澳門中央圖書館提供 2008 年度圖書偵測防盜系統設備維修保養服務的合同的簽署人。
社會文化司司長批示 119/2007	2007.12.19	將若干權力轉授予澳門大學校長，作為簽訂澳門大學圖書館外牆工程的合同的簽署人。
社會文化司司長批示 124/2007	2007.12.31	將若干權力轉授予文化基金行政管理委員會主席，作為簽訂為澳門中央圖書館供應 2008 年度國內版期刊服務的合同的簽署人。
社會文化司司長批示 125/2007	2007.12.31	將若干權力轉授予文化基金行政管理委員會主席，作為簽訂為澳門中央圖書館供應 2008 年度國外版期刊服務的合同的簽署人。
社會文化司司長批示 136/2007	2007.12.31	將若干權力轉授予文化基金行政管理委員會主席，作為簽訂為澳門中央圖書館供應 2008 年度香港版期刊服務的合同的簽署人。
社會文化司司長批示 137/2007	2007.12.31	將若干權力轉授予文化基金行政管理委員會主席，作為簽訂為澳門中央圖書館供應 2008 年度報紙服務的合同的簽署人。
社會文化司司長批示 138/2007	2007.12.31	將若干權力轉授予文化基金行政管理委員會主席，作為簽訂為澳門中央圖書館供應 2008 年度網上新聞及資訊服務的合同的簽署人。
社會文化司司長批示 153/2007	2007.12.31	將若干權力轉授予文化基金行政管理委員會主席，作為簽訂為澳門中央圖書館供應 2008 年度國外版期刊（第二部分）服務的合同的簽署人。
行政法規 10/2008	2008.5.5	修改《法定收藏制度》。
社會文化司司長批示 67/2008	2008.6.25	將若干權力轉授予文化基金行政管理委員會主席，作為簽訂為澳門中央圖書館及歷史檔案館供應 2008 年度網上新聞及資訊服務的合同的簽署人。
社會文化司司長批示 80/2008	2008.7.16	將若干權力轉授予文化基金行政管理委員會主席，作為簽訂為澳門中央圖書館供應 2008 年 7 月 1 日至 2009 年 12 月 31 日搬運服務合同的簽署人。
其他 442/2008	2008.9.10	將若干權限授予澳門大學若干實體。
社會文化司司長批示 127/2008	2008.11.3	確認北京大學開辦的圖書館學與資訊管理專業學士學位課程為澳門特別行政區帶來利益，並核准該課程的運作。
社會文化司司長批示 165/2008	2008.12.9	在亞洲（澳門）國際公開大學開設以遙距教育形式及葡文學制授課的資訊管理及學校圖書館碩士學位課程（葡文學制），並核准該課程的學習計畫。

表 1　澳門圖書館法規條目（1873-2009）（續）

法律類別	日期	內容
社會文化司司長批示 166/2008	2008.12.10	將若干權力轉授予文化局局長，作為簽訂為澳門中央圖書館提供圖書偵測防盜系統設備維修保養服務合同的簽署人。
社會文化司司長批示 175/2008	2008.12.26	將若干權力轉授予文化基金行政管理委員會主席，作為簽訂為澳門中央圖書館供應 2009 年度國內版期刊服務合同的簽署人。
社會文化司司長批示 176/2008	2008.12.26	將若干權力轉授予文化基金行政管理委員會主席，作為簽訂為澳門中央圖書館供應 2009 年度國外版期刊服務合同的簽署人。
社會文化司司長批示 177/2008	2008.12.26	將若干權力轉授予文化基金行政管理委員會主席，作為簽訂為澳門中央圖書館供應 2009 年度香港版期刊服務合同的簽署人。
社會文化司司長批示 178/2008	2008.12.26	將若干權力轉授予文化基金行政管理委員會主席，作為簽訂為澳門中央圖書館供應 2009 年度報紙服務合同的簽署人。
社會文化司司長批示 179/2008	2008.12.26	將若干權力轉授予文化基金行政管理委員會主席，作為簽訂為澳門中央圖書館及歷史檔案館供應 2009 年度網上新聞及資訊服務合同的簽署人。
社會文化司司長批示 203/2008	2009.1.7	將若干權力轉授予文化局局長，作為簽訂為澳門中央圖書館各館及澳門演藝學院各校提供保安服務合同的簽署人。

　　從圖書館立法目的之方向分析，參見表 2 內容最多為「使圖書館事業發展的物質條件有保障，如人員權益及身分地位」，共 47 條。次為「規定行為主體的職責、權利及義務、保證運作規律」，共 64 條，第三為「保證使用圖書館的權利」，共 16 條，主要為出版品呈繳制度。第四為「使圖書館在資訊社會上處於強勢」，共 6 條，主要是開辦圖書館專業課程的批示。第五為「調節圖書館的內外關係」，共 1 條。可是在「保證圖書館事業的正確方向」則為 0 條。

表 2　澳門圖書館法規與圖書館立法目的分析表

圖書館立法的目的	符合條文數量
保證圖書館事業的正確方向	0
使圖書館事業發展的物質條件有保障，如人員權益及身分地位	47
使圖書館在資訊社會上處於強勢	6
規定行為主體的職責、權利及義務、保證運作規律	64
保證使用圖書館的權利	16
調節圖書館的內外關係	1
總計	134

　　總結澳門這 130 多年來澳門的圖書館法規的發展方向如下：

一、澳門雖然是中國境內最早在法律制度上立法通過圖書館成立的地區[7]，可能是由於葡萄牙在歐洲各國中對法制發展較為重視，很早便將歐洲法引入澳門之緣故。但是，有關圖書館法的內容，從開始至今，百多年來均停留在圖書館成立的條文之頒佈，圖書館名稱之變更，圖書館業務及組織之改動等內容，而且有 77% 的條文是有關澳門中央圖書館的法令、法規與訓令。其他法規均以個別圖書館或單位為著眼點，其內容完全忽略對整個社會的圖書館法之研究與發展。實際上比 1909 年中國第一部圖書館法的內容還要落後，沒法滿足圖書館立法的目的與需要。

二、澳門的圖書館業務與組織之變更，必須經過法律程序才能合法地推行圖書館服務，如圖書館之開放時間、影印之收費、提升採購權限、代表簽訂協議等均需通過刊登在政府公報後才能生效，形式較為僵化，如此的法律制度太嚴密累贅，有礙圖書館事業之發展。

三、由於沒有圖書館法，圖書館在澳門社會地位不高，如學校圖書館在教育制度中，祇將圖書館列為必須物質可見一斑[8]。至於在高等教育方面，高等教育法內沒有列出大學圖書館的功能，祇有在個別的高校院校組織章程列出簡單圖書館之職責與任務。

---

[7] 中國最早有關圖書館的法規為 1909 年（宣統元年），由清學部頒佈的《京師及各省圖書館通行章程》，引自來新夏等著，《中國近代圖書館事業》，上海，上海人民，2000，253。

[8] 澳門教育制度，法律第 11/91/M 號，1991 年 8 月 29 日。

四、澳門圖書館於 1941 年開始引入出版品呈繳法，較中國在 1916 年京師圖書館出版品呈繳法落後了 25 年。期間因澳門曾為葡萄牙海外省，1952 年開始存取葡萄牙的出版品一份，1989 年、1992 年及 2008 年均修改其中內容，可見澳門政府對出版品呈繳制度發展有一定的重視，有利圖書館館藏之收集。

綜觀澳門圖書館的法規仍未有一個周延的體系，而鄰近地區如台灣地區於 2001 年剛通過了圖書館法案，對澳門圖書館界及立法界有一定的催化作用，帶給澳門一個機會。

本文原刊於〈澳門圖書館相關的法律分析〉，
《兩岸三地圖書館法研究》，
第 12 期（2010 年 5 月），17-31

新澳門中央圖書館建館設計方案構思

壹、前言

　　新澳門中央圖書館是圖書館界及廣大市民殷切期望能早日實現的夢想，為此筆者集合多年來設計澳門圖書館及參觀國內外超過一百間圖書館的經驗，提出以主題為——家與知識的樂園：新澳門中央圖書館建館設計方案，以作為建館時參考材料。

貳、背境分析

一、新館周邊環境與配套

　　城市人生活緊張，忙裡偷閒正是賞心樂事，全城熱切期待的新澳門中央圖書館，必定是急市民之所需，新澳門中央圖書館將是澳門市民豐富人文與知識心靈的象徵，由於其位於中區，鄰近有大型的百貨商場、酒店及娛樂場所、高級住宅、商業寫字樓、輕軌鐵路與交通樞紐的中央位置，使用者來自澳門中上階層人士、兒童、青少年、學生及各地旅客，在假日澳門中央圖書館是文娛中心，在晚間及早上是知識休閒的中心。預計人流量將每日超過1萬人次，必為澳門的地標。

二、空間設計的意念

　　為此，本設計參考了國內外多間公共及大專圖書館既有的功能與服務的

意念，在高人流量與城市高樓林立的鬧市中，規劃出人人喜歡、人人想到的各個不同的服務空間，她的優點是融合傳統紙本資源與未來網路的服務，而在建築設計上既保存建築物原有莊嚴的外型，亦加入了以讀者導向，著重親切親民的元素。非常強調在日後網路的世界，讀者如要吸收知識與娛樂，大多可在家中或公司獲取，讀者來圖書館是為了享受閱讀的氣氛，使用專業館員為他們提供自己不能盡善的服務，讓他們有如家的感覺，在知識的朋友陪伴，快樂地閱讀，所以利用不同的空間配置，沒有傳統圖書館壓迫的感覺。

三、服務對象的考慮

服務對象以滿足周邊人口的特性，包括：

（一）平日在中區上班的公務員、白領人士、法律人士，在設計上強調資訊化及專業化。

（二）早上的長者與殘疾人士，在設計上強調無障礙的通道，容易找到他們所需的材料；此外，小朋友上課後忙裡偷閒的家庭主婦，要為她們提供各種家政的服務。

（三）兒童，由於他們充滿了理想與創意，所以在設計全面融合他們對圖書、玩具、電腦的需要，從童話世界到青少年成長夢想等不同時期為題，設計出不同的小區，陪伴他們的成長。

（四）青少年，本設計不贊成大量中學生來到新館是為了佔位作自習的目的，這樣有損一個代表澳門城市文化的圖書館形象，自習場所應由各個分館提供，所以設立了一個青少年區，主要是服務他們所需。如電腦上網、心理諮詢、動漫為主題，直到長大升讀大學後，均可使用。

（五）對從事輪班工作的市民，在設計上必須照顧這一群組，所以設有24小時閱覽區，並充分考慮環保節能與保安所需。

（六）在假日與黃昏以後，城市人期望品味生活，找到自己生活的興趣，所以突破了傳統圖書分類的限制，以專題圖書分區，連接同性質而不同分類碼的圖書，存放在不同室內設計的書庫，目的是方便讀者一次檢索，同時配合了不同專區的主題，為室內設計者有不同發揮的機會。

（七）在為市民提供進修方面，設有多個不同範疇的學術書庫以及提供多方位的參考服務，其設計的意念是以人機互動與電子化圖書館為主，再配合不同型式的個人自修室、小組討論室及終身教育教室等，讓讀者自由選擇其所需。

（八）由於新館位於中區的旅客及購物區，亦照顧訪澳的旅客，提供旅遊與購買的資訊、文化展覽、精品、飲食的服務。

（九）對於館員工作方面，儘量以一站式服務為主體，以兩個主要櫃台服務分流讀者所需，包括大堂的綜合服務與還書櫃台，3樓的綜合借書櫃台。

參、各服務功能區的說明

由於新澳門中央圖書館大樓受到地理空間所限制，整幢大樓將分為第一期及第二期工程，即先行興建舊法院部分，然後待現司警大樓部分拆卸後，在原地興建第二期，再接駁第一期的大樓，所以在佈局上必須有周詳的考慮，避免當興建第二期工程時，引致第一期的讀者區不便，或要拆除第一期部分設備，以連接第二期等。因此本設計考慮了上述多種因素，將大樓分成9個功能區，分別為多功能活動教育區、圖書館總服務區、兒童及青少年區、專題圖書文獻區、報紙及雜誌閱覽區、參考研究區、密集式書庫儲存區、圖書館行政區、輔助功能區等。

一、多功能活動教育區

本區主要的特色與功能是保存原有法院入口與樓梯，將圖書館主樓分隔，好使其能提供24小時服務以及圖書館文化活動。避免干擾圖書館讀者閱讀的氣氛。分為演講及導賞區、展覽區、語言教室、電腦教室、藝術教室、閱讀技巧教室、圖書館之友活動室、圖書館精品店、咖啡廊、特殊讀者閱讀區等。

二、圖書館總服務區

本區主要是為讀者提供圖書館歸還、查詢的服務，是讀者進入多功能服

務區後，直接得到館員協助的區域，包括綜合服務台、綜合借書櫃台、還書區、還書排架區、新書展覽區、公共目錄區、保安台、存物區、訪客接待簡報室等。

三、兒童及青少年區

閱讀的習慣是從小培育出來，到了青少年時期為延續是否喜歡閱讀的關鍵時刻，所以作為推動澳門閱讀活動重要基地的新澳門中央圖書館，應重點推展各項兒童及青少年閱讀服務，如藏書、電腦上網、好書推介、各式閱讀活動等。所以為達致服務的效果，本設計包括親子教育區、育嬰室、兒童文學博物館、兒童視聽及動漫區、兒童電腦及上網區、升學及就業資料區、青少年圖書及期刊區等。

四、專題圖書文獻區

為了使讀者因應自己的興趣閱讀自己所需的書刊，本設計將市民常用的圖書資料以專題書庫佈局，其內容包括旅遊及地圖資料區、戲劇及電影資料區、文學與傳記館、衛生與保健、飲食文化區、休閒運動及時尚潮流區、心理及教育研究區、科普讀物及資訊科學區、葡萄牙國文化及語言學習區、商業管理、泛珠及葡國經貿區、音樂舞蹈及美術區、建築設計及歷史文化區、綜合圖書區等。

五、報紙及雜誌閱覽區

由於周邊寫字樓林立，各寫字樓文員以及不少退休人士均會利用空餘到圖書館來閱讀報章與雜誌，而本設計先行將其他專題的雜誌分流到各專題書庫，藉以減少該區的壓力。本區的特色是設有長者專區，並在坐椅、書檯及配套設施予以配合，如放大鏡等，強調尊重長者的精神。另外，建議本區設置一道張貼報紙號外或重點新聞的公佈板，讓讀者進入該區前能知道較重要的頭條新聞，同時設立一個投影電視新聞精華小區，可容納5至6人觀看。

六、參考研究區

為提供市民查詢及研究的服務，本設計建議包括大堂的前台服務設立參考諮詢服務台，館員為讀者初步分析提供尋找資料的途徑，教導他們使用各種線上資料庫，並為他們篩選及指導研究的方向，如需要更進深入或詳盡的資料，前台的館員將以無線電或 3G 電話直接聯系在參考書庫的專業館員，以視像形式或邀請讀者親臨各參考研究書庫接受輔助。此外，亦設計資訊坊，讓讀者使用電腦上網查找各類的專業的資料庫及應用不同套裝軟件，如 refwork、turn-it-in、SPSS 等，以便讀者研究及撰寫論文。其館藏應包括常用參考工具書及國際機構文獻等。

七、密集式書庫儲存區

在本館的第二期工程中，建議分別在 9 樓及 10 樓加裝密集式書庫，以閉架式管理，存放較不常用的圖書及期刊。

八、圖書館行政區

本設計建議不需集中大量的圖書館編目、採購、加工、修護等工作及人員在新館之內，一方面是留出更多空間給讀者使用，另一方面參考大多的圖書館案例，上述技術的工作亦分流到其他分館，或另覓租金及成本較便宜、面積較大的地點來設置。所以建議新館的行政區祗需設有館長室、辦公室、會客室、電腦室等行政功能的區域即可。

九、輔助功能區

新館設計在圖書館四周的入口增設了自助還書櫃，以及汽車臨時停泊還書區。此外，圖書館大樓地庫應設有小型停車場，方便貴賓及運送圖書的車輛停泊。而各樓層均以無障礙通道設計，設置自助借書機及提供有足夠的衛生設備。大樓各處應安裝閉路電視監控系統，連接到保安中心作監控。

肆、第一及第二期工程的佈局說明

為了方便瞭解本設計的方案，特別綜合列表說明各樓層在第一及第二期工程的佈局說明，請參見表 1。

表 1　第一及第二階段工程說明表

樓層	工程期數	空間名稱	功能說明
地庫 2 樓	第一期	演講廳 2	由於演講區不太需要太多光線，需要良好的隔音等配套，所以最理想是設於地庫，而出席的講座嘉賓可以在正門出入，別具氣派，而在活動結束後，觀眾可在大樓兩側迅速離場。完成與圖書館主體分隔，管控獨立。
地庫 2 樓	第一期	圖書館倉庫	保存各種舊文獻
地庫 2 樓	第一期	服務性功能區	廁所、電梯
地庫 1 樓	第一期	服務性功能區	廁所、電梯
地庫 1 樓	第一期	演講廳 1	--
地庫 1 樓	第一期	終身教育學習區	語言教室、電腦教室、藝術教室、閱讀技巧教室、圖書館之友活動室。
地庫 1 樓	第一期	電腦主機房	統控各區的電腦設施
地庫 1 樓	第一期	服務性功能區	廁所、電梯
大堂	第一期	保安台	--
大堂	第一期	存物區	--
大堂	第一期	圖書館資源導賞室及 VIP 接待處	主要接待來訪的訪問團，館方需要在此室為其簡報圖書館概況，再進行參訪。
大堂	第一期	圖書館咖啡廳	提供西式小食、飲品。同時該廳亦可為支援圖書館常規的展覽、講座或其他活動之飲品小食。
大堂	第一期	展覽區	以多功能用途的設計，定期舉辦展出各種文藝作品，以提升澳門的文化氣色，特別是本館位於中區，人流多，展覽活動定必引起公眾的注意。
大堂	第一期	24 小時閱讀區	其與圖書館服務主樓獨立分開，設計主要是以無人管理、通過讀者證打開閱讀區的門禁，並採用自助借書系統及中央監控系統防盜，閱讀環境應通透、方便監控

表1　第一及第二階段工程說明表（續）

樓層	工程期數	空間名稱	功能說明
大堂	第一期	特殊讀者閱讀區	以無障礙的通道由圖書館右左兩側進入，主要服務弱視或失明人士、失聰人士、智障人士以及其陪同的親友。館藏以電子盲人讀物，如MP3、盲人電子閱讀機、啟發身心協作的教具為主。
大堂	第一期	圖書館精品店	可由圖書館之友或圖書館協會經營、售賣有關圖書館的紀念品、精品、書籍等。
大堂	第一期＋第二期	服務性功能區	廁所、電梯、自助借書機、熱線電話。
大堂	第一期	公共檢索目錄	讀者欲尋找所需書刊，可在此區先行查找，參考讀者使用的習慣，本區使用的人數不會太多。
大堂	第一期	資訊坊	安放時下圖書館最流行的資訊坊，讓讀者在此區使用各種常用的電腦軟件，上網查找資料庫及打印資料。
大堂	第一期	新到館資料展覽區	可讓讀者坐在該區瀏覽新到館的圖書、影音資料，並可即時借閱。
大堂	第一期	總服務台	於大堂樓梯的後側，正是第一期及第二期工程的中央位置，所以日後無需更改，節省成本。由於本櫃台是為讀者提供總服務的第一線，共設有3個還書的櫃台、2個參考諮詢服務台（提供ISBN申請、館際互借申請、參考指導與諮詢工作、場地及設施借用申請、旅遊及購物諮詢服務）、3個借書櫃台。
大堂	第一期	還書排架區	預計每天約有2千冊書歸還，在暑期或假日高峰期間，甚至可達5千冊，需要設置一個圖書歸還排架區，可容納同時處理5千冊圖書的空間，以及備圖書電梯或圖書運送路軌，連接各個書庫或專區。
大堂	第一期	幼兒圖書及期刊區	服務對象為0-6歲的兒童及其家長，藏書以圖畫書為主，並設兒童書房，讓家長或老師與兒童一起閱讀。
大堂	第一期	玩具圖書館及兒童活動區	為家長及小童提供益智的玩具，啟發智力的發展，並設有故事天地、兒童遊樂區、手工藝及優秀文學作品展覽區。
大堂	第一期	親子教育區	收集家長教育兒童的參考資料，讓家長在兒童進行獨立時，有空到本區借用資料。

表1　第一及第二階段工程說明表（續）

樓層	工程期數	空間名稱	功能說明
大堂	第二期	兒童文學博物館	其設計是通過陳設各式兒童文學故事的人物塑像、模型及文學家的生平資料、經典兒童文學作品原稿，讓兒童近距離的走進童話世界，其目的是為了加深兒童成長的影響、從小打造閱讀的基礎。
1樓	第一期＋第二期	服務性功能區	廁所、電梯、自助借書機、熱線電話。
1樓	第一期	兒童視聽及動漫區	本區是為兒童提供益智的視聽資料及動漫圖書與期刊。
1樓	第一期	兒童電腦及上網區	本區是為兒童提供益智的教育軟件、遊戲及網上兒童閱讀網站。
1樓	第一期	兒童圖書及期刊區	收集7-14歲的兒童文學及科普作品。
1樓	第一期	旅遊及地圖資料區	收集最新的旅遊地圖、各地的旅遊指南、視聽資料等，為計劃出外旅遊公幹的讀者、提供參考資訊。
1樓	第一期	報紙及雜誌閱覽區	預計繁忙時間可容納100人在閱讀報紙、150人在閱讀時事雜誌，所以在設計上必須讀者感到非常有效率，而且閱讀報紙的空間要寬闊、要設有特別的報紙閱讀檯，並且有足夠的空間讓館員來工作。本區更可儲存最近兩周的過期報紙的空間，由2名專人提取給讀者使用。
1樓	第一期	澳門資料區	參考現有各大專及公共圖書館，市民最常用的參考館藏為澳門資料，本區主要收集澳門出版及內容涉及澳門的專書、期刊及其他資料。
1樓	第一期	戲劇及電影資料區	主要典藏戲劇，電影及電視的影音資料以及有關方面的專書、讓市民借回家、或留在館觀看，為了方便管理，對於較舊的資料以閉架形式存放部分珍貴的資料，由館員負責操作VOD的系統為讀者提供服務，至於較新及流行的資料，則採用開架式處理，方便讀者自行借用。
1樓	第一期	法律、政治及公共行政資料區	為了保存舊法院的法庭原貌，特設置了本區，以法庭為背景，存放有關澳門及其他地區的法律、政治及公共行政資料，如政府公佈、各種法律與法規專書與期刊，並設有一參考服務櫃台提供法律基本諮詢服務。

表1　第一及第二階段工程說明表（續）

樓層	工程期數	空間名稱	功能說明
1樓	第一期+第二期	文學與傳記館	收集中外文學流行及經典作品，提升讀者的品味生活。同時設有名人傳記資料，讓讀者能瞭解不同人物的成功之道。
1樓	第一期+第二期	服務性功能區	廁所、電梯、自助借書機、熱線電話。
1樓	第一期+第二期	衛生與保健、飲食文化區	收集有關衛生保健及飲食文化作品，提升市民健康生活的意識。
2樓	第一期	升學及就業資料區	與高等教育輔助辦公室及勞工局合作，搜集世界各地主要大學的升學資料及本地就業訊息，讓年青人在完成中學後可以有更多的升學與就業的參考資料、規劃自己的人生生涯發展。其設在青少年圖書區是將原本非常嚴肅的資料，通過他們喜歡的環境、讓他們潛移默化地，開放自己的視野。
2樓	第一期	青少年圖書及期刊區	其服務群為13-18歲的年青人，以充滿cyber氣氛的室內設計、打造一個青少年能感受時代的電腦網吧及K書中心（可容納50人同時使用）為主題，再以精心為年青人挑選的書庫相連（館藏主要有小說、運情、心理、神秘事件等熱門書籍、動漫圖書、及期刊）。
2樓	第一期+第二期	服務性功能區	廁所、電梯、自助借書機、熱線電話。
2樓	第二期	車庫及保安中心	停泊流動圖書車、上落貨客車，並設有保安中心來監控全館的保安活動。
3樓	第一期+第二期	服務性功能區	廁所、電梯、自助借書機、熱線電話。
3樓	第二期	圖書館辦公區	由於本層將是第二期工程，即在龍嵩街入口的位置的入口，為方面讀者借書，特設有借書服務台，同時安排其他支援各區的服務、圖書館主要行政區亦設於此，包括新到圖書存放及分發區、館長室、辦公室、訪客會議室等。
4樓	第一期+第二期	服務性功能區	廁所、電梯、自助借書機、熱線電話。
4樓	第一期+第二期	休閒運動及時尚潮流區	收集體育及時尚潮流資料，在區內設有健身設施，鬆弛因閱讀而產生的疲勞。
5樓	第一期+第二期	服務性功能區	廁所、電梯、自助借書機、熱線電話。
5樓	第一期+第二期	心理與教育研究區	收集有關心理與教育的圖書及期刊，同時定期邀請心理或社會輔導社團來提供諮詢活動或實習。

表 1　第一及第二階段工程說明表（續）

樓層	工程期數	空間名稱	功能說明
6 樓	第一期 + 第二期	服務性功能區	廁所、電梯、自助借書機、熱線電話。
6 樓	第一期 + 第二期	科普讀物及資訊科學區	收集科普讀物、電腦技術專題文獻，並可讓讀者可即場試用各種軟件，增強學習效果。
7 樓	第一期 + 第二期	服務性功能區	廁所、電梯、自助借書機、熱線電話。
7 樓	第一期 + 第二期	葡國文化及語言學習區	收集葡萄牙文化、語言學習的文獻、提供各種語文考試的教材資源。
8 樓	第一期 + 第二期	服務性功能區	廁所、電梯、自助借書機、熱線電話。
8 樓	第一期 + 第二期	商業管理、泛珠及葡國經貿區	收集商業管理、泛珠及葡國經貿資料、服務本商業區的讀者。
9 樓	第一期 + 第二期	服務性功能區	廁所、電梯、自助借書機、熱線電話。
9 樓	第一期 + 第二期	音樂、舞蹈及美術區	收集音樂、舞蹈及美術專題文獻，設備有 CD 機讓讀者即時聆聽美妙的音樂 CD、同時亦為應考各級音樂、舞蹈、美術的讀者提供教材。
9 樓	第二期	密集式書庫	存放不常用圖書及期刊
10 樓	第一期	建築設計、歷史文化區	收集中外歷史、建築設計、世界文化遺產等方面的文獻。
10 樓	第一期 + 第二期	服務性功能區	廁所、電梯、自助借書機、熱線電話。
10 樓	第一期 + 第二期	綜合書庫；其他	收集不被列為各專題書庫的圖書。
10 樓	第一期 + 第二期	研究小間及小組討論室	由於頂層景觀較佳，有利閱讀的氣氛，設置多間個人研習室，及小組討論室，方便讀者自修研討之用。
10 樓	第二期	密集式書庫	存放不常用圖書及期刊。

伍、結語

　　本設計是集合了設計小組多年的工作經驗，參觀了超過 100 間國內外的圖書館，如新加坡國家圖書館、香港中央圖書館、西雅圖市立圖書館、大英圖書館、美國國會圖書館、紐約市立圖書館、中國國家圖書館、日本國家圖書館、上海圖書館、南京圖書館、深圳圖書館、東莞圖書館、台灣中央圖書館、台北市立圖書

館等，資料收集文獻及相片逾千件，由設計者長期在澳門從事圖書館的工作，亦是推動澳門圖書館事業發展的重要舵手，在設計時深入考慮了澳門市民所需及期望，為我們的澳門，為我們的下一代，我們無條件亦沒有任何資助的情況，投入近半年的時間來撰寫此設計方案，願特區政區能從中吸納或參考我們的建議。

王國強、梁德海、盧小花合著

附錄：新澳門中央圖書館示意圖

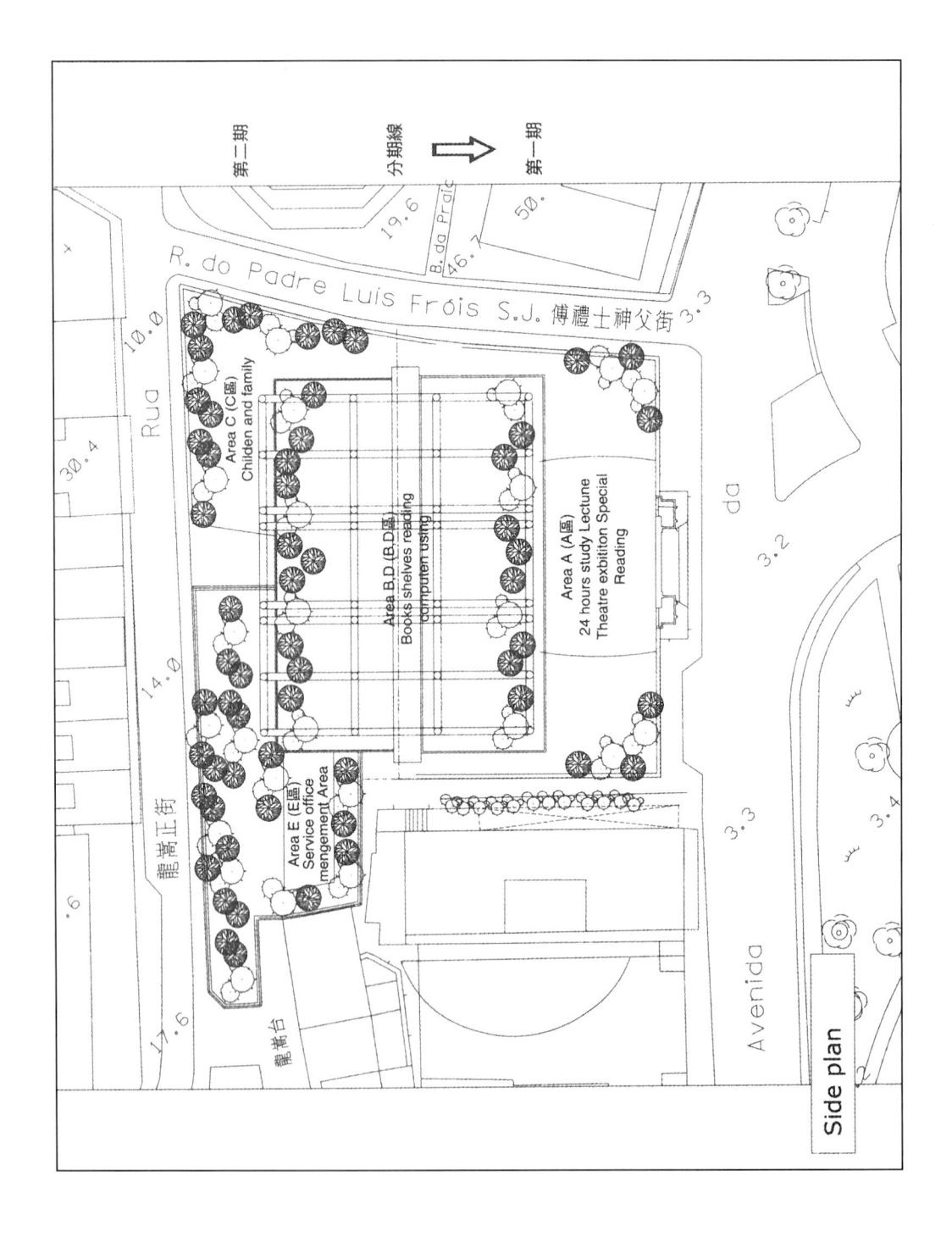

新澳門中央圖書館建館設計方案構思 | 235

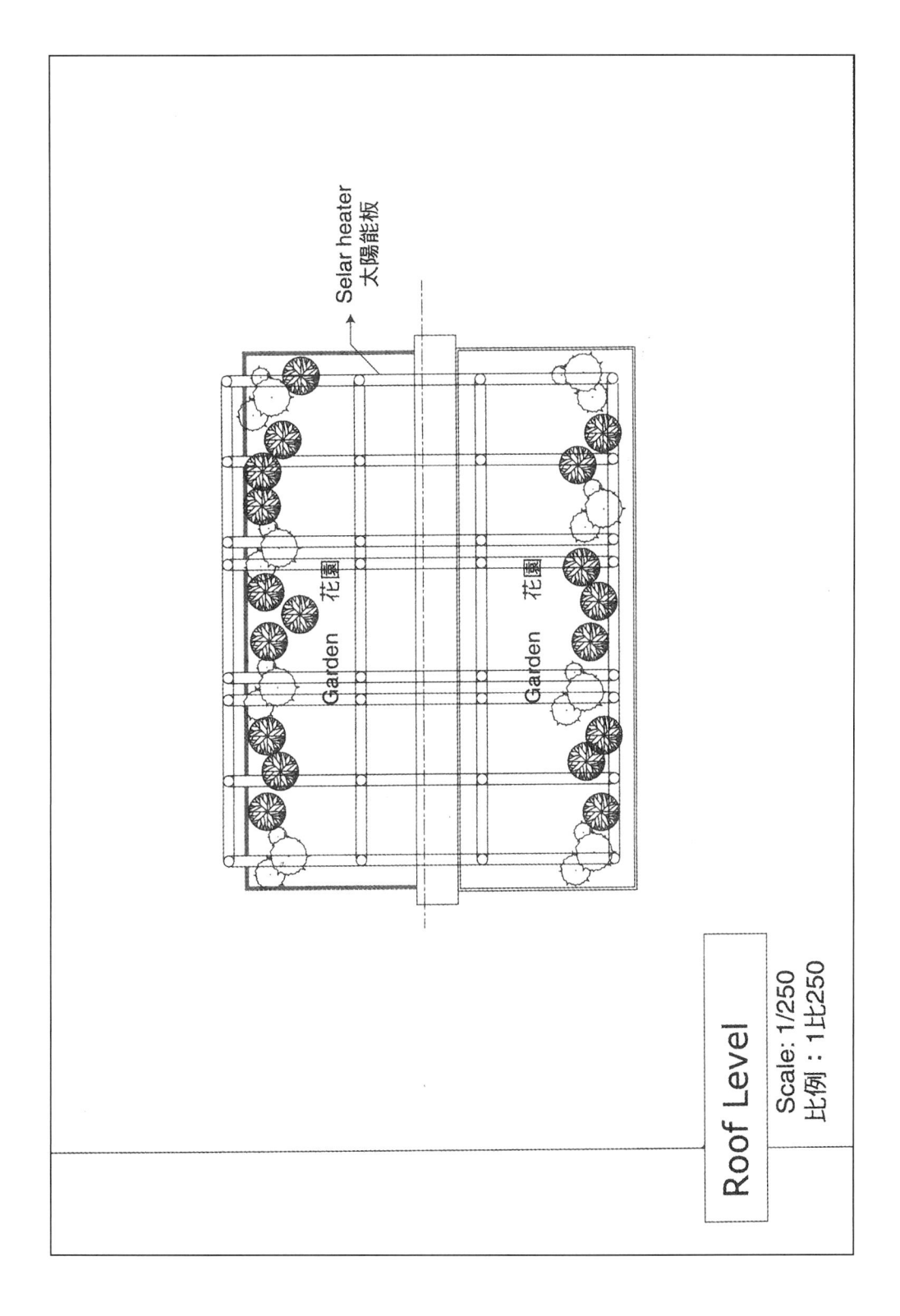

Selar heater
太陽能板

Garden 花園

Garden 花園

Roof Level
Scale: 1/250
比例：1比250

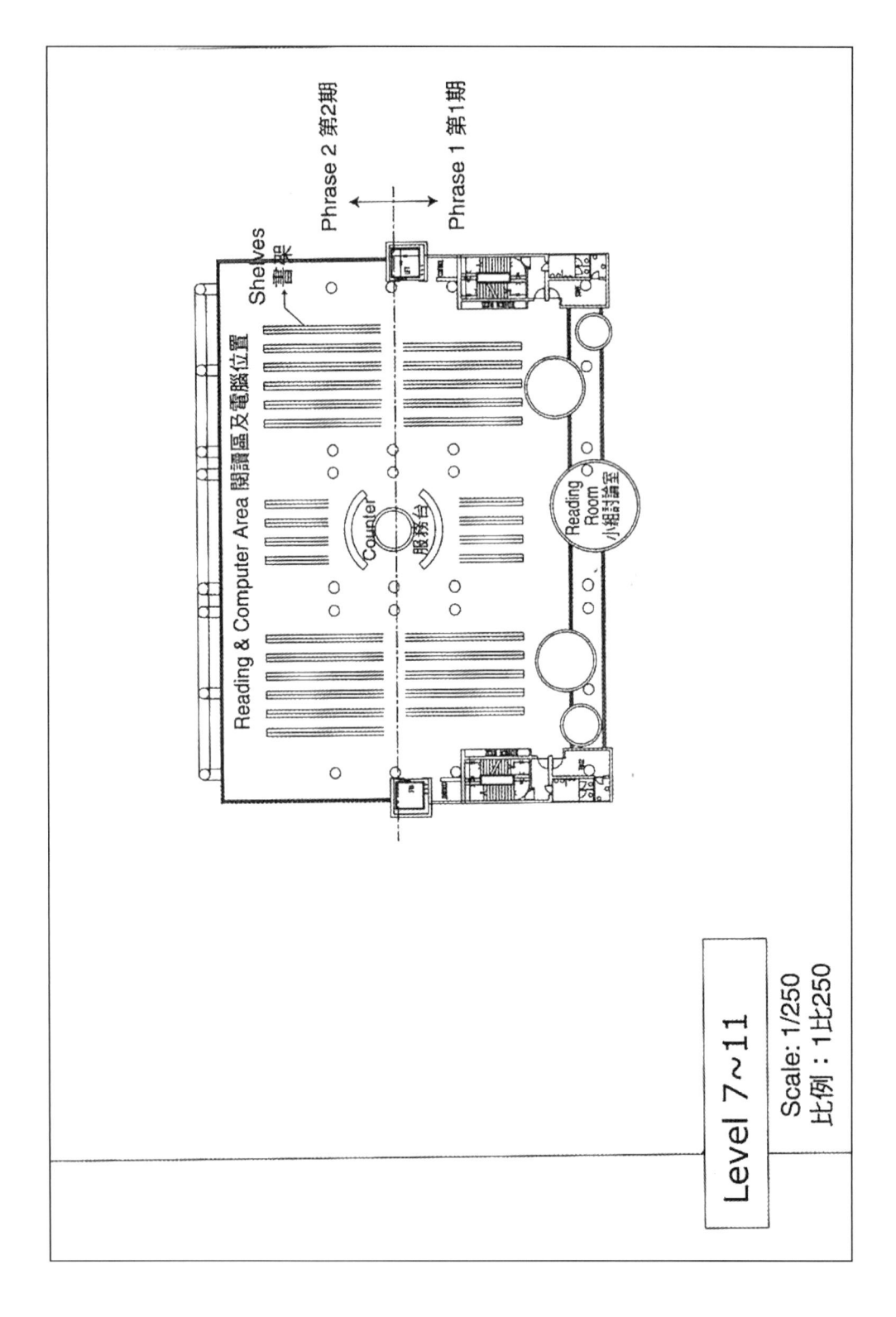

236 | 書的傳人Ⅲ：二十一世紀初期澳門圖書館事業論集

Level 7~11
Scale: 1/250
比例：1比250

Phrase 2 第2期
Phrase 1 第1期
Shelves 書架
Reading & Computer Area 閱讀區及電腦位置
Counter 服務台
Reading Room 小組討論室

新澳門中央圖書館建館設計方案構思 | 237

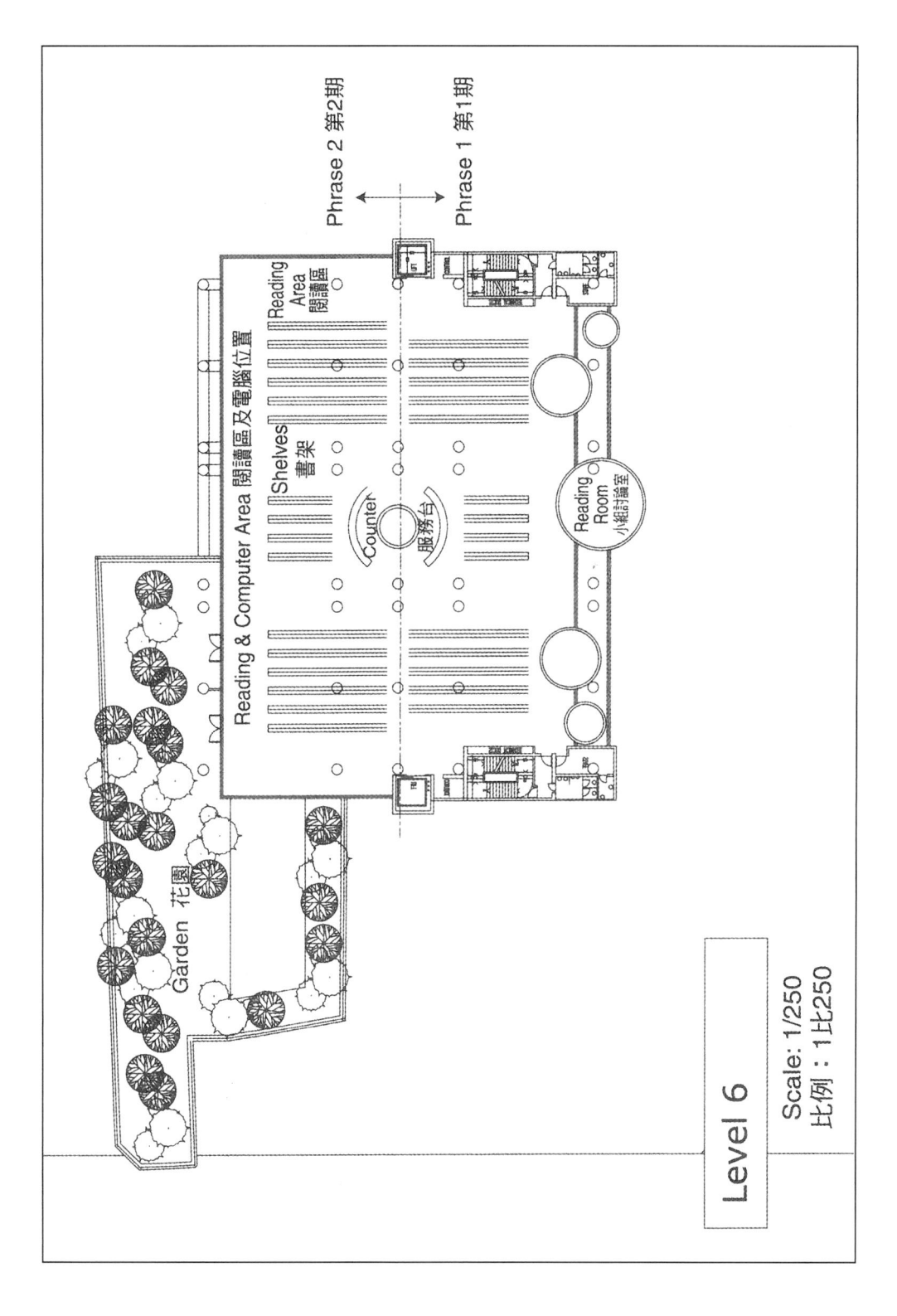

Phrase 2 第2期
Phrase 1 第1期

Reading Area 閱讀區
Shelves 書架
Counter 服務台
Reading & Computer Area 閱讀區及電腦位置
Reading Room 小組討論室
Garden 花園

Level 6
Scale: 1/250
比例：1比250

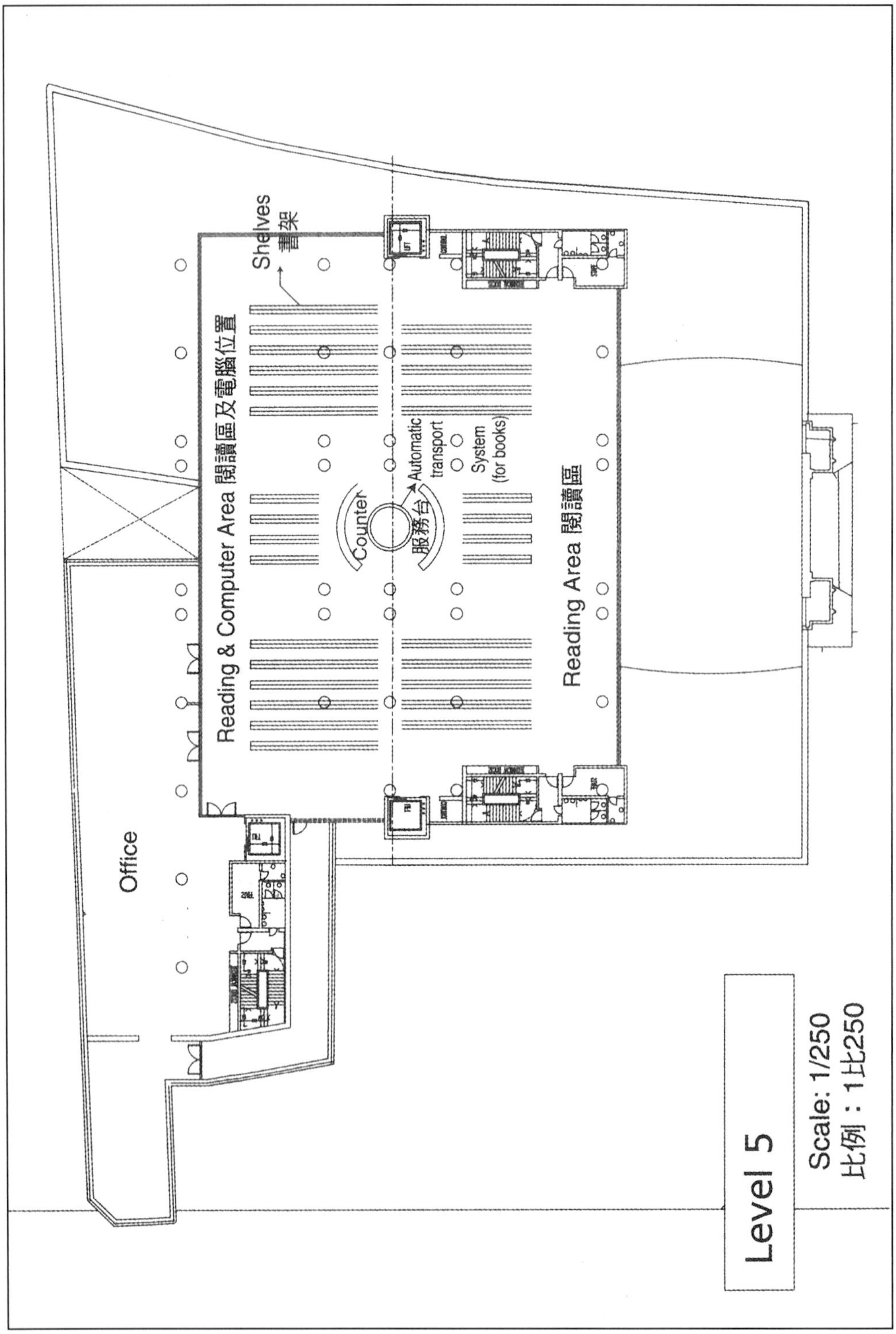
Reading & Computer Area 閱讀區及電腦位置
Shelves
書架
Counter
服務台
Automatic transport System (for books)
Reading Area 閱讀區
Office
Level 5
Scale: 1/250
比例：1比250

新澳門中央圖書館建館設計方案構思 | 239

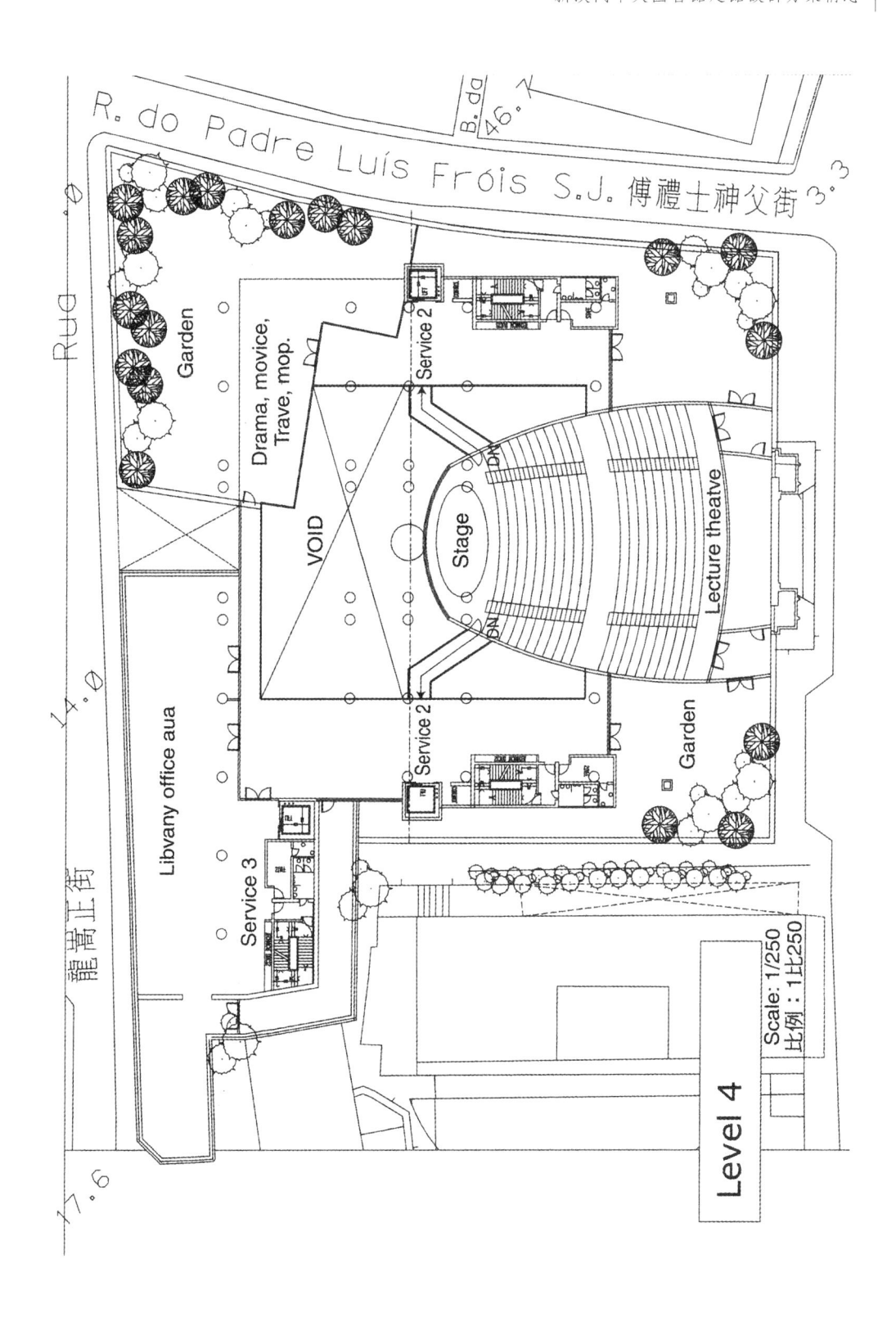

R. do Padre Luís Fróis S.J. 傅禮士神父街

Rua

龍嵩正街

Garden

Drama, movice, Trave, mop.

VOID

Stage

Lecture theatre

Garden

Service 2

Service 2

Service 3

Libvany office aua

Scale: 1/250
比例：1比250

Level 4

Level 3

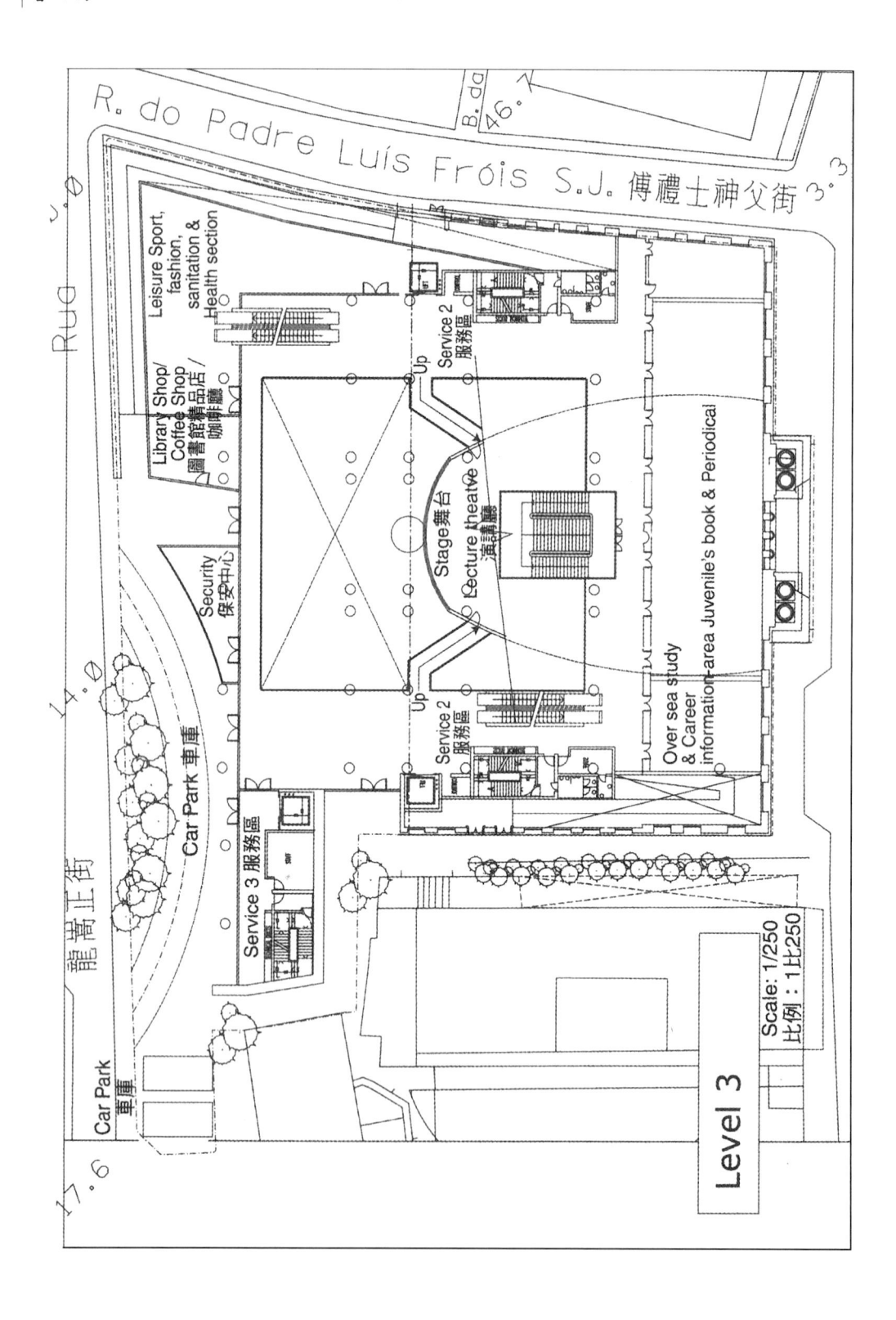

Scale: 1/250
比例：1比250

R. do Padre Luís Fróis S.J. 傅禮士神父街

- Leisure Sport, fashion, sanitation & Health section
- Library Shop/Coffee Shop 圖書館精品店／咖啡廳
- Security 保安中心
- Service 2 服務區
- Stage 舞台
- Lecture theatre 演講廳
- Over sea study & Career information area Juvenile's book & Periodical
- Service 2 服務區
- Service 3 服務區
- Car Park 車車
- Car Park 車車
- 龍嵩正街

新澳門中央圖書館建館設計方案構思 | 241

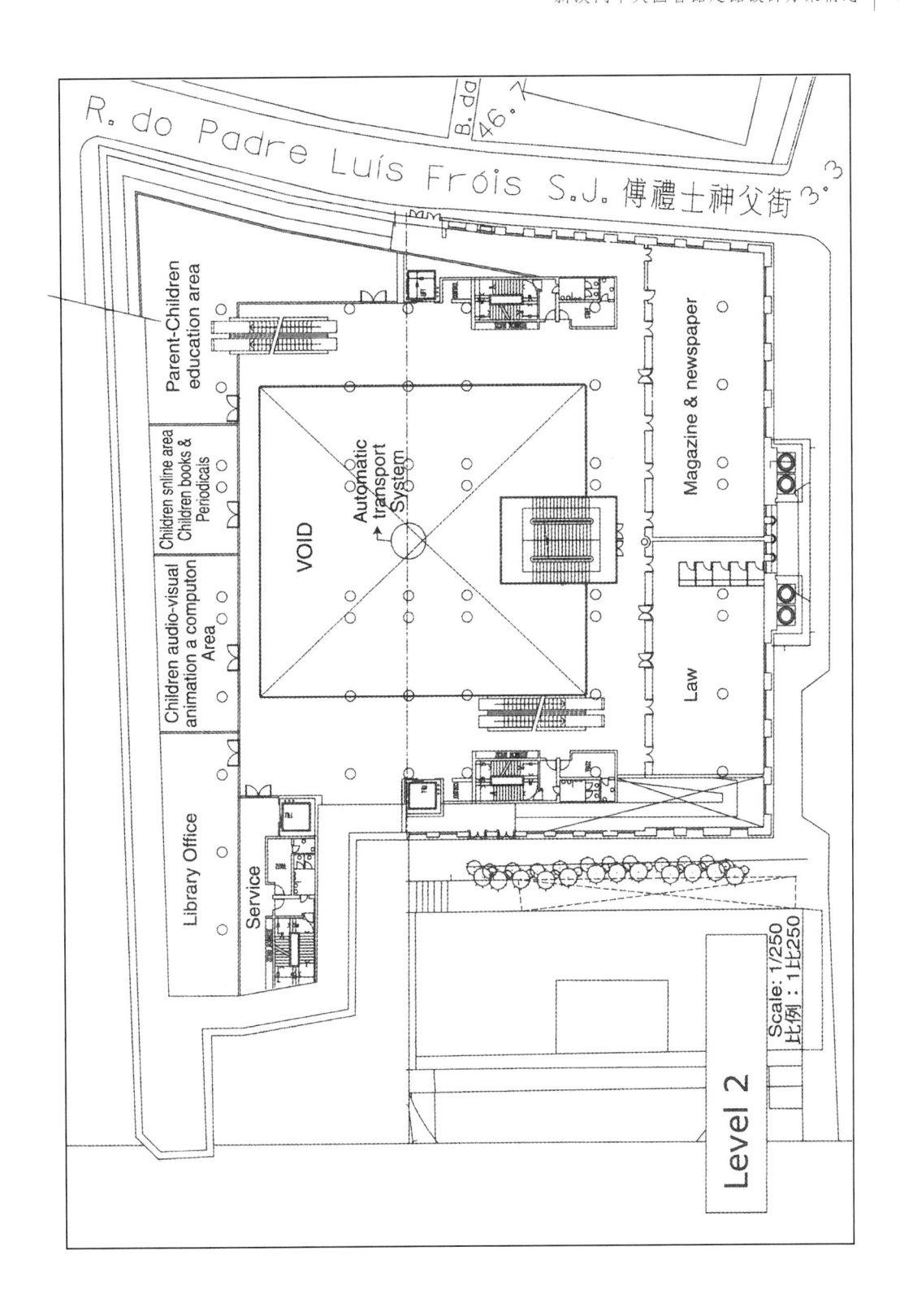

R. do Padre Luís Fróis S.J. 傅禮士神父街

- Parent-Children education area
- Children snline area Children books & Periodicals
- Children audio-visual animation a computon Area
- Library Office
- Service
- VOID
- Automatic transport System
- Magazine & newspaper
- Law

Level 2

Scale: 1/250
比例：1比250

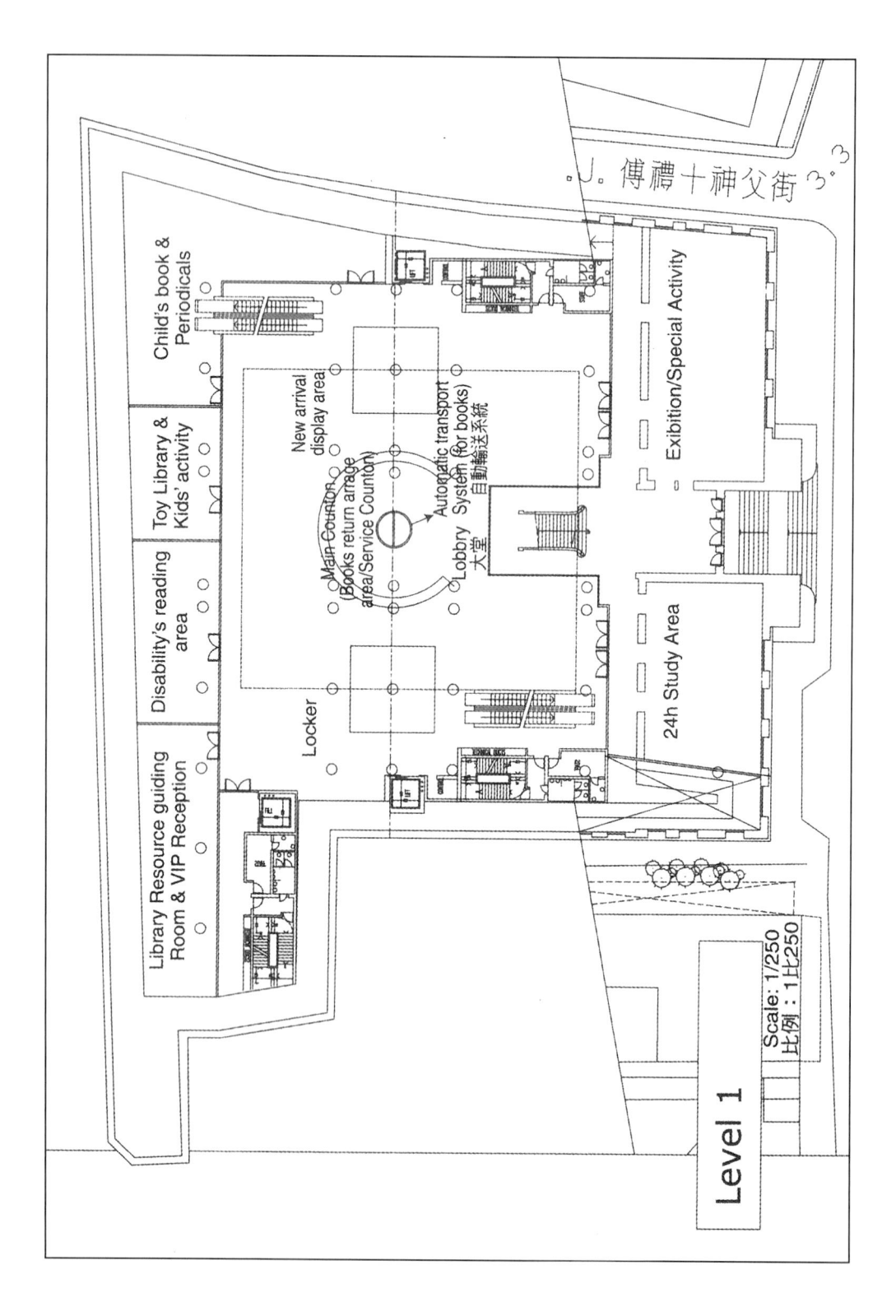

242 | 書的傳人 III：二十一世紀初期澳門圖書館事業論集

Child's book & Periodicals
Toy Library & Kids' activity
Disability's reading area
Library Resource guiding Room & VIP Reception
New arrival display area
Main Counter (Books return arrage area/Service Counter)
Automatic transport System (for books) 自動輸送系統
Lobbry 大堂
Locker
Exibition/Special Activity
24h Study Area
J. 傅禮士神父街

Scale: 1/250
比例：1比250

Level 1

新澳門中央圖書館建館設計方案構思 | 243

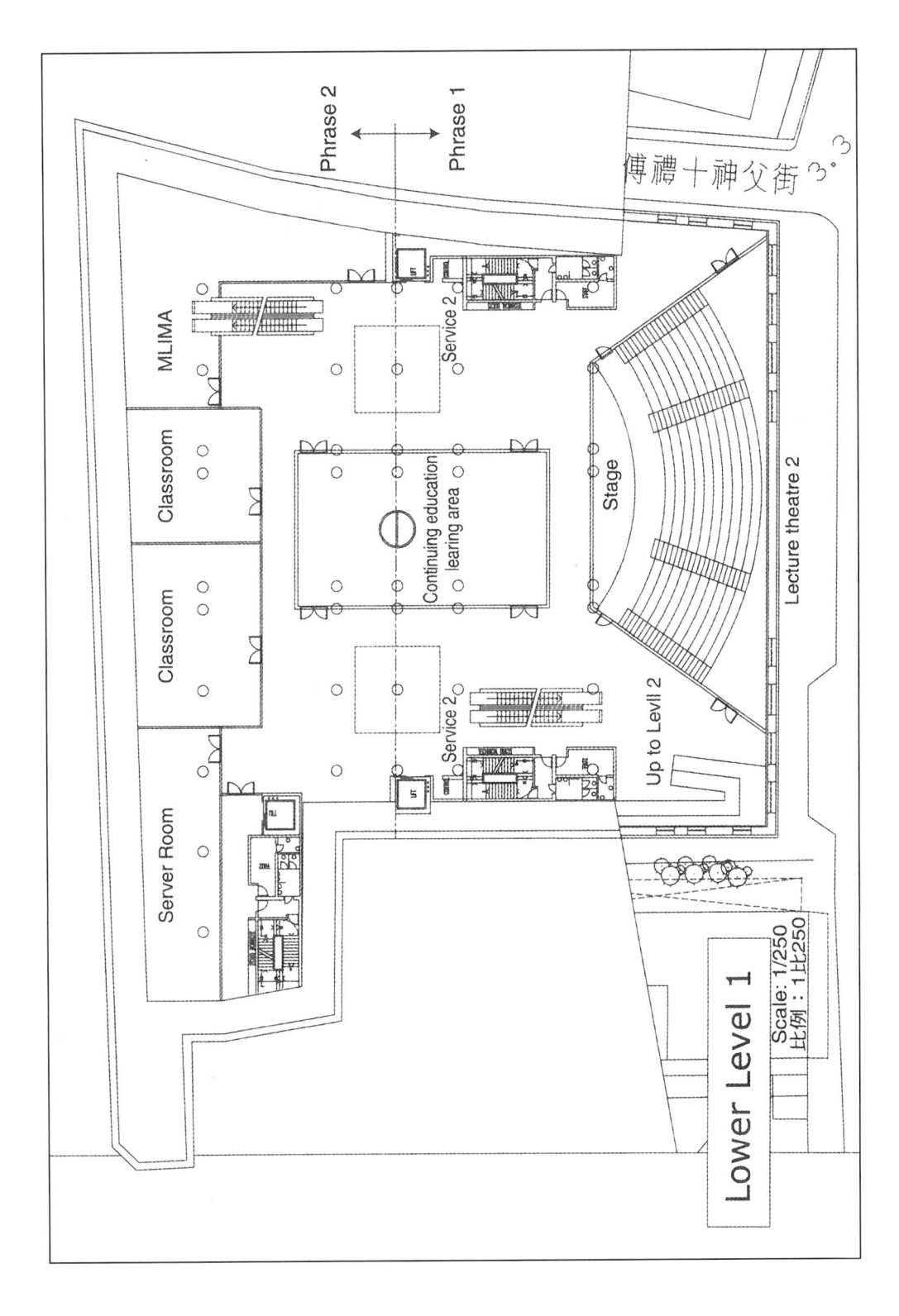

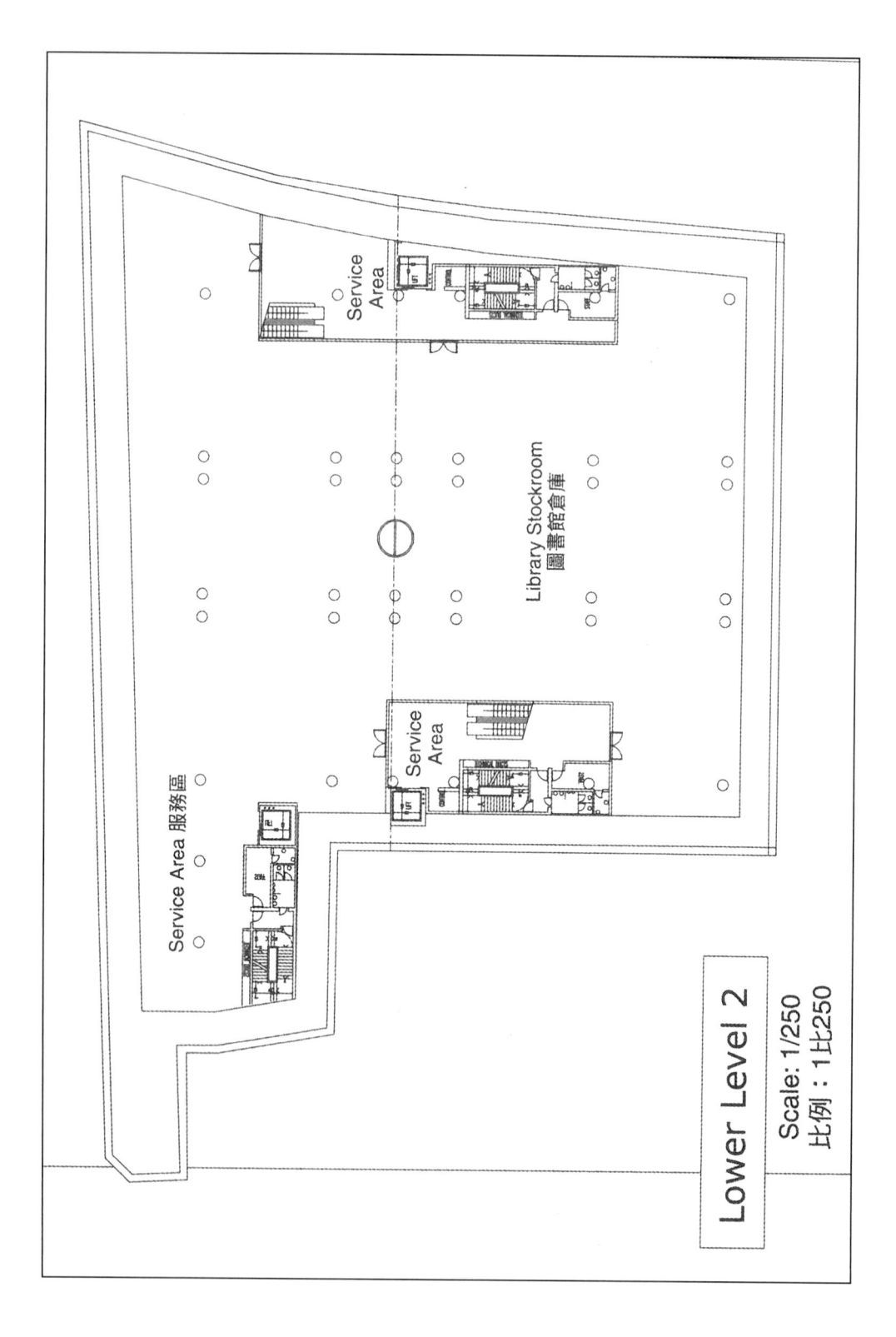

244 | 書的傳人III：二十一世紀初期澳門圖書館事業論集

對澳門公共圖書館發展的建議

　　澳門特區成立後，澳門大部分的圖書館，包括公共圖書館（除了臨時局的 5 間圖書館外），博物館圖書館、學校圖書館、醫學圖書館、大學圖書館，均隸屬於社會文化司的架構之下。這是非常有利澳門圖書館事業的發展。因為澳門圖書館具有多元文化的功能，包括推廣旅遊及保存文化的功能，提高市民閱讀能力以及作為飽暖市民精神食糧的地方，具有穩定社會的價值，同時亦是教育市民獲取資訊及終身學習的場所等。所以，回歸 3 年，相信應是政府當局重新考慮澳門圖書館規劃的時候了，以下為本人對澳門政府發展公共圖書館事業的看法。

壹、以歷史悠久的圖書館作為文化旅遊點

　　澳門政府為了保存文化及吸引遊客，每年投入博物館建設的資源比圖書館為高。其實，我們可把眼光放遠一些，澳門的圖書館亦具有吸引遊客的功能，有不少旅客到一個國家遊覽，專程到當地國家圖書館參觀，從而瞭解當地的歷史文化之發展。澳門政府應考慮澳門圖書館事業的歷史比鄰近地區久遠，而且別具特色，如：何東圖書館、民政總署大樓圖書館、澳門中央圖書館、氹仔圖書館等多間圖書館的建築非常有典雅迷人，若能多花一點心思，把澳門圖書館發展為圖書館博物館，為遊客安排包括博物館及圖書館的文化旅遊線，改變澳門旅遊祇有博彩業的印象，使圖書館也成為旅遊與文化點。

貳、從速建立新的澳門中央圖書館大樓

一個國家政府對文化教育重視與否，看看該國對其國家圖書館建設投入之規模，便可反映一二。鄰近地區，如香港政府花上數以十億經費來建立一個新的香港中央圖書館，其目的是引起社會市民重視圖書館的價值與功能。反觀澳門中央圖書館，面積規模均遜色於其他地方，如再不思進取，外人的眼光祇會認為澳門文化如此而已。所以為了改變澳門閱讀文化沙漠的形象，建議從速選址興建新的澳門中央圖書館大樓，讓市民早日享受到圖書館應有的社會功能。此外，新澳門中央圖書館大樓亦可考慮向專業社團提供小型閱覽區，存放各社團的專業書刊。如此，一可讓社團的書刊集中使用，二可避免重複人力資源，形成一個官民共建圖書資源的大環境。

參、在人口密集社區，增設圖書館

目前澳門公共圖書館系統，以澳門中央圖書館為首的7間分館，其分布似有不足現象，如：黑沙環、台山、馬場、祐漢、高士德、沙梨頭、筷子箕、司打口、媽閣等社區，均有不少新大廈落成入伙，人口相當密集，但祇有望廈圖書館及青洲圖書館、澳門中央圖書館需有圖書車服務，但無法提供市民舒適的閱讀環境，所以不少社團及相關的部門有見及此，相繼開設圖書室。但是他們由於經費不足，或欠缺專業管理知識，未能發揮功能，祇能提供閱報室的作用。所以導致上述地區的租書店及遊戲機中心林立，取代了圖書館的休閒及教育的功能。特別是沙梨頭、盧石塘、司打口一帶，甚至一間社團開辦的圖書館也沒有。建議澳門政府從速對澳門中央圖書館撥款，規劃北區及中區的公共圖書館系統。

肆、延長公共圖書館服務時間

目前公共圖書館的服務時間，礙於法例、人力資源以及機構的傳統制度，無法延長及增加開放時間，建議日後在人力資源豐富的情況下，增加星期日

的開放時間，在青少年問題的較大的社區，增設晚間圖書館，在長者較多的社區，開設晨間圖書館。

伍、協助市民大廈成立大廈自修室或圖書室

目前有不少大廈的單位空置，政府是否可提供一系列的優惠及方便政策，鼓勵大廈業主借出空置單位，成立大廈自修室或圖書室，向大廈住客募集書籍，並由大廈業主委員會管理或請物業管理公司管理，增加市民對資訊的需求與服務面，提升市民的閱讀文化。

以上為筆者對澳門公共圖書館發展的一點建議。

澳門圖書資源知多少

2007 年 11 月文化局正式公佈，籌建中的新澳門中央圖書館選址為南灣的舊法院大樓，再次引起各界的關注與討論。而直至 2007 年底，澳門共有公共圖書館及自修室 58 間、學校圖書館 95 間、專門圖書館 107 間及大專圖書館 20 間，總計為 288 間。

究竟在澳門有那些終身學習的圖書資源呢？因應對外開放圖書館館藏的特色，總結了以下的資源分布表，可作參考表 1。

表 1　澳門公共圖書館特色藏書分布表

	科技工程	航海	醫學與衛生	法律及公共行政	宗教	文化藝術	體育	教育與心理	文史哲及綜合性	葡國文化	兒童文學	視聽及多媒體資料	學位論文及研究報告	古籍與舊籍	參考工具書	經濟及統計	博彩
澳門中央圖書館			×	×		×	×	×	×	×	×	×	×	×	×	×	
澳門大學圖書館	×		×	×	×	×	×	×	×			×				×	×
理工學院圖書館			×	×		×	×	×	×			×				×	×
民署黃營均圖書館			×	×		×	×	×	×			×				×	
紅十字會			×														
明愛圖書館			×					×	×			×					
科技委員會	×		×									×					
航海學校		×															
聖經學院					×												
澳門佛教青年中心					×												
教區牧民中心					×				×								

表1 澳門公共圖書館特色藏書分布表（續）

	科技工程	航海	醫學與衛生	法律及公共行政	宗教	文化藝術	體育	教育與心理	文史哲及綜合性	葡國文化	兒童文學	視聽及多媒體資料	學位論文及研究報告	古籍與舊籍	參考工具書	經濟及統計	博彩
藝術博物館圖書館						✕						✕					
特教心理輔導中心								✕				✕					
成人教育中心								✕	✕			✕					
觀音蓮花苑					✕												
捐血中心			✕														
駿青活動中心							✕		✕								
氹仔教育活動中心								✕			✕						
語言推廣中心										✕							
德育中心								✕									
公民教育中心								✕									
教科文中心								✕					✕				
貿促局文件中心																✕	
統計局文件中心																✕	✕
澳門博彩學會																	✕
東方葡萄牙學會										✕							
八角亭圖書館		✕	✕		✕				✕					✕			

　　以上為對外開放圖書館藏書特色，各位讀者可以按所需到各館使用，但是必需事前瞭解各館的開放時間。

本文原刊於《終身學習》。

理想的圖書館設計

　　圖書館正步入電子化及網路化的時代，圖書已不再是人類吸收知識的主要工具，讀者可在無牆的圖書館遠距地閱讀，傳統的館舍標準，如：閱覽席、每位讀者的使用面積、圖書及書架佔有的空間，將受到一定的衝擊。所以我們在規劃新的圖書館館舍時應加以周詳考慮。

強調空間的運用

　　由於澳門地方小，不像外國需要一座大型的圖書館來容納來自各地區上千人的讀者，澳門的圖書館應是強調其「小而美」，寧靜安逸及不擠擁的文化特色，計算館舍空間應從讀者空間、館藏空間、行政空間、公共空間為因素：讀者空間主要是以閱覽區、個人自修室及電腦及多媒體區為主，在預留空間時應以圖書館將容納多少讀者為基礎，不同年齡層的讀者其所使用的空間因受到身體發展而有所差別，兒童佔用的空間較少，成人及青少年較講求生活的品味與無拘無束的感覺，其所需的空間較多，如某圖書館預算容納 50 人，每人佔的空間為 1 平方米時，即閱讀區最少為 50 平方米。

　　館藏空間為圖書及期刊的儲放的空間，由於閱讀文化的轉變，加上交通的便利，小型的圖書館不必過分強調藏書的冊數，最重要的是藏書內容能配合該區讀者的品味，館藏空間最多預留 3,000 冊書籍以及 100 種期刊的位置即可。

　　行政空間則為館員工作及其設備儲放的面積，包括流通櫃台、工作台、文件櫃、倉庫等的空間。

　　公共空間亦是資訊時代圖書館建築轉型的重要項目，包括走廊通道、出

入口、休閒活動區、展覽區等。圖書館應足夠的公共空間讓讀者進行各式的休閒活動，如看書倦了可散散步、飲食及交談活動等。讓讀者感到圖書館與別的文娛康樂活動中心不同，比在家的感覺更舒適。

所以未來圖書館空間規劃將以彈性空間及大空間格局營造無障礙的環境。區室配置將以開放式管理，藏書和閱覽空間結合為一體而發展。

講求讀者設施的質素

前述網路時代將帶走部分讀者，圖書館建築將不在乎面積之大，而是在乎讀者閱讀時的感覺，所以讀者使用的設施亦必須相當講究，如他們每天坐的坐椅與書檯，就要講求美觀與人體力學的設計，書檯不宜太大張，六人或四人書檯已不合現代圖書館設計，因為現今讀者講求閱讀的私人空間與隱私，而且容易成為會議或聊天的地方，因此兩人書檯較適宜。每一間館舍的座椅及書檯應有其不同款式與設計，從而建立自己館舍的特色、讓讀者留下難忘的回憶。在書架方面、必須考慮其尺寸、承重、顏色、材料、外型設計、價格等準則，其中木書架讓人感到人性之溫馨，金屬架則有時代感，但兩者均不應為了省錢而隨便購買。我們亦要注重公共設施維護，如洗手間、飲水設施、照明系統等，定期巡查及清潔各區，以求整齊不紊，獲取良好的印象。至於館舍的色彩與光影的變化，直接影響閱讀環境的氣氛，一般來說，圖書館的牆身及窗簾以暖色及容易採集天然光線為主，地板則選擇活潑鮮艷顏色，地毯或膠板均為理想的建材。此外，館舍內部的指示牌及標誌，是建立圖書館形象重要的標識，館方不容忽略這個與讀者溝通的渠道。

如何能留住讀者，其制勝之道是在於如何讓讀者感覺到，在圖書館看書比在家的感覺更舒適，讓讀者來圖書館看書或進行研究是另一種享受，是一種文化素質的昇華服務，所以未來的圖書館必須講求設計的美觀、特色、便利、創意與人性化的美。

本文原刊於《終身學習》，第 5 期（2004 年 7 月），18-19。

澳門圖書館的管理經驗分享與前瞻

壹、前言

澳門除了博彩事業發達之外，澳門的圖書館事業亦有迅速的發展，可作為兩岸四地圖書館同業提供不少參考的地方，是一個兩岸四地中的圖書館的博物館，希望藉著本文讓大家更瞭解澳門圖書館的狀況及其一些管理特色。

貳、澳門圖書館是中西文化與兩岸四地交流的結晶

由於澳門圖書館事業的發展與澳門歷史的發展軌跡同步進行，所以有很多地方都具有中西文化與兩岸四地文化交流的特色。

一、管理風格

澳門開埠 460 年，圖書館隨著不同管理者，有著不同管理文化，可參見表 1 的分析說明。

二、建築與內部佈局

由於早期圖書館的管理來自葡萄牙，所以在建築與設計上有著南歐的色彩。不少圖書館非常重視內部的裝潢，期望讀者能享受舒適的閱讀環境，以民政總署大樓圖書館、路環圖書館等為代表。而以中國式的庭園設計的圖書館，則有何東圖書館及八角亭圖書館為代表。

表 1　澳門圖書館管理風格列表

管理風格	代表性圖書館	管理特色
耶穌會教士的學院式管理風格	保祿學院圖書館	封閉式
英國馬禮遜牧師傳下的開放式管理	東印度公司圖書館	開放式
西方的管理模式的學校圖書館	馬禮遜學校圖書館	求知式
葡國的管理模式	部分政府部門圖書館	官僚式
中國早期學校及公共圖書館的管理模式	澳門中華總商會附屬閱書報室	保守式
美國及香港的管理制度	澳門大學圖書館	科學式
台灣與中國的管理模式	學校圖書館及公共圖書館	人性式

三、圖書館技術服務

澳門圖書館的技術服務，主要受圖書館工作人員所受教育背景與機構的文化所影響，請參見表 2 的分析說明。

表 2　澳門圖書館資訊組織列表

資訊組織系統	名稱
編目系統	中國編目規則、英美編目規則、ISBD
機讀格式	MARC21、CMARC、CNMARC、UNIMARC
分類系統	DDC、LCC、UDC、中文圖書館分類法、三民主義圖書館分類法、中國圖書館分類法、UNBIS（United Nations Bibliographic Information System）Thesaurus
主題系統	LCSH、中文主題詞表

四、館藏文獻

全澳約有總藏書 200 萬冊，雖然數量不多，但是又有著其獨特的一面，包括請參見表 3 的分析說明。

五、其他

在 600 名從業人員，約有半數為政府部門的公職人員，源用葡萄牙公務員系統。其職級為高級技術員、技術員、輔導技術員及文員等四級。而約有

表 3　澳門圖書館特色文獻列表

特色文獻	代表性圖書館
中外文的天主教文獻（保存 15-19 世紀的書籍）	聖若瑟修院圖書館、主教公署、耶穌會、澳門大學圖書館、澳門中央圖書館，保存 15-19 世紀的書籍。
葡文及其他歐洲語文獻	中央圖書館、政府部門、澳門大學圖書館、東方葡萄牙學會，主要為法律、文學及歷史著作。
英文文獻	澳門大學圖書館、澳門理工學院圖書館、澳門中央圖書館。
20 世紀初至 1949 年前的中文書刊	澳門大學圖書館、八角亭圖書館、部分歷史較悠久的學校圖書館、澳門中央圖書館。
1949-1976 年的紅色文庫	部分愛國學校圖書館、澳門大學圖書館、八角亭圖書館。

10 間圖書館仍保留葡萄牙人管理的名稱，圖書館以文件中心或文獻中心命名。除了收藏圖書，還收藏檔案，亦有部分圖書館兼負機構出版圖書的責任。

參、澳門圖書館的管理經驗

　　澳門圖書館的讀者來自國內、葡萄牙、香港、歐美、東南亞等多個地區，其管理的人員及背景又是多元化。澳門圖書館在多元文化的環境中，如何提升管理的效率，成為一個有趣課題，可作分享。

一、利用科學的管理體制

　　澳門政府於 2000 年後引入多項管理體系，包括：

（一）ISO 9000 質量認證

　　圖書館引進 ISO 9000 質量管理系統，其目的可有：1. 維持服務顧客的質量；2. 重視客戶的滿意度；3. 適時改進服務。而應用此概念的圖書館有澳門大學、民政總署、生產力暨科技轉移中心等部門。以澳門大學圖書館為例，被列入 ISO 項目有 5 個 SOP 及 18 個 WI，通用全校的服務項目有 18 個。整個流程最重要的是制定 SOP 及 WI，每年進行內審及外審，定期更新各項工作流程與指引，加強對館員的培訓與督導，通過外來專家來指導更具權威。

- SOP-001 Technical Process -- Cataloging & Classification
- SOP-002 Technical Process -- Acquisitions of Library Materials
- SOP-003 University Library Circulation Services
- WI-001 Technical Process -- Cataloging Procedures
- WI-002 Technical Process -- Classification Procedures
- WI-003 Technical Process -- Collection Code Procedures
- WI-004 University Library Circulation -- Reader Registry
- WI-005 University Library Circulation -- Book on "Hold"
- WI-006 University Library Circulation -- Book Borrowing
- WI-007 University Library Circulation -- Book Renewal
- WI-008 University Library Circulation -- Book Overdue & Recall
- WI-009 University Library Circulation -- Book Returning
- WI-010 University Library Circulation -- Losses of Library Books
- WI-011 University Library Circulation -- Use of Study Room
- WI-012 Technical service -- Book Acquisition Procedure
- WI-013 Technical service -- Book Check-in and Payment Procedure
- WI-014 Technical service -- Donation
- WI-015 General Reference Services
- WI-016 Request Orientation
- WI-017 Room Booking
- WI-018 Additional Procedure for the Book Processing
- GEN-012 Lost and Found Service

（二）服務承諾

　　由於澳門回歸以前，政府各項服務效率不高，回歸後澳門政府在公共行政系統上大力改革，其中各部門推行服務承諾最為全面及成功，並以澳門大學圖書館為圖書館界最早開展的單位。自始各館以此為依據，常見服務承諾項目如下：

- 借還及預約圖書服務
- 辦理新證、補辦證件服務
- 租借場地
- 加快編目服務
- 回答讀者查詢
- 導賞服務
- 查過去一個月的報章服務
- 文獻影印服務
- 辦理 ISBN、ISRC 及 ISSN 申請
- 澳門資料參考服務

普遍來說，前線館員以服務承諾作為服務的指標，亦代表著自己工作的圖書館榮譽，達標率達 98% 以上。

（三）好建議計畫

所謂好建議計畫，就是建立一個客戶與公司友善溝通的機制，不以負面投訴的方式來改進服務。澳門大學於 2005 年引進，而該校圖書館亦通過此計畫，平均每周收有兩位讀者建議。建議內容如館舍的環境、設備、服務之改善等。建議由圖書館給予分數，共分為 10 個等級。凡提出建議的讀者，可獲 10 元代用獎賞，如建議成功被接納，可獲 30 元獎賞，並設有年度大獎，及部門接受建議獎。目前澳門大學圖書館通過此渠道得知讀者的看法，亦同時讓校方增加資源給館方來滿足讀者的需要，其效果相當良好。其 10 個等級見詳如下：

1. 好建議！有關部門予以執行。
2. 建議合理可行。待資源允許後將予以執行。
3. 此為可即時糾正事項，有關部門會盡快處理。
4. 建議合理，但在執行上可能有困難。
5. 建議內容已經被考慮過，或已在計畫中。

6. 類似建議已於早前提出，或建議可能已在好建議獎勵計畫以外的場合曾經討論過。
7. 建議可能與個別章程或規則有所抵觸。
8. 請直接聯絡有關部門以進一步商討或留下閣下的聯絡方式。
9. 抱歉，您所提出的建議暫未能被接納。
10. 其他。

二、通過公務員規章來管理

（一）年度工作表現評估

澳門公務職人員系統需要每年進行工作表現評核，評核結果會影響升遷與去留。如連續兩年「優」或三年「良」，可獲得提升職階的機會；而被評為劣者，可即時解聘。所以大部分公職人員均重視館方各項安排，表現出合作精神。

（二）公共行政法規

澳門廉政公署、審計署等多個部門對公共機構進行不同程度的監察與檢控的工作。過去有不少公務員在出勤、貪污、行政違規、濫用職權等被檢控，所以公職人員都非常自律。

（三）專業精神

澳門政府的人才政策，較兩岸四地開放。自20世紀80年代以來，對在國內與台灣，甚至其他地方攻讀圖書館學士的人士均認可，至今基本上學成回來的都可找圖書館專業的工作。加上大部分在台灣及國內回來工作，受到濃厚的學長學姊制、師徒制的影響，非常尊敬長輩的決定。而且由於澳門地方細小，大家溝通的機會很多，專業精神互相感染，互相學習，大大提升其工作的效率。

肆、未來的管理方向

　　依照目前澳門圖書館的管理模式，自古以來，不斷吸收外來的文化與技術，再在內部衍生自己一套本地管理的模式。隨著社會的繁華與進步，讀者對圖書館的要求增加，加上幾個重要的圖書館的管理者來自香港、美國、中國等地，將會進一步把新的管理經驗引入澳門，並與本地的傳統融合，形成新的圖書館管理模式。

The Experience of Library Management on Macau Libraries

1. Forwards

Macau is best known for its prosperous gambling and traveling industries. On the other hand, with a history of more than 460 years, Macau is a living museum of libraries. Library services in Macau are also fast developing. Macau is therefore considered as a remarkable reference site for library practitioners in the region.

2. Development of Macau Libraries as in 2010

Macau has a total area of only 29 sq km, and with a population of around 550,000. However, there are around 280 libraries or reading rooms, including 98 school libraries, 85 special libraries, 75 public libraries and 22 academic libraries. The density of libraries in Macau is hence among the highest in the world, with 9.65 libraries in each sq km. There are about 600 library staff members, 150 of whom are librarians with a professional degree in library science. The total collection size is around 2.5 million volumes. The library material budget is good in the libraries. For instance, the Education Department provides around HKD 38,000 to each school library every year. The total library budget in 2010 is about HKD 75 million. 60% of libraries are equipped with library automation systems. More than 100 libraries in Macau are using the SLS System which is developed in Hong Kong.

3. Features of Macau Libraries

Libraries in Macau develop in parallel with of the history of Macau. Many special features of Macau libraries therefore reflect the cross over of Western and Oriental cultures.

3.1. Management Style and Skills

In the past 460 years, libraries in Macau have been run by managers of different styles and skills (Table 1).

Table 1 Table of management style of libraries in Macau.

Management Style	Representing Libraries	Features
Catholic Academic style	St. Paul Seminar	Close
Morrison's management style	Morrison School Library	Open
Portuguese management style	Some of the government libraries	Bureaucracy
School and public library in early period	Macao Chamber of Commerce Library	Conservatism
Hong Kong and American style	University of Macau Library	Scientific
China and Taiwan style	School libraries and Public libraries	Human-based

3.2. Library Architecture and Interior Design

Since most of the early libraries were set up by the Portuguese, the design of the library buildings or their interiors is mainly in Southern European style, emphasizing colours, lighting and furniture, hoping that the users could enjoy the reading environment. An example of which is the Library of IACM Hall. Other library buildings are in Chinese garden style, such as Ho Tung Library and the Macao Chamber of Commerce Library.

3.3. Technical Services

The technical services of Macau libraries are influenced by the educational background of the librarians and the culture of the organizations. Even though the number of libraries in Macau is small, different classification schemes, cataloging rules, MARC formats and subject heading schemes have been adopted by the libraries (Table 2).

3.4. Collections

There are a number of important special collections housed in Macau's libraries (Table 3).

Moreover, many school libraries and public libraries also collect a great number of publications from China, Hong Kong and Taiwan.

Table 2 Table of information organization standard of libraries in Macau.

Information Organization Standards	Name
Cataloguing Standards	AACR2, Chinese Cataloging Rules (中國編目規則)
MARC Format	MARC21, CMARC, CNMARC, UNIMARC
Classification Schemes	DDC, LCC, UDC, Chinese Book Classification Scheme, Three Principles of the People Library Classification, Chinese Libraries Classification, UN Classification Scheme
Subject Heading Schemes	LCSH, List of Chinese Subject Heading (中文主題詞表)

Table 3 Table of special collection of libraries in Macau.

Special Collections	Libraries
Catholic documents (publications in 15th-19th century)	St. Joseph's Seminary, Society of Jesus, University of Macau, Central Library
Portuguese and other European language collections	Central Library, Institute of Portugal of Orient, University of Macau (mainly in law, literature and history)
English collections	University of Macau, Central Library
Chinese rare book collections	University of Macau, Central Library, school libraries, and Macao Chamber of Commerce Library.
Early publications in Chinese (1920-1976)	University of Macau, Central Library, school libraries, School Libraries.

3.5. Others

About half of the 650 library staff members are civil servants of the Macau Government, and work in the traditional Portuguese civil service system. Their job positions are divided into four grades, namely, Senior Technician, Technician, Assistant Technician, and Clerk. Ten of these libraries are not called libraries, but document centers. In addition to library collections, they are also responsible for maintaining the archives of their organizations. Six libraries also take up a publishing role.

4. Management Experience of Macau's Libraries

Because of historical reasons, library users in Macau came from different countries and regions, including Mainland China, Portugal, Hong Kong, Europe, America, Africa, Brazil and South East Asia. Moreover, as mentioned above, the background of the library managers and the library systems could be totally different. The improvement of library services in a multicultural environment thus becomes a very interesting topic for sharing.

4.1. Scientific Management System

The Macau Government has launched a series of scientific management systems in public administration since 1999.

4.1.1. ISO 9000

Through the implementation of the ISO 9000 series, libraries can maintain the quality of customer services, emphasize the satisfaction of customers, improve the quality of services, etc. The major procedure of ISO 9000 implementation is to set up the SOPs and WIs. Annual internal and external audits are also required. The library also needs to update the documents, procedures and guidelines regularly in order to maintain the service quality. It is a good training and monitor platform for the library staff. The auditors will give some management advices after the annual audits.

Several libraries in Macau have implemented this system for more than 8 years. They are the University of Macau Library, IACM Library and CTTPM Library. In the University of Macau Library, it has developed 5 SOPs (Operation Procedures), 18 WIs (Working Instructions). Another 18 SOPs are generally applied to all university departments.

- SOP-001 Technical Process -- Cataloging & Classification
- SOP-002 Technical Process -- Acquisitions of Library Materials
- SOP-003 University Library Circulation Services
- WI-001 Technical Process -- Cataloging Procedures
- WI-002 Technical Process -- Classification Procedures
- WI-003 Technical Process -- Collection Code Procedures
- WI-004 University Library Circulation -- Reader Registry
- WI-005 University Library Circulation -- Book on "Hold"
- WI-006 University Library Circulation -- Book Borrowing
- WI-007 University Library Circulation -- Book Renewal
- WI-008 University Library Circulation -- Book Overdue & Recall
- WI-009 University Library Circulation -- Book Returning
- WI-010 University Library Circulation -- Losses of Library Books
- WI-011 University Library Circulation -- Use of Study Room

- WI-012 Technical service -- Book Acquisition Procedure
- WI-013 Technical service -- Book Check-in and Payment Procedure
- WI-014 Technical service -- Donation
- WI-015 General Reference Services
- WI-016 Request Orientation
- WI-017 Room Booking
- WI-018 Additional Procedure for the Book Processing
- GEN-012 Lost and Found Service

4.1.2. Performance Pledge

Prior to the 1999 Hand Over, the public always complained about the ineffectiveness of the public administration. Transformations have hence been conducted by the Macau Government to improve this situation after 1999. One of the most successful measures is the implementation of performance pledge in government departments. University of Macau library is the first library applying such system. Many libraries then followed and set up their own performance pledges. The general satisfaction rate of the Performance Pledge is round 98%. The proper items of Performance Pledge are shown as below:
- Library Orientation Application
- Providing Online Reference Service to Remote Readers
- Reader's Requests in Locating Books
- Queuing Up for General Circulation Services
- Handling of "Library Item Lost" Procedure
- Cataloging Urgent Request
- Room Booking
- Photocopy Service
- ISBN, ISRC and ISSN Application
- Request the Backdate Newspaper

4.1.3. Suggestion Scheme

The aim of the Suggestion Scheme is to set up a friendly communication between the users and the library, instead of allowing the users to raise requests for changes in a negative manner. The University of Macau has introduced this scheme since 2005. The Library in average received 2 suggestions every week. The areas of the suggestions are almost entirely related to building environment, equipment and services. The Library marks the suggestions in 10 grades. Each user making a suggestion will be rewarded a MOP10 coupon, or a MOP30 coupon if the suggestion is accepted by the Library. The University also issues annual grand awards for the suggestions, and rewards for the departments. The Library found that it is a very good channel to understand the needs of the users. It also provides good opportunity for the Library to request for additional resource for solving the problems from the University. The 10 grades are as follows:

1. Good suggestion! Concerned unit(s) will implement it.
2. Reasonable & feasible suggestion. It will be implemented once resources allow.
3. This is a quick-fix matter, the concerned unit(s) will handle this matter shortly.
4. Reasonable suggestion, but there may be some difficulties in implementation.
5. Suggested content has been considered, or included in our plan.
6. Similar suggestion has been proposed before or discussed in different places other than Suggestion Scheme.
7. Suggestion may contradict with some particular constitutions.
8. Please contact the relevant department(s) directly or leave your contact information for further discussion
9. Sorry, your suggestion is not being accepted at this moment.
10. Others

4.2. Management by the Public Administration Laws

4.2.1. Annual Performance Evaluation

All civil servants are subject to an annual performance evaluation. It is an important indicator to determine whether a staff member will be promoted or dismissed, e.g. promotion of grade if rated "excellence" in 2 consecutive years or "good" in 3 consecutive years, or immediate dismissal if rated "level 5". As a result, most of the library staff members are very cooperative and respect decisions of the library management.

4.2.2. Public Administration Law

ICCA and some other government agencies are authorized by law to monitor the public offices. A number of civil servants have been arrested by the ICCA in the past 10 years because of forge the check in/out records, anti-public procedures, etc. Civil servants are thus highly self-disciplined nowadays.

4.2.3. Professionalism

Macau Administration is more open in terms of human resources policy. The academic qualifications of librarians educated in China and Taiwan are recognized by the Macau Government, and they have no difficulties in finding a professional position in the libraries. They are also greatly influenced by the fraternity and apprentice systems of Chinese and Taiwanese universities, and respect very much the senior schoolmates of their Alma Mater. What is more, since Macau is a very small place, there are ample opportunities for librarians to communicate, to learn and to influence each other, which eventually will vastly improve their job efficiency.

5. Prospects of the Management of Macau Libraries

The current local management model of Macau libraries is formed by the continuous adaptations of foreign cultures and knowledge. New management experiences will be introduced to Macau with the prospering and advancement of the society, the increasing demands of the users, and the arrivals of several leaders in library management from Hong Kong, US and China. It is foreseeable that these new experiences will merge with local traditions and form a totally new library management model.

完善澳門政府檔案管理制度之建議

壹、前言

　　回歸以來，澳門政府的公共行政效率不斷提升，但在某程度上，仍然有改進的空間，其中一項就是政府文件檔案的問題。公務人員每日處理大量的文件及檔案，究竟應如何有效管理這些檔案，才不會導致浪費資源，提升工作效率呢？有沒有方法可讓公務人員篩選不需保留的文件？如何避免錯誤的淘汰了重要的文件呢？面對資訊電子化的衝擊之下，政府檔案管理系統應如何應變呢？目前有關政府檔案的法規是否適用呢？筆者教授了政府行政檔案管理課程十多年，對澳門政府檔案管理有一定瞭解，為了讓有當士人瞭解目前政府部門在文件及檔案管理系統上的困難，本文先說明澳門檔案管理的概況，並表述其所遇到的困難。最後，對澳門政府檔案管理制度提出一點意見。

貳、概況

一、檔案管理的法規

　　目前有關檔案管理的法規，主要1989年頒佈的法令第73/89/M號的總檔案管理委員會，以及在1998年的頒佈法令第5/98/M的公務通訊及檔案規定，前者主要對政府檔案概念、分類、公共檔案的甄選、保存、銷毀、公開查閱、歷史檔案館的收藏政府部門文件範圍、具公共行益的私人檔案的收集、分類與轉移、轉錄證據與微型攝製程序。後者則主要說明文件的登錄、發送、公函的處理、政府部門的標誌及各式文件印刷的標準等。另有少量與文件及檔案管理的法規分散於不同的法律條文之內。

二、檔案室之地位與職務分析

大部分的政府部門在其組織章程設有檔案室的職能。雖然名稱不統一，但是，檔案部門大多歸入文書暨檔案、人事暨文書、行政暨財務等廳級單位來負責管理。祗有少數部門將檔案室的工作單獨列為檔案科或中央檔案室之編制，參見附表。至於，負責檔案管理的人員地位不高，一般在135-260點之間，很多科組的管理階層未有受過專業的培訓，無法設計一套有效的檔案分類系統，祗能依據傳統或前人口傳的指引來運作。

三、電子化作業

在電子化作業方面，大部分政府部門已開始使用電郵及電子公文傳達訊息，亦有近10個部門購置不同品牌文件掃描器，逐步將歷史文件或舊文件建立回溯性檔案。可是以電腦化系統來管理日常文件及檔案的登錄、檢索者則祗有1至2個部門，而且更是局部運作的，足見目前澳門政府各部門在電子化文件作業仍在起步。

四、回歸以後的重要發展

在2003年，文化局曾在澳門各部門進行了檔案管理的問卷調查，可惜內容偏向對部門處理歷史檔案及對讓公眾查閱檔案的部分，對各部門如何管理日常的文件與檔案、分類方法等操作性概況有所漏缺。行政暨公職局亦先後兩次邀請了香港政府檔案處及外國專家，來澳開辦檔案管理工作坊。

參、制度之困境

目前澳門政府在管理文件檔案時所面對的困難，可說明如下。

一、檔案管理機制未能有效發揮其職能

雖然大部分部門均設有檔案的部門，可是對工作職責描述，卻非常簡單，

如衹記錄了整理及更新人事、帳目或其他文書的功能而已。基本上沒有太重視檔案的利用及說明檔案保存期限。檔案總委員會運作形同虛設，沒有因應回歸以後的情況及電子化技術的衝擊，制定新的檔案法規，抓著百廢待興的機會，致使在新舊交迭時，沒法有效的延續或改善檔案的分類工作，加上大部分公務員並不認識澳門政府制定的公共訊息條文及相關政府的檔案法規。由於溝通不足，各部門運作不一致，出現各種不同形式的檔案管理問題。

二、檔案分類沒有統一

由於澳葡政府時期沒有為澳門政府制定一套完整的文件檔案的分類、登錄、標題及保存的系統，所以各個部門自行及隨機開立檔案，創設了不少非專業的檔案分類方式，同樣的文件在不同部門有不同的分類方法，極不利於部門的溝通與應用。雖然行政暨公職局與澳門理工學院每年均開辦行政檔案管理課程，但是參與課程的學員大多為基層職員，沒有實權，他們有心而無力，很難進一步將檔案管理系統化。此外，由於政權交迭，過去大部分是以葡文為主題的檔案，現在因為處理的人員及使用者均為華人，所以其所產生的文件以中文為主，可是仍有不少部門保存之葡文為主題的檔案，令使用者不便，更有出現翻譯不正確，導致文件分類有誤，或是自行開立中文主題及分類的檔案，一國兩制的檔案管理方式並存，均不利檔案的保存與利用。

三、檔案管理人員欠缺專業知識

大部分公務人員都需要負責不同深度的檔案管理工作，但是他們的檔案管理專業常識不足，不知檔案法的內容，對檔案分類、主題標引、檔案存廢的概念模糊，每每在人事調配後，新員工要重新學習，其間無法體會前人的分類方式，為求盡快進入崗位，部分員工被迫創設自己合用的分類方法。

四、庫存管理條件不足

鑑於政府沒有明確界定保存文件的期限，不少部門不敢銷毀任何文件，

導致文件積存，為了解決庫存問題，將檔存分存不同的地方，部分地方的保存文件的條件惡劣，如以地牢、天台或是公司內部最沒有用的地方作為倉庫，環境潮濕，易滋生檔案害蟲與霉菌，或是防火設備不足，平日大多沒有人打理，防盜保安制度鬆散，均有不利於永久保存檔案。可是，如各部門根據檔案法規的指引，文件保存期一經告滿，需交由歷史檔案館評審其歷史價值，由於該館地方太少，亦沒有足夠的人力來應付大量的文件，必定製造瓶頸現象，幸好目前大部分政府部門根本不熟識法例的要求，沒有執行，檔案法規與現實條件大大脫節。

五、文件電子化作業落後於鄰近地區

前述部分部門已各自開展自己的文件傳遞系統，此法非常浪費政府的資源，由於各有各的文件輸入格式與內容，系統所使用的設備與軟件又不一致，不利日後政府檔案的整合與檢索，加上如果系統設計員離職，系統容易出現更新困難等各種電子化常見的問題。此外，部門政府面對現行的檔案法規之規定，如轉錄文件，應以縮影紀錄為法律效力的文件，其精神是因為攝影技術較難在轉錄時被不法修改，亦較不易被新科技所淘汰，可是現在縮影設備已非常落後，需要專業攝影師來操作，加上新電子掃描產品充斥市場，部分部門為了加速電子化作業，卻先以掃描文件的方式將文件掃描，然後再將電子文件影像轉為縮影膠卷，此法有違法律的精神。另外，由於電子認證的技術與法例未能銜接，澳門政府需儘快修訂檔案法例以配合科技社會發展及電子認證的需要。

肆、建議

澳門政府應為了適應新時代與社會的挑戰作出準備，以免積習難改，現建議以下的改善措施，以作參考。

一、儘快增修不合社會現實的檔案管理法規，使各部門有法可循

建議政府儘快修改現存的兩條主要法規，使其符合電子社會與現實工作的需要，讓電子化文件具有有效的法律地位，並對分散在各部門有檔案管理法規製作各種索引。此外，對檔案法規的宣傳與教育亦很重要。

二、全面對政府檔案管理系統進行普查，引進明確政府檔案的工作指引

從速召開檔案總委員會會議，全面對各澳門政府檔案的管理作業、分類、主題標引、登錄內容、保存年限等多個方面進行調查，以便制定統一政府檔案及文件分類法，如分為政策檔案、業務常檔案、專門檔案、個案檔案；主題標引方法，如採用前組合或後組合索引，制定各種工作指引：點收、分類、主題、編目、立案、標籤、檢調、保存、銷毀、轉移、鑑定、審核、機密檔案的處理、公開查閱、檔案轉錄及電子文件作業等。

三、重視人才的培育與管理

目前各部門下大多設有文書處、科或組來管理文件與檔案，可是部門主管認識檔案管理的技術不足，為了提升其管理效果，主管應授予相關部門足夠的權力去改革文書管理系統，如計算人力不足，是否可考慮聘請臨時員工或增加人手處理。此外，由於各部門之文書有一定的特徵，最好聘請專家來協助制定檔案政策，建議在各政府部門設立一位具有專業知識的檔案管理經理，以便協助部門內部全宗的規劃與檔案管理工作監控，為部門制定新工作指引與分類等專業標引。至於人才培育方面，短期內可由各局選拔對檔案管理有興趣的人員，進行為期約半年的專業培訓，長期則應在高等院校課程或公共行政課程開辦相關的專業科目。

四、開發政府部門內部電子文件管理軟件，以便建立全澳的檔案檢索系統

澳門政府即將走入電子政府的行列，為了系統的管理未來電子文書，建議成立分區的檔案數字化中心，集中各部門的文件或檔案進行回溯性掃描工作，減少每部門各自投入成本，加上科技發展迅速，個別部門購買，當檔案掃描完成後便沒有用，或容易淘汰，或因部門經費而無法購置設備，將計畫延誤。同時為各部門設計一套檔案管理系統，讓各部門在規定的時間內下載及使用，以便建立澳門政府檔案的查詢系統，綜合了港台澳的電子文書管理系統，建議其常用的檢索項目，以作日後規劃之參考：

（一）文書公告（Bulletin）系統：按使用者之權限，提供文件之瀏覽、檢索、列印等服務。

（二）文書上傳（Document Delivery）系統：上傳文件到各單位。

（三）各式公文範本：單位內部常用公文內容之格式。

（四）各式表格，及報表列印系統：包括公文紙、封套。

（五）公文訂閱服務系統。

（六）檔案管理及行政法規檢索系統：包括單位內部，本地區及世界各地之檔案管理法規，可按部門分類、主題、編號、性質、全文等方法檢索，另可將現行法規之解釋、審議、改進等內容加以說明。

（七）發文群組及人員通訊查詢系統。

（八）發文代碼控制表。

（九）公文收文、發文、分文、歸檔、退件、清理及統計系統：普通及機密級別，含機密文件等級變更程序。

（十）公文輔導系統。

（十一）檔案目錄彙送及電子文件交換系統：將公文目錄轉成符合地區檔案局規定之 XML 格式，以便在網上公佈。

（十二）政府公報查詢系統。

五、擴大澳門歷史檔案館的空間，成立分區檔案存放的倉庫

建議澳門政府應從速考慮為澳門歷史檔案館擴大其儲存的空間或另覓新址，以便收藏大量由各部門轉來的歷史檔案，同時為了更有效的保存各部門不斷膨漲的文件，政府應考慮租用或購置大型倉庫，成立一個符合文件保存環境的集中文件保存倉，讓各部門能將文件暫存，以便文件因保管不善而流失或損毀。

六、私人檔案徵集與獎勵

澳門歷史悠久，不少私人珍貴檔案流傳於民間，當局可考慮制定獎勵辦法，鼓勵人士捐贈檔案或文件，同時對鑑定文件的價值亦制定標準。

伍、結語

轉眼澳門已回歸 8 年，檔案管理工作如不及早改善，日後要改回來，必定需要投入更大量的工作人員及各方資源，政府檔案不僅是特區政府的財產，更是各部門智慧的結晶，是我們政府發展歷史的重要部分，絕對不容忽視。

附錄：澳門政府部門檔案室之地位與職務分析

局級名稱	直屬部門	級別	所在部門	級別	具體內容
立法會輔助辦公室	技術輔助暨文件處	處			
司法事務局	行政暨財政管理廳	廳	人員文書處理及檔案科	科	
印務局	商業組	組			每項工作應有工作檔案及紀錄，工場上之工作狀況應登記於專有簿冊內，公佈在《澳門特別行政區公報》之官方文件，在公佈日起5年後轉歷史檔案室保存。
印務局	行政暨財政處	處	文書處理暨人事科	科	文書處理，個人檔案保持與更新，編制預算、修改、入帳。
行政暨公職局	行政暨財政處	處	人員接待及文書處理科	科	組織個人檔案，確保有關儲備等文書工作之執行。
身分證明局	行政暨財政處	處	文書處理、人員暨檔案科	科	
身分證明局	居民身分資料廳	廳	編碼、有效暨文書處理科	科	
身分證明局	居民身分資料廳	廳	接收、控制暨存檔科	科	
法務局	行政暨財政管理廳	廳	人力資源處		負責文書處理及登記，定出文件合理化傳送目標，定出表格及檔案系統，運用所具備的資源建立總檔案庫，並維持其運作。
登記局					具體簿冊、檔案、修補、取離、微縮之要求。
政府總部輔助部門	行政技術輔助廳	廳	人力資源暨檔案處	處	文獻和資訊管理和處理，確保文書工作及按上級規定發出案宗證明書。
新聞局	新聞廳	廳	檔案暨文件處	處	製作適當之輔助文件，對社會傳播方面之資訊性文件、書目資料、圖像目錄資料等研究搜集，製作處理，設置資訊性資料軟件存放室。

局級名稱	直屬部門	級別	所在部門	級別	具體內容
新聞局	行政暨財政組	組			一般文書處理，及人員個人檔案及文件。
終審法院	人事暨財政廳	廳			負責一般文書的收發、分配、繕校和保管，制定印件之式樣及組織檔案系統，以及使文件傳達渠道合理化。
文化局	行政管理暨財產處	處	人力資源、文書處理暨檔案科	科	一般文書處理、組織、更新個人檔案，處理有關人文管理之文書。
社會工作局	行政暨財政廳	廳	組織資訊處		
旅遊局	行政暨財政處	處	人事、文書處理暨檔案科	科	
旅遊局	行政暨財政處	處	人文、文書處理暨檔案科	科	負責旅遊局之文書處理。
旅遊局	行政暨財政處	處	旅遊基金輔助組		有關旅遊基金一般文書處理及檔案之特定性工作
旅遊高等學院	行政暨財政輔助部	廳	檔案室		
高等教育輔助辦公室	行政暨財政科	科			整理個人檔案並更新，確保一般行政及檔案事務有關之固有工作。
教育暨青年局	學校管理暨行政廳	廳	人事處檔案暨文書收發科	科	收發文件登記及分類、翻譯，確保總檔案的組織，儲存不斷更新及進行微縮，複印服務。
衛生局	人力資源廳	廳	文書科	科	
衛生局	仁伯爵綜合醫院		醫院行政廳求診處檔案暨統計科	科	
總檔案委員會					負責協助制定澳門特區檔案政策，行政長官委任主席1名，立法會、行政暨公職局、司法事務局、財政局各代表1名，歷史檔案館主任組成。

局級名稱	直屬部門	級別	所在部門	級別	具體內容
體育發展局	行政暨財產處	處	行政科	科	對收取發出文件進行登記及分類,並確保一般文書之傳閱。
司法警察局	人事、財政暨財產管理處	處			整理有關資料庫及文書,並微縮攝影文件。
治安警察局	辦事處	處			接收、登記、發出一切非保密書信,總檔案庫的運作,有關非列明屬其他機關期限之事務之文件書處理。
治安警察局	資源管理廳	廳	文書處理暨檔案科	科	接收、登記往來文件。
治安警察局	情報廳	廳	文書處理暨檔案科	科	接收、登記、分發及容出保密文件,並將之存檔。
治安警察局	行動廳	廳	文書處理暨檔案科	科	接收、登記往來文件。
治安警察局	出入境事務廳	廳	文書處理暨檔案科	科	接收、登記、分發及容出保密文件,並將之存檔。
治安警察局	交通廳	廳	文書處理暨檔案科	科	組織駕駛證副本之資料庫並更新。
治安警察局	澳門警務廳	廳	文書處理暨檔案科	科	接收、登記往來文件。
治安警察局	海島警務廳	廳	文書處理暨檔案科	科	接收、登記往來文件。
治安警察局	警察學校	廳	文書處理暨檔案科	科	接收、登記往來文件。
保安部隊事務局	行政管理廳	廳	文書處理暨檔案科	科	接收、登記往來文件。
消防局	行動廳	廳	文書處理暨檔案科	科	有關接收、登記、處理,寄出及存檔一切事宜。
消防局	技術廳	廳	文書處理暨檔案科	科	有關接收、登記、處理,寄出及存檔一切事宜。
消防局	消防學校	廳	輔助部		負責有關文書之接收、登記、處理、寄出及存檔。
消防局	辦事處	處			接收、登記及分發指揮部一切非保密書信,組織並負責總檔案庫運作,其他相關文書處理。

局級名稱	直屬部門	級別	所在部門	級別	具體內容
消防局	資源管理廳	廳	文書處理暨檔案科	科	有關接收、登記、處理、寄出及存檔一切事宜。
社會保障基金會	行政暨財政處	處			有關社會保障基金文件保存、微縮錄像。
金融管理局					主要簿記之依據文件存檔10年，其他文件5年銷毀。
財政局	資訊系統廳	廳	總備用檔案室	組	銷毀過期存檔文件，保持膠片檔案庫之最新資料，財產檔案之轉移。
統計委員會	秘書處	處			發出召集書及有關文件。
統計暨普查局	行政暨財政處	處	人事、一般行政事務暨檔案科	科	
勞工暨就業局	行政暨財政處	處	人事、一般行政事務暨檔案科	科	組織個人檔案，確保有關儲備等文書工作之執行。
博彩監察暨協調局	行政暨財政處	處	行政科	科	確保接待和文書往來工作，組織維持總檔案。確保人事檔案之最新資料
土地工務運輸局	行政暨財政廳	廳	總檔案組	組	組織該局總檔案，歸檔文件及發出證明及副本，過期文件銷毀，歸檔文件微縮。
土地工務運輸局	基礎建設廳	廳	文書處理暨檔案科	科	
土地工務運輸局	公共建設廳	廳	文書處理暨檔案科	科	
土地工務運輸局	城市建設廳	廳	文書處理暨檔案科	科	
土地工務運輸局	行政暨財政廳	廳	行政處接待暨一般文書處理科	科	
地球物理暨氣象局	行政暨財政部	處	人員接待暨文書處理科	科	接待使用者提供資訊，組織個人檔案以及負責人事管理之文書處理；處理一般文書並記錄；保持檔案庫之有條不紊。

局級名稱	直屬部門	級別	所在部門	級別	具體內容
地圖繪製暨地籍局					輔助繪製廳在制訂保持及調整地籍圖之工作，以及在保存與不動產總檔案之資料庫，建立一總檔案，收集及微縮所知本地區不動產有關之一切文件。
地圖繪製暨地籍局	行政暨財政處	處	文書處理暨人員科	科	資訊提供：文書處理，登記及組織總檔案，保持、更新個人檔案、微縮膠片資料庫。
港務局	行政暨管理廳	廳	行政處人事科及文書暨檔案科	科	負責招聘、培訓及管理之行政程序，並使有關個人檔案保持最新資料，組織並確保港務局在文獻資料方面之工作發送，分派文書，登記文書往來；統籌並監管刊物及其他文件之傳閱。
港務局	航海學校	廳	行政技術暨教學輔助處	處	組織統籌監管文書處理，一般檔案及學校檔案之工作。
郵政局		局			有關文件歸檔，以便在指定期限內完成。
郵政局	人事暨會計廳	廳	行政科	科	負責管理博物館，圖書館及歷史檔案館，登記並派發來函；處理司署文書；設立郵電司之總檔案；提供郵電司歷史文獻檔案所載一切文獻，保持最新資料。
郵政局	人事暨會計廳	廳			建立個人檔案及不斷保持最新資料，確保人事方面一切文書處理。
郵政局	司法輔助廳	廳			在司法訴訟、刑事偵查、鑑定、勘驗、偵訊方面和其他事宜上向檢察院司法官提供協助，以及進行司法檔案的管理。
郵政局	人事財政廳	廳			負責一般文書的收發、分配、繕校和保管。

局級名稱	直屬部門	級別	所在部門	級別	具體內容
審計署	行政財政處	處			確保有關人員聘任、甄選及管理的行政程序的執行，並持續更新有關的個人檔案；確保一般的文書處理工作，組織及持續更新總檔案庫及有關紀錄。
審計署	資訊處	處			研究及建立檔案庫，系統地保存所有已歸檔的文件，並使之資訊化，以及依法銷毀所保存的文件。
退休基金會	行政及財政處	處			負責一般文書處理及登記的工作；組織和管理人員的個人檔案及退休基金會的中央檔案，並就已歸檔的文件發出證明及副本，以及建議該等已逾有關保存期的已歸檔資料的最終處理方法。
民政總署	行政處	處			接收、登記及發出內、外部文書，並將之存檔、處理及收回；設計、建議及實行符合需要、具適當分工特點的綜合行政管理系統。此系統包括通用的行政工作程序手冊、評核規則及統一的行政資料紀錄；管理內部文件的傳閱；管理中央檔案，並將已終結或已無效用的檔案作微縮攝影或數碼化處理；建議選擇性銷毀已逾法律或法規所定保存期限的資料；管理法律規定須公開的文件的內部傳閱，包括工作指引及傳閱文件、《澳門特別行政區公報》、告示、通告、佈告及其他文件等的內部傳閱。
民政總署	人力資源處	處			整理個人檔案，並計算服務時間及編製年資表。

局級名稱	直屬部門	級別	所在部門	級別	具體內容
民政總署	培訓及資料儲存處	處			協助行政處，將已終結或已無效用的檔案作微縮攝影或數碼化處理；管理文獻資料中心，並負責取得及處理有利於培訓活動及一般有利於民政總署開展活動的文件。

本文原刊於〈完善澳門政府檔案管理制度之建議〉，

《澳門發展策略研究中心成立十周年專輯》，

（2007年），31-42。

應用文件管理系統帶來的好處

壹、前言

　　記得在 1992 年起，本人開始任教行政暨公職局有關檔案管理課程的導師，那時看到不少外國文獻紛紛引述利用檔案電腦化系統，再配合文件掃描技術使檔案及文件管理流程變得更為有效，可惜當時的技術主要在英文文件上，對於中文或葡文文件仍在開發及研究之中。因為 unicode 及其他網路技術與其他硬件的改進，大概在四、五年前市面上終於可買到中英葡文的文件管理系統，而澳門大學圖書館，由於得到校方的支持，於 2001 年引入全文掃描系統，現將本館使用文件掃描系統的經驗與各位分享。

貳、文件的種類

一、一般文件：由於公司機構每天都產生或接收不少文件，必須制定文件保存政策，將沒有用的文件先行淘汰，保留有用的文件以便使用，到了文件失去時效性時，再決定文件是否有歷史價值，作為永久保留。
二、法律價值的文件：公司契約、合作協議、授權書、信用狀、合約及合同。
三、人事紀錄：登記表、証明文件、報稅資料。
四、顧客紀錄：名片、學生學籍、病歷、X 光片。
五、各種表格及單據。
六、財務檔案：帳簿、財產紀錄。
七、剪報資料。

八、圖則、圖片。
九、報告、講義、書籍、期刊論文。
十、產品目錄、小冊子、說明書。

參、應用文件管理系統的好處

一、防止文件老化，可作永久保存：如古籍、重要文件。
二、節省不同類型文件儲存的設備與空間。
三、統一辦公室工作流程，防止檔案私有化及流失。
四、節省人力資源與時間，避免不同部門的同事重複檔案管理的工作。
五、檢索方便：全文檢索、主題檢索、圖像檢索、分類檢索。
六、提高文件使用的效率：檢索速度、準確性。
七、通過網絡實現無紙辦公室環境：利用PDA、手機、掌上電腦檢索、無線網絡。
八、增強公司形象與競爭力：可即時滿足顧客的查詢，戰勝其他對手。

肆、應用文件管理系統的缺點

一、需要投入資金以便購買設備。
二、公司工作流程需要更改，部分員工將一時未能配合。
三、文件整理工作將較傳統檔案管理時所需的時間為多：如掃描文件時間、制定主題或關鍵詞表。
四、需要加入電腦人材來協助。
五、文件的格式在電腦換代時需要更新。
六、需要安排人員進行品質管理。

伍、注意事項

最後，單位是否進行文件電子化，我們必須考慮很多很多的問題，如：

一、公司中什麼文件需要電子化？有沒有需要？

二、文件電子化後可解決什麼問題？如解決中英葡文併存的問題？

三、公司是否有資源可投入，包括：金錢、人材、設備（每年維護費、更新費）？

四、如果沒有人力或時間，但是有經費的話，是否可考慮外判掃描服務？找那一間？是否可放心將文件送到外判掃描服務公司辦公的地方？

五、必須考慮外判掃描服務的品質管制與保安的問題；如中間失去文件怎辦？保密機制如何？

六、文件電子化之前，應事前已考慮到日後的文件檢索方式。是否需要制定公司特有的關鍵詞檢索系統？公司有沒有能力制定關鍵詞或主題詞彙表？外判公司是否可協助？

七、是否會給外判公司長期拖著走？資料的擁有權為誰的？

八、用家對文件系統的感覺？

陸、結語

文件電子化總的來說是一種時代的趨勢，假如今天不做，明天也會做，目前，最重要的是看看公司是否有需求？

本文原刊於電子文檔管理系統座談會（澳門），
2004 年 2 月 27 日。

好書推介：
《澳門圖書館名錄 2004》

　　近年來，先後有多間圖書館成立，為方便讀者更容易取得資料，作為終身學習之渠道，澳門圖書館暨資訊管理協會出版了澳門第一部圖書館名錄，名為《澳門圖書館名錄 2004》，由王國強及林金霞編輯，共收錄圖書館或相關機構 242 間，資料收錄年限迄至 2003 年 11 月 30 日止。條目收錄了圖書館名稱、電話、傳真、堂區、地址、網址及電郵等項目，再依四大類型圖書館歸類，其類型依次排列為：1. 公共圖書館：圖書館、圖書室、自修室及閱覽室；2. 大學及專科學校圖書館（室）；3. 專門圖書館（室）：包括資料室及文件中心；4. 學校圖書館（室）：包括中學、小學及幼稚園。附錄一為部分澳門圖書館簡介，由梁德海整理，附錄二為各類型圖書館堂區分布表。全書彩色精美印刷，共 45 頁，內容非常富有參考價值。

本文原刊於《終身學習》，
第 5 期（2004 年 7 月），60。

國家圖書館出版品預行編目（CIP）資料

書的傳人 III：二十一世紀初期澳門圖書館事業論集 / 王國強著. -- 初版. -- 新北市：華藝學術出版：華藝數位發行, 2015.04
面；公分
ISBN 978-986-5792-87-9(平裝)
1.圖書館事業 2.文集 3.澳門特別行政區
020.9239   103006240

書的傳人 III：
二十一世紀初期澳門圖書館事業論集

作　　　者／王國強
責任編輯／施鈺娟
美術編輯／林玫秀
排版人員／陳思政

發 行 人／鄭學淵
總 編 輯／范雅竹
發行業務／楊子朋
法律顧問／立暘法律事務所　歐宇倫律師
出　　　版／華藝學術出版社（Airiti Press Inc.）& 澳門圖書館暨資訊管理協會
　　　　　　地址：234 新北市永和區成功路一段 80 號 18 樓
　　　　　　電話：(02)2926-6006　傳真：(02)2923-5151
　　　　　　服務信箱：press@airiti.com
發　　　行／華藝數位股份有限公司
　　　　　　戶名（郵局／銀行）：華藝數位股份有限公司
　　　　　　郵政劃撥帳號：50027465
　　　　　　銀行匯款帳號：045039022102（國泰世華銀行　中和分行）
贊助單位／澳門基金會
ISBN ／ 978-986-5792-87-9
DOI ／ 10.6140/AP.9789865792879
出版日期／ 2015 年 4 月初版
定　　　價／新台幣 400 元

版權所有・翻印必究　　Printed in Taiwan
（如有缺頁或破損，請寄回本社更換，謝謝）